胡正纪念文集

张平　张明旺◎主编

山西出版传媒集团
山西人民出版社

▲ 1948年中秋，在兴县高家村与晋绥日报社同事合影（左起：牛文、马烽、束为、苏光、西戎、力群、胡正、李少言）。

▲ 1948年冬，在兴县高家村《晋绥日报》驻地留影。

▲ 1949年秋，随军南下到重庆留影。

▲ 1950 年 11 月，任职重庆《新华日报》时留影。

▲ 1950 年 11 月 25 日，胡正(前排左一）参加重庆市各界人民代表会议时与各报记者合影。

▲ 1951 年初，在北京中央文研所学习时摄于天安门。

▲ 1952年，摄于北京中央文研所院内。

◀ 1952年1月，从朝鲜前线归来摄于北京中央文研所。

▲ 1952年，原晋绥老战友胡正(后排左二)、马烽(后排左一)、力群(后排左三)等与穆青夫妇(前排右、中)在北京中央文研所合影。

◀ 1952年春，在北京中央文研所院内留影。

▶ 1952年春，在中央文研所学习时摄于北京鼓楼。

◀ 1953年，胡正、郁波夫妇结婚照。

▶ 1953年，胡正、郁波夫妇婚后回上海省亲时合影。

◀ 1956年，出席全国第一次青年文学创作者会议时留影。

▶ 1957年4月，胡正（中）与雕塑家王朝闻（左一）等合影于山西平遥。

◀ 上世纪60年代，胡正（右一）与中央文研所同学陈登科（右二）等合影。

▶ 1960年，胡正（中）在青岛疗养时与沙可夫（右）、苏光（左）合影。

◀ 1960年6月，胡正在青岛疗养时与山西妇联主席黎颖（右一）等合影。

◀ 1960 年，胡正、郁波夫妇摄于太原。

▶ 1961 年夏，胡正（左一）在北京与老战友苗波（右一）等合影。

▶ 1963 年 6 月，胡正（前排左二）与电影《汾水长流》主创人员合影。

◀ 1963年12月，胡正（右一）与导演孙维世（中）等讨论话剧《汾水长流》剧本。

▶ 1964年，胡正、妹妹胡凤莲全家与父亲、继母。

◀ 全家福（1968年）。

▲ 1978年10月，胡正（中）在陕西延安桥儿沟（原“鲁艺”旧址）与当地群众交谈。

▲ 1978年11月，胡正（右一）在西安与老战友刘德怀（左一）、石丁（左二）、李若冰（左三）合影。

▶ 1981年冬，摄于山西榆次。

◀ 1984年冬，胡正（右）在太原与老领导、导演林杉交谈。

▶ 1985年8月，在五台山参加“黄河笔会”时留影。

▶ 1985 年 10 月，胡正（后排右一）与老战友薛滔（前排右二）等在太原合影。

◀ 1985 年，胡正、郁波夫妇（前排左五、六）与《晋绥日报》老战友、原《光明日报》总编辑穆欣（前排左四）等合影。

▶ 上世纪 80 年代，胡正、郁波夫妇与外孙女马剑宁在太原家中。

◀ 1987 年，摄于深圳。

▶ 1990 年 10 月，胡正、郁波夫妇在江苏无锡。

▲ 1990 年，胡正、郁波夫妇与孙女胡畔在太原家中。

▲ 1990年，胡正、郁波夫妇（左五、六）在上海与郁波大哥、大嫂及侄儿女们合影。

▲ 全家福（上世纪90年代初）。

▲ 1992年，胡正(左一)与“山药蛋派”作家西戎(左二)、束为(左三)、马烽(左四)孙谦(左五)在山西作协院内合影。

▲ 1992年，省委书记王茂林(左三)到作协看望胡正(左四)。

▲ 1992 年春，摄于山西榆次张庆村果园。

◀ 上世纪 90 年代中期，省委书记胡富国（右一）到家中看望胡正、郁波夫妇。

▶ 1993 年，胡正、郁波夫妇与孙子胡岸摄于太原家中。

▶ 1995年，胡正夫妇与《晋绥日报》老战友、原《中国老年》杂志总编辑纪希晨（右一）在家中小院合影。

◀ 1996年7月，胡正（右一）与老战友西戎（左一）、马烽（左二）、陈沂（左三）、冈夫（左四）合影。

▶ 1997年，胡正（左一）在山西灵石王家大院与灵石同乡、中科院院士、物理学家何泽慧（中）、版画艺术家力群（右）合影。

▶ 1997 年 11 月，在山西兴县黑峪口黄河渡船上。

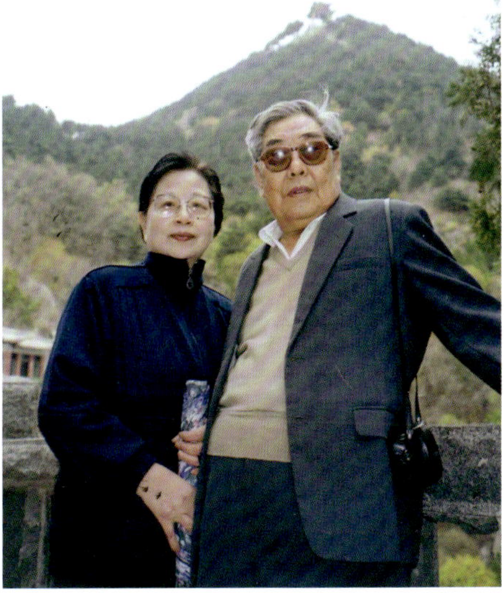

◀ 1999 年春，和夫人郁波在泰山中天门。

▶ 2000 年 10 月，鲁迅文学院建院五十周年时，胡正（右）与中央文研所同学杨润身（左）合影。

◀　2001年春，胡正、郁波夫妇（中）与表弟段继琳夫妇合影。

▶　2003年，在美国女儿家中。

◀　2003年1月，胡正、郁波夫妇与女儿胡浦（左二）、外孙女咖咖（左一）在美国女儿家中。

◀ 2003 年，胡正、郁波夫妇在美国好莱坞。

▶ 2003 年，省委书记田成平给胡正敬酒。

◀ 2008 年 4 月，胡正、郁波夫妇合影。

▶ 2010年,胡正与原省委书记李立功回忆晋绥边区往事。

▶ 2010年，摄于太原南华门东四条家中。

◀ 2010年，胡正与侄儿段学良。

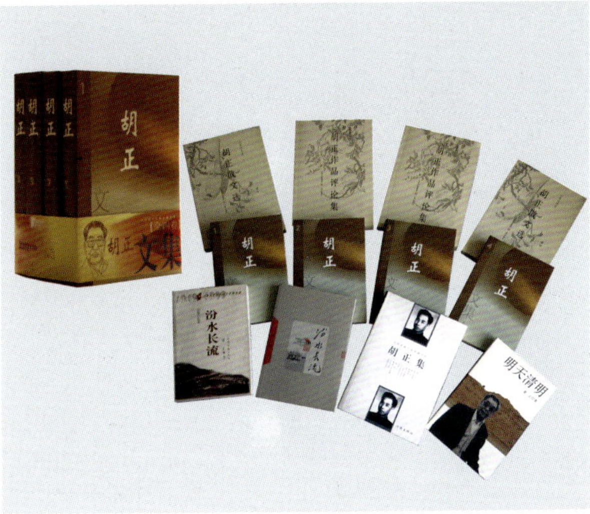

▶ 胡正近期出版的部分作品。

◀ 各种版本的《汾水长流》。

▶ 胡正部分作品。

▲ 设在太原家中的灵堂。吊唁的人络绎不绝。(珍尔摄)

▲ 社会各界纷纷敬献花圈。(珍尔摄)

▲ 胡正同志遗体告别仪式。

▲ 胡正同志家属在遗体告别仪式上。

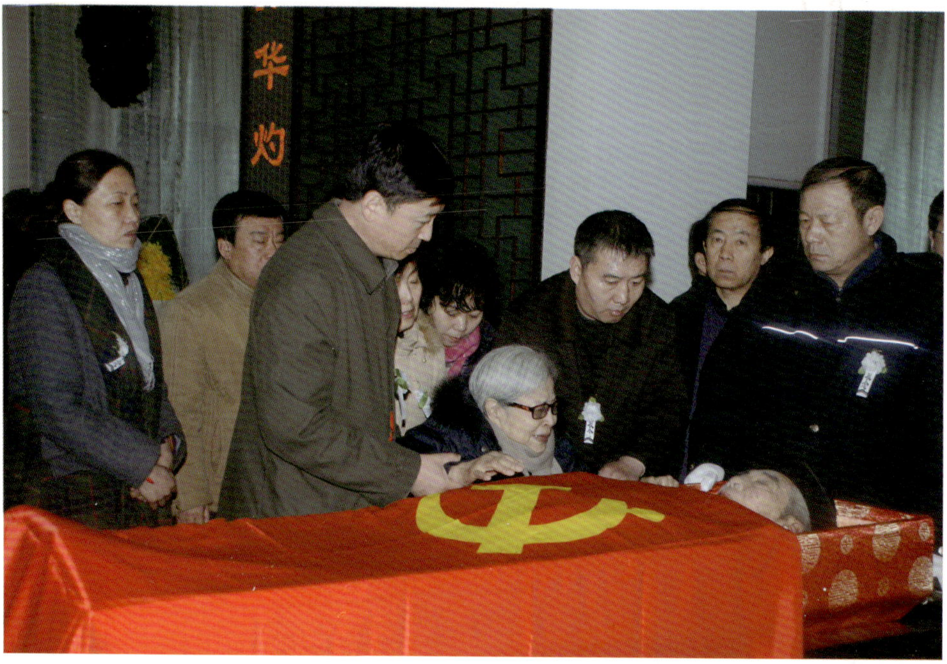

▲ 郁波向胡正遗体告别。

▲ 山西省委常委、宣传部长胡苏平，中国作协副主席、山西省政府副省长、山西作协主席张平向胡正遗体告别。

目 录

contents

各界悼念诗词

新闻速写

新闻报道

附 录

胡正同志生平

中国共产党优秀党员，山西省作家协会名誉主席，山西省老文学艺术家协会名誉主席，山西省作家协会原党组书记、副主席，山西省文联原副主席，著名的人民作家胡正同志，因病医治无效，于2011年1月17日20时45分在太原逝世，享年八十七岁。

胡正同志原名胡振邦，1924年农历十月二十五日出生于山西省灵石县城。1938年9月参加晋西南牺盟会“吕梁剧社”，从事抗日宣传活动。1940年冬随剧社到延安，在鲁迅艺术学院附设的部队艺术干部训练班和部队艺术学校学习，系统地接受了文艺理论知识，阅读了大量中外文艺名著，同时开始尝试文学创作。1942年夏学习结业后，分配到八路军一二〇师政治部“战斗剧社”，任编辑股干事。1943年1月转业到晋西北抗日救国联合会文化部文艺工作团，随后，被分配到静乐县二区任抗联文化部长，同时参加武装工作队工作。紧张而有意义的工作与战斗生活，激发了他的创作欲望，写出了一些文艺作品，1943年5月26日，延安《解放日报》副刊发表了他的第一篇小说《碑》，坚定了写作的信心，由此开始了文学生涯。不久，又发表小说《民兵夏收》等作品。1944年2月进入晋绥文联“七月剧社”第三队，从事文艺创作，发表了一批小说、剧本、

通讯，其中，与常功、孙谦、张朋明合写的剧本《大家办合作》，获得晋绥边区为纪念抗战七周年举行的“七七七文艺奖”征文戏剧类丙等奖，剧社排练演出后，反响热烈。1946 年春调到《晋绥日报》任副刊编辑，工作之余创作出小说《捞饭盒》、《长烟袋》等以及大量诗歌、散文。

1949 年 10 月，胡正同志随军南下到四川省，任重庆《新华日报》副刊组负责人，发表小说《报信》等作品。1950 年 12 月，到北京中央文学研究所学习，期间，曾赴抗美援朝前线体验生活，亲眼目睹了中国人民志愿军英勇善战的情景。1953 年夏学习毕业后，回到山西省文联工作，担任《山西文艺》主编，1956 年任秘书长。在完成文联各项行政和业务工作的前提下，胡正同志潜心深入榆次张庆村等地生活，同广大农民群众和村干部打成一片，获取了丰富的创作素材，努力写作，先后发表了短篇小说《摘南瓜》、《嫩苗》、《七月古庙会》、《两个巧媳妇》，中篇小说《鸡鸣山》，长篇小说《汾水长流》等一大批作品，其中，《七月古庙会》的深刻思想和《两个巧媳妇》的艺术特色，在同时的农村题材小说作品中，是公认的优秀之作；而长篇小说《汾水长流》，则是上世纪 60 年代中国文坛长篇小说的代表性作品之一，在广大读者中产生过极大反响，为中国当代文学流派“山药蛋派”的形成与发展，作出了重要贡献。

“文革”中，胡正同志被下放到灵石县山村插队落户。1972 年调回省文化局创作组。“文革”结束后，省文联、省作协恢复，他历任省文联秘书长、副主席，省作协副主席、党组书记，中国作家协会第四届理事、第五届名誉委员，山西省政协第四、五届委员。1992 年 5 月，中共山西省委和山西省人民政府授予他“人民作家”荣誉称号。1995 年离休后，曾任山西省关心下一代工作委员会副主任、山西省老文学艺术家协会常务副主席等职。在做好大量文学组织工作、热心扶植青年作家基础上，胡正同志继续深入生活，辛勤笔耕，创作出短篇小说《奇婚记》、《那是一只灰猫》，中篇小说《几度元宵》、《重阳风雨》，长篇小说《明天清明》以及一大批散文、报告文学、文艺评论，这些作品主题鲜明，思想深刻，既有历史使命感，又有现实责任感，格调明快，语言精湛，为广大中青年作家树立了榜样。2001年出版了四卷本《胡正文集》，集中展示了他的主要文学成就和创作轨迹。

胡正同志是中国当代文学史上重要流派"山药蛋派"的代表作家之一，在近七十年的文学生涯中，他坚持毛泽东同志《在延安文艺座谈会上的讲话》精神指引的方向，深入生活，密切关注社会现实，始终同广大人民群众保持着血肉联系，选择民族化、大众化的创作道路，站在时代发展主潮的前面，以一个真诚作家的社会责任感和历史使命感，把握生活的脉搏，努力反映现实社会的本质，作品具有浓厚的生活气息和强烈的时代精神；同时，他努力追求朴素淳厚、通俗易懂又不失文化品味的艺术风格，设置有头有尾、脉络清晰的故事结构，使用抒情与写实融会、精干准确与丰富多彩结合的语言表现方法，使得作品很有可读性，为广大人民群众所喜爱。

胡正同志不管是在艰苦的战争年代，还是在和平建设时期，都能够把党和人民的利益摆在重要位置，时刻关心国家的发展与进步事业，贴近时代特点，坚持与时俱进，情系百姓，为民众鼓与呼。他的作品，可以称之为中国农村半个世纪历史的风雨表，每个阶段农村工作的成就与问题、农民的思想与生活，都可以从他的作品中找到反映。他满腔热情地赞颂心灵高尚的普通人物，他也诚心诚意地去揭示社会前进中的问题。他的作品在当代文学史上占有重要地位，有着广泛的影响。他对文学事业的发展作出的重要贡献，对人民群众密切关注的精神，对文学创作精益求精的态度，永远是广大中青年作家学习的榜样。

在生活上，胡正同志几十年来一贯朴实无华，乐观向上，兴趣广泛；从不计较个人名利地位，更不摆架子，讲排场，做事有主见，待人热情真诚，尽力帮助别人。他的人品和文品，堪称楷模，受到广大文艺工作者的赞誉。他的去世，是我国文学界的一大损失；他留下的作品，永远活在读者心中。

胡正同志安息吧！

胡正主要作品目录

题　　目	类　别
汾水长流	长篇小说
汾水长流	电影文学剧本
鸡鸣山	中篇小说
几度元宵	中篇小说
重阳风雨	中篇小说
明天清明	长篇小说
碑	短篇小说
民兵夏收	短篇小说
抗日村长	短篇小说
梨树冤 ——郭妈妈诉苦记	短篇小说
“捞饭盆”	短篇小说
“长烟袋”	短篇小说
六颗熟鸡蛋	短篇小说
报信	短篇小说
永真回来了	短篇小说
武子发与吴农荫	短篇小说

题　　目	类　别
除害	短篇小说
摘南瓜	短篇小说
嫩苗	短篇小说
两个巧媳妇	短篇小说
七月古庙会	短篇小说
一夜之间	短篇小说
到女家去的路上	短篇小说
盲女乔玉梅 ——一位眼科医生的手记	短篇小说
拉驴记	短篇小说
余牛子卖余粮	短篇小说
奇婚记	短篇小说
遭遇	短篇小说
那是一只灰猫	短篇小说
奇花公主	民间故事
雇工、地主和县官	民间故事
钟声	诗歌
关庄之夜	诗歌
洗衣妇	诗歌
纺线	诗歌
红灯笼	诗歌
快收秋	诗歌
妇女秋收	诗歌
支援前线	诗歌
翻地忙	诗歌
冬季生产歌	诗歌

题　　目	类　别
参战谣	诗歌
王二参军	诗歌
冲锋歌	诗歌
娃娃们快上学	诗歌
妇女生产支前歌	诗歌
送夫参军	诗歌
跳板	诗歌
朔州喜相逢	诗歌
真诚的文学	诗歌
迎春曲	诗歌
大家办合作	剧本(合作)
谈边区群众剧运	评论
年画展览观后	评论
介绍兴县音乐晚会	评论
关于游记、见闻的写法	评论
关于风景的描写	评论
写作要有计划　写作态度要认真	评论
描写未觉悟人物的态度问题	评论
评《界限》的主题思想	评论
谈“巧合”	评论
略谈文学创作的质量和提高问题	评论
关于描写真实的英雄人物时的虚构问题	评论
看《续范亭》有感	评论
生活的启示	评论
农村题材和农村政策	评论
我的第一篇小说	评论
昨天的足迹	评论
创造有中国气派的新文艺	评论

题　　目	类　别
文学同生活一道前进	评论
反映当代的青年生活	评论
黄河浪滔滔 ——一九八五年春我省小说创作述评	评论
《无声的细流》序	评论
《丢失的长命锁》序	评论
谈《祭妻》	评论
《祭妻》序	评论
《谢俊杰小说集》序	评论
《下河滩的女人们》序	评论
《山西儿童文学作品选》序	评论
《山西中青年作家谈创作》序	评论
《杏花村酒歌》序	评论
亲切·愉悦·欢快 ——写在《黄河一方土》演出之时	评论
发人深思的爱情悲剧 ——话剧《活寡》观后	评论
《秋天的遗憾》读后感	评论
《泪与呼唤》序	评论
《边关草》序	评论
马兰花 ——《力群散文集》序	评论
谈谈文学的局限性	评论
文艺问题的中心是为群众	评论
热爱生活与业精于勤	评论
《开拓者的足迹》序	评论
《红崖山》序	评论

题　　目	类　别
《风险大跨越》序	评论
《问路太阳石》序	评论
《艺苑熟人往事》序	评论
闪光的青春 ——黎颖著《青春纪事》读后感	评论
人间呼唤真情 ——张平《孤儿泪》读后	评论
《在严寒的日子里》读后感	评论
《写在黄河岸边》序	评论
《秋野》序	评论
《超越昨天的辉煌》序	评论
《山不转路转》序	评论
少年情深	散文、报告文学
林杉老师与吕梁剧社	散文、报告文学
王震将军介绍我们到延安学习	散文、报告文学
在延安看见了毛主席	散文、报告文学
在延安的两次演戏	散文、报告文学
部艺生活拾趣	散文、报告文学
副刊生活散忆	散文、报告文学
春到吕梁山 ——回忆毛主席对《晋绥日报》编辑人员的谈话	散文、报告文学
特等合作英雄魏建鳌	散文、报告文学
袁佩章与炭峪沟小学	散文、报告文学
汾阳小相村减租小记	散文、报告文学
高家村诉苦清算大会速写	散文、报告文学

题　　目	类　别
“团结就是力量！” ——临汾市学生庆祝晋南学联成立暨抗议“四一”暴行游行速写	散文、报告文学
临汾市工人欢度“五一”剪影	散文、报告文学
四十天 ——临汾发电厂修复原动力记	散文、报告文学
“任四胖”与“刘范喜” ——临汾面粉厂散记	散文、报告文学
明姜五女	散文、报告文学
“不完成任务不回家” ——赵城远征担架队出征记	散文、报告文学
两家军属的故事	散文、报告文学
林中路旁话亲人 ——赵城支前散记之一	散文、报告文学
“全中国都解放了再回来！” ——赵城支前散记之二	散文、报告文学
晋南人民的热情 ——记六月间大军开赴西北作战时晋南人民支前运动	散文、报告文学
“新华日报回来了！”	散文、报告文学
胜利的狂欢 ——记重庆市人民元旦日庆祝解放大游行	散文、报告文学
码头工人周炳林	散文、报告文学
学习的收获	散文、报告文学
人民英雄无上光荣 ——西南军区第一届英雄模范会议揭幕通讯	散文、报告文学

题　　目	类　别
朝天门前迎英雄	散文、报告文学
青年勇士车元路	散文、报告文学
坑道爆破的能手张贵荣	散文、报告文学
钢铁战士赵世平	散文、报告文学
勇猛战士张志成	
力量的泉源 ——北碚人民庆祝解放一周年及抗美援朝游行速写	散文、报告文学
茅屋里的笑声	散文、报告文学
欢乐的季节 ——榆次张庆村秋收散记	散文、报告文学
新的希望 ——榆次张庆村散记	散文、报告文学
初冬的一天 ——榆次张庆村散记	散文、报告文学
青年申纪兰	散文、报告文学
美丽的图画,光荣的任务	散文、报告文学
从长城到长江	散文、报告文学
梧桐河岸的春夜	散文、报告文学
钢铁火花满天红	散文、报告文学
胡兰连里英雄多	散文、报告文学
七月的彩虹	散文、报告文学
花浮盐池六月天	散文、报告文学
春花赞 ——晋南蒲剧院青年剧团演出观后	散文、报告文学

题　　目	类　别
两朵花 ——赞晋中青年晋剧团侯玉兰和张鸣琴的演唱艺术	散文、报告文学
汾河湾里一枝梅 ——记回乡女知识青年孟凤鸣	散文、报告文学
山村教师武秀珍	散文、报告文学
人寿年丰的太阳村	散文、报告文学
新年的希望	散文、报告文学
五月端阳会	散文、报告文学
初升的圆月	散文、报告文学
迎春絮语	散文、报告文学
五色绣球花	散文、报告文学
莲花城外杨柳青	散文、报告文学
新枝新发喜迎春	散文、报告文学
杨威周年祭	散文、报告文学
送别丁玲老师	散文、报告文学
风雨岚山	散文、报告文学
埼玉三日行	散文、报告文学
河东花开又一春	散文、报告文学
珠露润艳梅 ——祝贺田桂兰荣获全国第四届戏剧“梅花奖”	散文、报告文学
从民歌的海洋中驶出了美丽的白帆	散文、报告文学
伟哉，晋剧　妙哉，郭彩萍	散文、报告文学
五月的回忆与感想	散文、报告文学
历史的印记	散文、报告文学

题　　目	类　别
云梦山下文明花 ——记农民律师秦存善	散文、报告文学
龙门创业人 ——记卫仰泽和董茂林	散文、报告文学
临猗新风	临猗新风
漫议交通文明	散文、报告文学
春天的希望	散文、报告文学
又是古交三月风	散文、报告文学
继续跟农民交朋友	散文、报告文学
恒山奇观	散文、报告文学
壶关秋色	散文、报告文学
九十年代的希望	散文、报告文学
左云上村	散文、报告文学
交口山上落红霞	散文、报告文学
荧荧光亮　灿灿彩霞	散文、报告文学
金色的江阴 ——乡村中的城市、城市中的乡村	散文、报告文学
我爱夏天	散文、报告文学
春花秋实 ——祝贺京剧表演艺术家任岫云舞台艺术创作四十年	散文、报告文学
四月春风过吕梁	散文、报告文学
彭一印象	散文、报告文学
朝晖晚霞皆灿烂 ——祝贺力群同志创作生活六十年	散文、报告文学

题目	类别
太行青松 ——在冈夫作品讨论会上的发言	散文、报告文学
海潮思	散文、报告文学
灵石文化气氛浓	散文、报告文学
除夕燃旺火	散文、报告文学
樱桃好吃树也不难栽	散文、报告文学
火神霍九如 ——记太原煤气化公司总经理霍九如	散文、报告文学
乡长马文祥	散文、报告文学
鞠躬尽瘁的剧作家张万一	散文、报告文学
痛悼孙谦	散文、报告文学
《双塔》牧歌	散文、报告文学
清凉的夏夜	散文、报告文学
秀丽的娄烦	散文、报告文学
谈谈社会风气	散文、报告文学
悼念戏剧家刘元彤	散文、报告文学
怀念王中青同志	散文、报告文学
郑笃周年祭	散文、报告文学
诗翁冈夫周年祭	散文、报告文学
郑林同志十周年祭	散文、报告文学
悼苏光	散文、报告文学
大雪送西戎	散文、报告文学
十月的阳光	散文、报告文学
昨日流光 ——省、市文联往事散忆	散文、报告文学
一次小组讨论会	散文、报告文学
颂春	散文、报告文学

亲人悼念文章

痛悼胡正

郁　波

2011年1月17日20点45分，胡正走了。

我实在不相信，更难以接受！一个星期前，他还是好好的呀！只是走路不大利索，精神不大好，吃饭不大香。但他已是八十七岁的老人了，这也是正常的呀，怎么住医院仅八天就走了呢！胡正啊，你叫我和孩子们如何接受啊！

1月6日晚上，半夜，胡正突然叫醒了我，我打开灯睁眼一看，只见他跌坐在地上，我吓得惊问："你怎么啦？"他说："我起不来了，你拉我一把。"我急忙下床去扶他，但他身子很重（他体重一百四十多斤），我怎么也拉不起他来。我让他搂着我的脖子，我抱住他的腰，用尽力气，总算把他抱起来，坐在床沿上了。我吓得直问："你怎么啦？"他说："我要起来小便，下床想站起来，谁知腿一软就跌倒了。"从这天开始，他几乎一个人不能起床了，必须叫醒我，扶他坐起，帮他拿尿盆才行。我们的小儿子胡早得知这个情况后，怕我一个人抱不动，每天晚上回家来住，帮我照料。就这样每天白天黑夜都需要人帮助他才能坐起来。我很不放心，叫他去医院看看。他说："不要紧的，大概是前列腺的毛病吧！"就这样连着几天也不见好转，劝他到医院去

看看，他不肯，老是说：“没事。”1月10日晚上，我见他一点也没有好转，饭也不怎么想吃，心里很不安，就给在省人民医院工作的大儿媳小范打电话，我说：“爸爸不大好，必须住医院检查检查！”小范没有多问，说：“那就来医院吧！”

我立即打电话叫急救车，然后帮他穿好衣服，谁知他扭过身去说：“我不去医院，不去医院！”奇怪，以前有一点不舒适就要去医院，今天怎么啦?！我再三说：“去医院检查一下就放心了。没事，咱们就回来了。”我们的小儿子胡早也劝他说：“爸爸，还是去医院看看吧！”

他不再说什么，顺从地让我帮他穿好衣服，扶他躺上了担架，盖上被子。临走时忽然掉过头来，对我说：“辛苦你了！”奇怪，怎么突然说这话?！我没多想，说：“辛苦什么呀！走吧，到医院检查检查，住几天就回来了。”他不再言语，谁知这竟是他对我说的最后一句话了。我扶着他躺在担架上，给他盖好被子，由司机小武和小卫陪他同去。大儿子胡果和儿媳小范已在医院门口等候着接他，送到省人民医院特护室住下。

送胡正去医院后，我心里略微放心，第二天，在北京工作的大女儿也回来了，她是接到胡果的电话告知爸爸的病情后赶回来的，胡果也打电话通知了远在美国的小女儿胡浦，胡浦正在办手续往回赶，只是瞒着我一个人。

第三天，胡苹陪我一同去医院看望。进了病房外间，我看到他躺在里间病床上，身上插了许多针管正在输液，两个护士守护着，我正要进去，医生叫住了我，慢慢地和我谈他的病情，我听了半天也没听明白他到底是什么病，但听明白的是他的病情很严重！我有点焦急，一直追问：“他到底是什么病呀?”医生迟疑地说：“肺炎！”我一听略微放心了。肺炎是严重，但并非不治之症呀！我还庆幸幸亏及时来了医院，要不就耽误了。于是，医生让我进病室看望。我小心地走近病床，只见他两眼紧闭，痛苦地呻吟着："啊……啊……"我抚摸着他的手，轻声叫他，他略微睁开眼，哼了一下，又闭着眼痛苦地呻吟"啊……啊……"看到他痛苦的模样，心里酸楚但又不敢哭，他这是怎么啦？在家里时他的神志还是很清楚的，怎么住院才两天就成了这样！

其实，孩子们在前些时他因咳嗽不止、胸口疼痛在省人民医院做 CT 和核磁共振后就已经知道，他得的是肺癌！而且是晚期了，只是瞒着爸爸妈妈，只说是肺炎！而我也真的以为是肺炎，一直抱着希望！

1 月 17 日早上，大儿子胡果打来电话："爸爸病危，赶快来！"我吓得心直跳，立即和胡苹赶往医院，主任先把我叫到另一间病房，也把我们的儿女都叫过来，然后慢慢地对我们说胡正的病情。大意是，"医院已经尽力了，但病情严重，抢救无效……"我吓得直发抖，颤抖地问："到底是什么病呀？不是说肺炎吗？怎么会……？"医生迟疑地、轻声地说："肺癌晚期！但现在致命的是肺炎……"我惊得一下张大了嘴，说不出话来，眼泪夺眶而出……我站起来，立即要去看他，但医生不准！正在抢救，不能进病房……

这一天是怎么过来的，我什么也记不得了，脑子里就是："他快不行了！怎么会这样？"我得赶快去看他，但身不由己，儿女们和亲友们拉住了我，医生也不允许进去！一直在抢救……直到晚上，天已黑了，才让我和儿女们进病房探视。这时，医生不见了，只有两个护士在整理东西。见我们进来了，她们就悄悄地出去了。我们直扑病床前，只见胡正躺在病床上，身上输液的管子大都已经除掉，只有一个显示呼吸的仪器还在记录着他的脉搏。此时，他已昏迷了，两眼紧闭，艰难地呼吸着。床头柜上放置着一个仪器不断显示着他的脉搏跳动的次数。他已陷入弥留状态。我和儿女们不敢哭，也不敢呼喊，眼泪往肚里咽，两眼直盯着那个显示他生命的仪器，看着一会儿高起一会儿掉下来的数字，心似乎吊在半空中。天哪！这不是让我们在等他停止心跳、等他咽气吗？我实在受不了啦……

病房门口，挤满了亲友和单位的领导及同志们……他们都是得知他病情严重后来送别他的。

有人拉着我坐在一个椅子上，仅一会儿，有人就低声和我说："他走了。"我惊跳起来，大声哭喊，直奔他跟前，儿女们和亲戚们正为他擦身体、穿衣服……大儿子胡果抱起爸爸的头，哭着说："妈妈，你看爸爸多么慈祥，多么安详！"是的，他的脸色仍是红润的，栩栩如生，就像睡着了一样。但是他再也醒不过来了呀！

大女儿胡苹扶着我回到家中。这时，单位的职工正在客厅里忙着布置灵堂直到半夜。胡正蒙着黑纱的遗像挂在花丛中，香烛点着了，花圈花篮也摆满了。看着这场景，怎不叫人悲伤，一个星期前还是那么温馨的家，如今成了悲怆的灵堂。我忍不住失声痛哭。

几个月来，我一直沉浸于痛苦的回忆中。我怎么也接受不了这样残酷的事实。怎么可能呢？1 月 10 日晚他去医院前神志还是那么清醒，一直坐在床沿上，当救护车来时，他还说："我不去医院，不去医院。"我再三劝说，才顺从地让我帮他穿好衣服，扶他躺上担架，临走还对我说："辛苦你了！"谁知这是他对我说的最后一句话了。每想到此，我就忍不住痛哭、流泪。那时，他的神志是那么清醒，但他一定怀疑自己的病了，要不，他怎么会对我说这样的话呢?!

我怎么也没有想到胡正会这样突然地离我们而去。他的身体一直不错，退下来之后也很注意锻炼身体。每次体检，除了老慢支外没有其他毛病。去年 10 月在山医二院体检，X 光照片出来后体检表上写的是"未见异常"（其实只要细心看就应看出有一个小肿块)，但是胡正一直觉得疼痛，医生说是腰间盘突出，有人建议他去理疗，于是他每天去医院理疗，然而非但不见好转，反而更加疼得厉害了，他不敢再去。又到省人民医院拍了片子，才发现是肿瘤，而且增大了，扩散了。大儿子胡果和在省人民医院工作的儿媳不敢告诉我们，也不敢回来，怕爸爸问。现在想来，胡正一定怀疑或明白自己病情的，要不当我打电话叫急救车来后，他怎么也不肯去医院！临走时还对我说："辛苦你了！"我一直想，他为什么对我说这样的话？一定是他知道自己的病情了。他是一个聪明人，他经常翻看有关医书，和自己的病对照。而且这次疼痛和过去不一样，他一定怀疑自己得了不好的病了，他只是不说，他怕去医院，怕查出不好的结果。他是那样清醒，只是我从未往坏处想，从未想过他会得这种病，一直以为是他的老毛病老慢支，每年一到冬天就厉害了，到医院住几天，输输液就好了。

胡正自离休后，心态一直很好，晚年生活逍遥。有时也写一些散文或回忆录，不时走到前面办公院和年轻人或老熟人聊聊天。去年入冬后，他感到体力有点不支了，在园子里散步就摔了一跤，一条腿皮下出血，抹上药休息了十几天才慢慢好起来。我告诫他："你以后出去一定要叫上我，可不敢一个人出去了。"我还给他准备了扶手的车，即使在家里，也要两手扶着车，以防滑倒。谁知一天晚上在卫生间洗脸时，他又跌倒了，我赶紧进去想把他抱起来，但我怎么也抱不动他，我要打电话给邻居冯池，胡正说："老冯年纪也不小了，叫稚纯吧。"我立即打电话，稚纯夫妇马上过来了，将胡正抱起来，扶到沙发上坐下。我说："你这是怎么啦？要不到医院去看看？"他说，"不是才检查了吗？腰间盘突出，老年病，没办法。"是啊，他每年在山医二院体检两次，每次结论都是这样写的。去年秋天，他腰疼得厉害，走路都直不起腰来。去二院理疗了几次，非但没有减轻，反而更疼痛了。但他一直忍着不告诉我。那几天，他的精神不大好，食欲也不好，但神

志非常清醒，当我打电话叫来救护车要扶他上担架时，开始他还不愿意，扭转身体连声说：“我不去医院，我不去医院。”我再三劝说：“去检查一下就放心了嘛！”他才顺从地让我帮他穿好衣服，扶他上了担架。临走时，还跟我说：“辛苦你了。”谁知这一走就再也没能回来。每想到此，我就忍不住泪水直流。胡正啊，是我对不起你呀！我真傻，所有的人都知道你的病情了，都赶往医院去看望你。而我还像傻子似的不知情，以为像往年一样，输几天液就回来了。我没有一直守在你的身边看护你，医生也不准我们进病房。直到 1 月 17 日早晨，你病危了，才将我和孩子们叫到一起，告诉我们你的病情。“晚期肺癌”这几个可怕的字就像一颗重型炸弹把我吓傻了。我抖抖索索地问：“还有希望吗?”医生沉默不答。我再也忍不住了，眼泪夺眶而出……

胡正是一个热情、善良的人，他一生忠于职守，乐于助人。在他担任省文联秘书长期间，除了做好机关行政工作外，对待职工也是非常关心和照顾的。记得 1962 年资料室的一个干部赵锡祥得了严重的肝病，送医院医治无效不幸去世。赵锡祥是河南人，家中只有一个老母。赵锡祥工作积极、负责，是个老实、勤恳的人。身边只有一个新婚不久的妻子，不幸去世后，他的妻子只知哭，没有主意。胡正让副秘书长带了行政处的几个干部去医院帮助料理后事，但他还是不放心，又亲自赶往医院，并派人去买了棺木和寿衣。赵锡祥去世后，遗体放在太平间，医院要机关派人一同进去照料给死者穿衣入殓，但谁也不肯进去。胡正气得说：“你们怕什么呀?!”于是，他独自一个人进去了。看着工人给赵锡祥穿好衣服，放入棺木后抬了出来。赵锡祥是个孝子，老家还有一个老母，虽然工资只有几十元，但每月都按时给老母寄十块钱生活费。赵锡祥去世后，自然无人再给他老母寄生活费了，而老母如果知道儿子已去世，该有多么伤心，今后无依无靠如何生活?！考虑到这些，胡正就告诉会计上每月将赵锡祥的抚恤金仍以赵锡祥的名义给他老母寄十元钱生活费，以安慰老人的心。胡正也很关心那些来自农村的勤杂人员，他们来机关打扫办公室、院子或烧锅炉，或在伙房帮厨或打杂，胡正从来没有歧视过他们。他鼓励他们利用空隙时间好好学习，提高文化，几年之后，他将他们有的送进工厂当了工人，有的还提拔当了总务科负责人。记得一个年轻的勤杂人员到工厂当了工人之后，每年春节都要来我们家看望、拜年。后来年纪大了，退休了，但每年春节仍要打个电话来拜年、问好。今年春节他又打来电话拜年，当我告诉他胡正已去世后，他“啊”地惊叹了一声，然后默默地挂上电话。

胡正热爱写作，他回山西的目的就是想搞创作，并不想当官。记得1961年成立华北局时，当时的省委宣传部长黄之刚调任华北局宣传部长，要调他去担任文艺处处长。这应该说是件好事，一是升了官，二是能调北京工作。但胡正不愿去，一再推辞未获准，而且很快下了调令让他到北京报到。没奈何他只好只身前去。他对我说：“我不想去北京，我也不想当官，我就是想搞写作。”

到北京后，他仍一直要求回山西，上级看他如此执著，最后只好放弃了。在京一个多月，他又回到省文联，仍担任秘书长，抽时间下乡、采访，写了不少散文和报告文学。长篇小说《汾水长流》也由人民出版社及山西人民出版社同时出版。这更坚定了他搞文学创作的信心。之后，又改编了电影剧本《汾水长流》，创作了中、长篇小说《几度元宵》《明天清明》及不少短篇小说。

1995年七十一岁时，胡正办了离休手续。离休之后，他在自家的园子里栽种了许多花草树木，有樱桃、枣树，有葡萄和各种月季花。每天早晚，他总要在院子里活动、散步，浇浇水，修剪树枝。他对这个小园子非常喜爱。他还给这个小园子起名叫“迟园”，晚年生活过得安逸、愉快。谁知病魔竟突然来袭，去年1月上旬，一向身体不错的他一下病倒了，住院仅八天，竟离我们而去了。

怀念爸爸

胡　苹

我至今难以释怀，爸爸竟已离我们而去了。

爸爸身体一向很好，生活规律，心胸豁达，性格开朗，拿得起放得下，谁都说爸爸能活到一百岁，我也常常设想爸爸一百岁时庆典的景象……突然一个星期五的晚上，弟弟胡果来电话，说爸爸情况不太好，让我别着急，语气沉重。我的心顿时往下一沉，脑子一片空白。“爸爸得癌症了。”他告诉我，“什么?!”我心里一紧，“那我马上回去!”“你先等一等，看爸爸的病情发展，我们的意思是先别让爸爸妈妈知道。”我明白这个道理，可心里却慌得很。我是学医的，见过太多死亡，可是轮到自己的亲人，却仍然手足无措。我马上给胸外科主任和肿瘤科的人打电话，他们都推荐用易瑞沙，一种新的靶向治疗药物。我又上网查，非小细胞肺癌用易瑞沙效果还是不错的，我马上告诉胡果，然而，他很快转告我，医生说爸爸身体太差，目前还不能用。我又着急又无奈，只好到处打电话，询问有什么新的治疗方法，一边给两个弟弟打电话，询问爸爸的情况……

两天之后的星期一晚上，胡果打来电话，说爸爸住院了，没想到爸爸的病情进展这样快，我赶紧买了动车票，第二天赶往太原。

下车后，我让司机小武直接拉我去医院。两个弟弟和弟媳都在。爸爸消瘦而虚弱，大家叫着："爸爸，你看看是谁回来了。"爸爸睁开眼睛看着我：胡苹，他笑了。我握住爸爸的手，"爸爸，我回来了。"我想尽力安慰爸爸，却只是反反复复叫着爸爸，说不出别的什么话来。爸爸曾经是那样的强壮、有力，爸爸一直是家里的栋梁，是庇护我们的大树，如今，却已如风中的枯叶，随时可能飘零，我握着爸爸瘦弱的手，心如刀绞，我后悔没有早回来，我后悔没有多回来。

第二天一早，我来陪爸爸，爸爸虽虚弱，但意识还清醒，由于用了止痛和镇静剂，昏睡的时候多。我握着爸爸的手，他的手柔软而无力，我想起小时候爸爸拉着我时那大而有力的手，经过这么多年，我长大了，爸爸却已耗尽一生，走向生命的尽头，怎不让人心痛！

我从小身体就差，记得小时候爸爸经常半夜三更背我去医院，昏黄的路灯下，妈妈在身边急促地跟着。还有一次，我已经十几岁了，爸爸背不动了，就用自行车推着我。小时候保姆常常说我一岁时差一点就没命了，我问妈妈，妈妈说我得了中毒性痢疾，医生说不行了，让爸妈回去，爸妈不肯走，抱着我在急诊室门口等了一夜，也是我命不该绝，第二天一早，医生推门一看，我还活着，就开始抢救。

爸爸的电影《汾水长流》放映后，妈妈就经常哼唱汾水长流主题曲，那时正是爸爸创作的高峰期。然而似乎没过多久，"文革"便开始了。红卫兵几乎每天都来抄家，拿走最多的就是爸爸的书籍。甚至把爸爸下乡的笔记都拿走了，那是爸爸正在准备写作的内容。我们家最多的就是书籍，一米多宽，两米多高的五个大书柜，放着满满的书。我从小就喜欢在爸爸的书柜里面找书

看，然而，至此之后，爸爸的书就越来越少了。先是抄家，然后是“借”，来“借书”的人好像总是不断。来“借书”最多，几乎是洗劫的一次是一个北大中文系的学生带着几个山大中文系的学生来“借书”，爸爸不同意，然而这些打着要批判毒草的幌子的人赖在家里不肯走，甚至连妈妈去上厕所都要跟着，现在想来，他们对爸爸一定是威胁恐吓了很久。后来他们开始选书，并一大摞一大摞地往外拿，他们把爸爸最好的书几乎全都拿走了，爸爸坐在沙发上，表情凝重而痛苦，我现在都还清楚地记得当时的情景。因为是“借”，自然就要写借条，我看到爸爸的书桌上放着几十页稿纸，上面密密麻麻的写满了书名，这些书后来自然是再无归还之日，直到今天。

下放在灵石北庄时，开始山上还没有电灯，晚饭后，在如豆的煤油灯下，爸爸就给我们讲故事，印象最深的就是爸爸讲《九三年》，爸爸讲得精彩极了，而每至关键时刻，又都峰回路转，或出现更刺激的情节，后来我看《九三年》时，不禁感叹爸爸的记忆力是如此之好。“文化大革命”时，学校停课，家里经常被抄家，爸爸还要应付造反派，闲时就给我们讲故事，春秋战国的故事就是那时讲的。爸爸讲故事没有什么表情，只是娓娓道来，却极吸引人，连苏光叔叔的夫人鲁青阿姨都每天来听爸爸讲故事。我后来看《东周列国志》，记得最清楚的情节，也是爸爸讲过的地方。

记得刚刚下放到北庄时，我们都失学了，而那时全国已开始复课，“文化大革命”我们整整四年无学可上，现在刚开学半年，却又赶上下放，全家被下放到北庄，一个远离城市的山顶村庄。爸爸说，无论如何也要上学，能上到什么时候就上到什么时候，因为那时大学仍在关闭。爸爸不停地下山往返于灵石县中学和山顶的家中，为了能让我们上学到处跑。从北庄到山下的县城要走二十里山路，又没有车，来回要步行四十里。那时最大的我十六岁，大弟弟胡果十五岁，妹妹小浦还不到十四岁，最小的弟弟小早才六岁。如果不上学我们就只能每天在地里劳动不说，关键是以后怎么办？在爸爸持续的努力下，我们终于得以到二十里山路外的灵石县中学上学了，一直上到高中毕业。我的很多同学和朋友因下放而失学的不少，知道我们上学后都非常羡慕。爸爸对子女教育的重视和努力给我们以后的人生打下了坚实的基础。小的时候，喜欢粘着爸爸，有一次恰逢周末，天下暴雨，爸爸说要去看看暴雨对周围房子的影响，因为那时大部分都还是土坯房。我也闹着要一起去，爸爸就拉着我到机关大门口，刚走过传达室，就看见机关大门对面的房顶塌下来一大片，“咣——”的一声，我吓得大叫，抱住爸爸的腿，爸爸面色严峻，一句话不说，回去后，马上打电话，查问大家的情况。机关里不管谁病了，爸爸都要亲自去探望。记得有好几次，都夜深了，只听爸爸对妈妈说要去看望谁，说他不行了，回来后总是深深叹息，为他惋惜。

山西省榆次市张庆村，是爸爸20世纪50年代下乡的地方，爸爸的长篇小说《汾水长流》就是在那儿孕育写就的。因为我身体不好，那个年代又必须去插队，所以爸爸为我选择了去张庆插队。在张庆，我听说了爸爸的许多故事，我感觉村民们几乎是把爸爸神话了，因为爸爸总是在他（她）们最困难的时候出现并帮助他们，许多人都提到，有一位村民得了急病急需住院手术，但住院押金二十元，50年代的二十元是一笔不菲的数目，十几元在当时就可以养活一家人了。当时他们家拿不出钱来，大家也凑不足这笔钱。爸爸知道后，马上赶去把自己的二十元交给他们，救了这位村民一命。还有一位老大娘，特地来找我，告诉我50年代中一年，当时她守寡，几个孩子嗷嗷待哺，家里一粒粮食也没有了，听说村里来了救济粮，她就拿了个袋子想去领。可到了村委会门口，向里张望却不敢进去，结果又拿着袋子往回走了。爸爸发现后，急忙出来叫住她，问是不是来领救济粮的，她说是，爸爸马上给她装了一袋。她好几次都说，是爸爸救了他们全家的命，要不是爸爸给她的这袋粮食，她和几个孩子早就饿死了。我把这件事告诉了爸爸，爸爸听说后很是不安。后来大娘告诉我，爸爸特地去看望她，说粮食是国家发的救济粮，不是我的，你困难，本来就该领，不用感谢我。这件事深深地打动了我，这充分说明了爸爸的为人，爸爸的善良，爸爸人格的伟大。爸爸有一颗善良、仁爱之心，正是这颗善良仁爱之心，温暖着我们，也温暖着他周围所有的人。

我这大半生中，一直是在爸爸的保护下长大，上学、工作、成家立业，直至今天。我们的下一代，爸爸也仍然关心着，每一个孙子外孙，无不得到爸爸的关心照料。爸爸关心家里的每一个人，用他的爱照耀着我们每一个人。可现在，爸爸躺在这里，无力，虚弱，随时可能离我们而去，想到这里，不禁潸然泪下。我喂爸爸喝水，有时是一点牛奶，他只能喝一点点，他的身体已然燃烧殆尽了。我伤心地坐在他的身旁，按摩着他的身体，以尽量减轻他的一点点痛苦。他睡觉时，喜欢右侧卧位，并把左臂支起来。昏睡中，他的左臂支起来一下，就又软软的倒下了，我就坐在旁边，用手替他支着左臂让他感觉舒服一点。

爸爸的病情急转直下，一天不如一天，第一天还说笑，第二天说话也还好些，第三天就只答应一声，眼睛都不愿睁了，第四天进入昏迷从此再未醒来！上帝啊，这是怎样的速度啊，你为什么不能让爸爸慢点走啊！

第七天一大早，胡果打来电话，让我快去，爸爸血压掉下来了！我和妈妈赶到医院，大夫正在抢救，用了升压后，血压又上来一些，我把妈妈扶到隔壁，把爸爸的详细病情告诉了妈妈，妈妈大哭。一直以来我们都没有把爸爸得癌症的事情告诉妈妈，因为怕妈妈知道了以后，抑制不住悲痛，被爸爸看出端倪。直到现在，我不得不告诉妈妈了。我扶妈妈坐到爸爸身旁，妈妈含泪握住爸爸的手，一直没再松开，我们也个个泪流满面。病房里静静的，只能听到妈妈偶尔压抑不住的抽泣。晚 6 点，血氧分压降到 20 以下，有时甚至是 0，心率也不规则了。爸爸手脚冰凉，搓一搓，血氧分压上去一点，很快又下来了，我的心一阵阵抽紧，胸腔像压了一块重物，憋的喘不过气来。晚 8 点，爸爸的心率越来越慢，越来越不规律，心电图上有时甚至是一条短短的直线！生命正在一丝一丝地从爸爸身体里被抽走！天啊，我们眼看着爸爸一点一点离我们越来越远，我们却无能为力！一丁点办法都没有！我真想扑上去拉住爸爸，把他拉回来，拉回来，可我却是无能为力，无能为力啊！

我们留着泪与爸爸话别，爸爸啊，你给予我们生命，抚育我们成长，为我们遮风避雨，使我们免受伤害。你把爱给予我们每一个人，如今，你却要去了，让我们怎不伤心，怎不难过。爸爸啊，你为什么走得这样急促，我们甚至连一点尽孝的机会都没有，子欲养而亲不待。爸爸啊，这让我们怎能承受。2011 年 1 月 17 日晚 8 点 45 分，时间永远定格在了这一刻。夜风瑟瑟，正是寒冬。爸爸静静地躺在那里，十分安详，从容，犹如生前。我们哭着跪在爸爸身旁，从此天堂人间各一方！爸爸走了，带着对家人的眷恋，带着对生命的热爱，带着山药蛋派最后的魂灵，到另一个世界去了，留给我们的，是永久的思念。

爸爸的大衣仍然挂在门口的衣架上，感觉好似爸爸会随时回来一样。爸爸喜欢黑色或深蓝色的呢大衣，小时候，我们三个经常钻在爸爸的大衣下面捉迷藏。周末，爸爸会带我们去办公楼的卧室去玩，爸爸披着呢大衣，我们三个孩子就钻在爸爸的大衣下面，或牵着他的衣服和手，或抱着他的腿，跟着他一起走，偶尔还要围着爸爸打闹几下，现在想来，恍如隔日。

以前每次回家，都是爸爸妈妈一起在门口的台阶上等我，爸爸的白发剪得短短的，他眼睛不好，却仍然要看着我来的方向，我快步跑上去拥抱爸爸妈妈，可现在，我能拥抱的只有妈妈了，看着站在台阶上的妈妈，心里唯有痛楚。爸爸，如果有来世，我还做您的女儿。

多想再叫一声爸爸

胡　果

尽管我知道，随着年龄的增长，我最终将会失去父亲，但是很长一段时间以来，我都觉得那个日子离我还很远很远。

然而，这一刻却来临了，而且来得那样突然。那是 1 月 4 日晚上，爸爸打电话说他的胸部疼，让我的妻子范永峰给他约医生检查一下。爸爸这一段一直说腰疼，医院检查说是腰椎狭窄所致，但去年冬天他几次问我腰椎间盘突出是哪里疼？我告他是腿疼，他听了“哦”了一声，没有了下文，我也没在意。

第二天，范永峰领爸爸做了 CT。

仍然很平静，谁也没有意识到危险已经来临——除了范永峰。

早上，范永峰告我爸爸的情况不好，今天要再做一次 CT 和核磁共振，最后确诊。

我心里一沉，一丝不祥的预感袭上我的心头。此时，我的眼前浮现出二十年前的一幕。1991 年冬天，妈妈突然给我来电话，声音很急促：“快回来。”回到家里，我才知道，爸爸因为腿疼卧床不起了。我在父亲床边坐一会儿后，妈妈神情异样地悄悄拉了我一把，在另一间房间，妈妈告诉我：经过检查，爸爸可能是

骨癌，而且要锯腿，医生说最多能活两年。这真是晴天霹雳，那几天，我天天陪着爸爸做检查，然而检查的结果却一次次令人灰心失望。直到决定动手术的前一天，范永峰通过关系找到省煤炭医院，用当时全省唯一的 CT 做了检查，结果令全家人大喜过望——不是癌症。原来爸爸膝盖上有一片骨头天然厚一些，所以据 X 光片显示就怀疑是骨癌。二十年前的奇迹还会发生吗？我期冀着。

在等待结果时，我握住爸爸的一只手，爸爸的另一只手突然也握住了我的手。手是那样的绵软，却那么温暖。我的眼一酸，泪水涌了上来。我背过脸去尽力克制自己的感情。

这次奇迹终于没有出现，这是一个令人心碎的结论。医生冷酷地说：是肺癌晚期，最多活半年。那一刻我几乎崩溃了，我们和在北京工作的姐姐胡苹商量，和远隔万里的妹妹胡浦商量，我们商量如何救治爸爸，商量如何减少爸爸的痛苦，商量如何延长爸爸的生命，哪怕只能延长一天。

唯独没有告诉的是我们的母亲，我们几个儿女不知商量了多少次，痛苦让儿女承担，不能让老母亲知道，不能让我们的妈妈痛苦。

一切都来得太快了，让我没有丝毫的心理准备。就在我们商量爸爸的治疗方案时，星期一晚上，爸爸的病情突然加重。爸爸是晚上送到医院的，那一夜，我和妻子范永峰就住在爸爸的病房。那一夜我一夜无眠。

半夜，爸爸醒来了，他望着我茫然地说：“怎么在医院？”我说：“你有炎症，发烧了需要输液。”爸爸听了嘟嘟囔囔地说：“还是回吧。”然后闭上眼睛。平时爸爸十分注意自己的身体，身体一有不适自己就要求到医院检查治疗，这次怎么了？刚刚进医院就要回家，难道他预感到什么了，我不敢想下去。

俯身望着爸爸已经苍老的脸，眼前突然浮起了爸爸的一幕幕往事。

在我的印象中，爸爸是一个很少对子女发脾气的人。他对我们几个儿女总是关怀备至，妈妈常说，爸爸惜子，的确如此，在我的记忆中，爸爸永远是一个慈爱的人，永远对我们微笑的人，永远和我们平等交谈的人。

记得1976年夏天，当时我在临汾插队，爸爸到临汾出差，我去看他，饭后我陪着爸爸散步，爸爸忧心地对我说："看来，我们这些人熬不过去了，他们（指"四人帮"）不会让我们这些老干部好过的。我和你妈最放心不下的是你和小浦（当时胡苹已上医学院，胡早尚小，我和胡浦插队），只要毕业后不回农村，不管什么学校，咱们都走。"在农村插队时，我很苦闷，烟抽得很凶，当时也没有什么好烟，爸爸就从他的供应烟里挤出两条中华，让当时汾水编辑部的一位编辑出差时捎给我。那位编辑很诧异地说："老胡，你还给儿子捎烟抽。"爸爸无奈地说道："已经学会了，没办法，他那里没有什么好烟，还是给他捎吧。"父亲给儿子捎烟，只有爸爸才能做出这样的事情。

我刚上大学的那年夏天，由于患痢疾，我在家中输液。半夜，我发现爸爸在给我倒尿盆，然后又轻轻地摸着我的额头，我装作睡着了，心里内疚，却暖暖的，眼角沁出了泪珠。想到这里，我不禁悲从中来。我俯身贴在爸爸的脸颊上，感受着爸爸身体的温暖，这时，我唯一的心愿就是让爸爸尽快好起来。虽然是肺癌晚期，但是，我们做儿女的要竭尽全力救治，让奇迹出现，让爸爸多活一天多享一天福，也让我们多尽一天的孝。此时，我真想大声叫声"爸爸"，但怕吵醒他，我只有在心里默默地叫着爸爸，默默祈祷着。

现实又一次击碎了我们儿女的希望，本来以为，住院治疗后爸爸会出院，在家里继续进行抗癌治疗。但是自从住院以后，爸爸的病却日渐沉重，昏睡占了一天的大半时间。爸爸的病情急转直下。医生告诉我们，爸爸的生命只有几天了。

当我知道这个消息时，我陪着在医院的妈妈回到家里，我独自一人走进爸爸的卧室。爸爸的床很整齐，我趴在爸爸的床上，脸紧紧地贴住床单，拼命地呼吸着床单上的气味，那是爸爸的气味啊。这时，泪水突然像泉水一样涌了出来。有好多年了吧，大约成人以后，我就没有这么流过泪，但现在，我的泪水却在不停地流淌着。

泪水中，我模糊着看到爸爸那慈祥的笑容，听到爸爸所特有的爽朗的笑声。我想起了很小的时候，好像是正月十五吧，那时海子边是太原市挂灯笼最多的地方，各式各样造型各异五彩缤纷的灯笼在那个物质生活匮乏的时代，对我们这些好奇的孩子尤显珍贵，炮仗声中，我长得太小，怎么也看不到灯笼，这时，爸爸把我架在脖子上，兴致勃勃地转了一大圈，一边看还一边帮我猜谜，到底猜了什么早已记不清了，只记得骑在爸爸脖子上的感觉真好。

那年我得了猩红热，好像当时七八岁，什么也不懂，当然也闹着不肯呆在专门为隔离我而准备的一间房子里，爸爸为了陪我，搁下手中的笔，陪我在小房间里看小人书，讲故事，搭积木……很多年过去了，我依然记得爸爸和我在一起玩的情景，是那样亲切，那么慈爱。

在我眼里，爸爸就是爸爸，作家是他工作的头衔，在我生活中，我只感受到一个父亲对儿子的呵护和慈祥。

爸爸永远是一个慈父。

爸爸终于走了。在和疾病顽强搏斗了八天之后，爸爸平静地走了。爸爸走时很安详，爸爸生前就从来没有麻烦过我们儿女，总是他关怀我们，他照顾我们，他帮助我们，总是他在付出，却很少让我们照顾他，连在生命的最后时刻，他都没有过多地让我们儿女们受累。从永安殡仪馆归来，我们把爸爸的照片恭恭敬敬地挂在墙上，焚香祭拜。袅袅烟雾中，爸爸那慈祥的眼睛一直看着跪在他面前的儿女，眼神中透着温暖的光芒。

哦，爸爸，给我生命的爸爸，给我智慧和力量的爸爸，给我一切的爸爸。

爸爸，多想再叫您一声爸爸。

怀念我的父亲

胡 浦

从我很小的时候起，我就记得父亲总是十分关心我们兄弟姐妹的成长和教育。特别是教育，他常常告诉我们，受教育，努力学习是人生最重要的事情之一。

记得在“文革”期间，当时我正在上初中，我和大多数同学们一样，一边玩一边学习，轻轻松松地度过了那段日子。那时候很多女同学都在互相学习织毛衣或者用钩针钩各种各样的图案。我也不例外，并十分有兴趣地学会了用钩针钩图案。在我钩出第一个小的花样时，我高高兴兴地拿给母亲看，母亲看了之后也十分欣赏，立刻拿给我的父亲看，还说看看小浦的手多巧呀，钩得真好看。父亲看了一看之后，一边对我说钩得是不错呀，一边又说大多数人都会学习纺织这些东西的，但是学习就没有那么容易了，不是每一个人都能成为好学生的，应该多花时间在读书学习上边。他的话语在我年少的心中留下了很深很深的印象。长大以后，我还常常把这件事讲给我的女儿听。

我还记得也是在“文革”期间，我们全家下放到我父亲的老家山西灵石县，被安置在北庄村。在我们刚刚安顿好之后，父亲就开始为我们兄弟姐妹上学的事奔忙起来了。当打听到我们必须要到县城的中学去读书时，他又开始为我们的学业操心。当时正是“文革”期间，没有多少人注重教育，但我的父亲却不同，他总是希望我们能受到好的教育，无论是什么环境。当父亲听说北庄村里有一位老师在当地十分有名，还听说他也是从上边下放来的时候，父亲立刻找到他，请他给我们补课。这位老师十分高兴，因为当时没有多少人看重教育，也没有多少人请他讲课。于是这位老师十分认真地给我们兄弟姐妹补课。在第一堂课上，他给我们讲了一个十分有兴趣的古埃及数学故事。虽然这位老师的名字我记不起来了，但是他讲的故事深深地留在了我的记忆中。同时也永远忘不了我的父亲，他的一生都在为我们的成长和教育操劳。

汾水长流

胡　早

1 月 17 日的夜晚，在北风呼啸和亲人悲痛欲绝声中，父亲永远离开了我们。两个月后，在长流的汾水边，在阳光明媚的春天里，我的眼泪忍不住流淌，父亲仿佛又来到了我的眼前。

因父之名，父是甲骨文里手执棍棒的子女教育者，是《易经》里所谓“子之天”者。父亲不仅是我们的慈父，又是我们做人的老师和榜样。父亲教我们与人为善，教我们平和公正待人，教我们宽容退让，教我们善待弱者，教我们以平和的心态对待生活和工作。在父亲的丧葬期间，在一拨又一拨吊唁的人中，去世多年的省文联老职工晋官明夫妇的女儿在父亲灵前放声大哭，她已下岗多年，在报纸上看到父亲逝世的消息后，专程赶来祭奠。许多文联、作协的老司机、老厨师、老勤杂人员都在父亲灵前泣不成声。

我记忆中的父亲，永远都是那么慈祥。记得大约在 1975 年，一个寒风刺骨的冬天，一对进城换大米的父子，为避风寒躲进我们居住的楼道过厅里，父亲看到瑟瑟发抖的他们后，提着暖水壶，拿着碗给他们喝水袪寒，听到孩子还没有吃饭，父亲又让我将热腾腾的馒头送给他们，喝着开水的父子俩眼里噙着泪水。也是这年的春节前，一个磨刀的汉子，在许多人回绝了他想要点粮票的要求后，喝着父亲递到他手上的热水时，小声地、吞吞吐吐地向父亲提出想要点粮票这个在当时很奢侈的要求，因为没有粮票，他没法买到食品果腹，他不知这几天如何才能回到家乡？父亲当即爽快地给了他几斤粮票，我至今还能记得他当时拿到粮票兴奋的模样。父亲对农民有着深厚的感情，榆次张庆乡是他体验生活的地方，那里的农民把他当成兄弟朋友。曾经一个身患肺结核的老农民在女儿的搀扶下，投宿到我家，老人每天剧烈的咳嗽声，和咳在痰盂中的鲜血，让一些邻居们担忧地提醒父亲，但父亲不但没有嫌弃，反而给他们找了煤油炉让他们安心做饭、看病。这对父女临别时，女儿说：来时，大队里的人说，张庆在太原市工作的人不少，你们可以去老胡家试试。在他们千恩万谢中，父亲不但坚决不收他们买的糕点，反而将母亲从上海带回的麦乳精送给他们。20 世纪 50 年代中期被划成右派，又被开除公职的陈仁友，从古交村里回到太原市为大队卫生院买药，此时他已是妻离子散，孑然一身，唯一去处只有南华门东四条，在当时的政治气氛下，父亲顶着政治压力让他吃住在单位。父亲热情邀请陈仁友到家里吃饭的消息让单位的一些同事很是担心，他们善意地告诉妈妈，让妈妈劝爸爸借故推脱，并早日找借口让陈仁友回乡下。父亲对妈妈的顾虑不以为然，说，我已答应了老陈，他现在是孤家寡人，也就是老文联的人还能照应他一下。我记得那天，陈仁友在我家边喝酒，边聊在农村当赤脚医生的趣闻逸事，父亲在哈哈的笑声中与老陈推杯换盏。陈叔叔在二十年前来我家时还说，老胡的哈哈笑声，让我一听就忘记了自己当时的处境。陈仁友酒后披着油腻的蓝棉衣晃晃悠悠的模样至今仍在我的脑海里。

省文联厨师范大爷一直单身，单位是他的家，父亲既是领导，又是他的亲人，平时父亲对他嘘寒问暖，逢年过节，父亲都要给一生喜好茶叶的老范送去上好的茶叶，范大爷的存折一直让父亲代为保存，范大爷老年后产生幻觉，但父亲没有因为他喋喋不休而厌烦，父亲对我们说，老范一辈子把作协当成了家。

著名画家林凡先生一家从网上得知父亲去世的消息后，派丹诗大姐代表全家向父亲告别。我的发小，林凡叔叔的小女儿天放从万里之遥的土耳其发信息感念父亲在他们一家最困难的时候给予的帮助和温情。70 年代初期，刚刚获得解放的父亲，不趋利避害，热情地从生活上工作上帮助当时戴着各种帽子的文艺界人士。文艺评论家赵云龙先生受到“四人帮”点名批评后，在无形的政治压力下，选择了结束生命。是父亲将他从房间背到医院，又是父亲为他料理后事，在凄风苦雨中，在寂寞中，送走了赵云龙。

父亲的善良、大度和热情潇洒，以及无私助人的品格，让许多人从心里怀念他。父亲离开这个世界时，两千人自发地送他最后一程，此情此景，让我们感到，人间自有真情在。

三月的太原，树枝泛绿，在和煦的春风里，我仿佛又看到父亲在院子里侍弄着他深爱的土地。在春天，在春风里，我又听到父亲胡式的“哈哈”笑声。我是那么悲伤，我把对父亲的思念留在这新的一年的春天里，凝望着烂漫的春天，父亲那温暖而慈祥的模样仿佛又显现在我眼前。他哈哈地笑着说：早，你回来了。

父亲，你与汾水长流，与春天同在。

春节，春天，父亲

胡 早

今年的春节，按照传统习俗，我们家里没有燃放鞭炮；没有把大红的灯笼高高挂起；也没有贴火红对联；没有父亲的春节是寂寞的。

今年的春天，花园里没有了父亲浇水、锄草、施肥、播种的身影，满园的春色，父亲看不到了。凝视洒满阳光的院子，父亲好像又回到我的眼前。以后的春节、春天，再不会有父亲的欢声笑语了。

印象最深的，也是记忆中的第一个春节，是在故乡灵石县北庄村度过的，那时全家随父母下放，春节前的几天，父亲手执毛笔龙飞凤舞地为全村的乡亲们书写春联。窑洞坑头上坐着充满喜悦之情等父亲写着春联的农民，我兴高采烈地听着老乡们的啧啧赞誉和小朋友的羡慕之声。那时的春节是全家最困难的时期，可父亲是那么乐观，家里丝毫没有一点愁云惨雾，那些年的春节没有娱乐，除夕守夜，我听着父亲的故事进入甜美的梦乡。“文革”末期的那几年，物资匮乏，父母想尽办法改善全家的生活。春节前夕，父亲忙着筹备年货，在他写《汾水长流》的榆次张庆村，相交甚厚的农民们把悄悄饲养的鸡和自己舍不得吃的鸡蛋、

猪羊肉送给了父亲，父亲则回赠钱或粮票。父亲放下高级干部和文人的身段，四处托人找关系买肉、买罐头，用粗粮和晋祠村的农民换大米。父亲的努力和尽心让我们家的春节过的红红火火。儿时的春节前夕，父亲都要骑着自行车载着我去儿童书店买连环画，那时的春节真是快乐啊！

“文革”结束后的最初几年，是父亲最开心的时候，恢复高干生活待遇的父亲，春节前把特供的烟酒和各种票证分成若干份，分送姑姑、叔叔家。春节前，父亲要让我们把上好的茶叶和做好的饭菜送给独身一辈子的炊事员范生员大爷；给不回家的锅炉工送烟酒；给一辈子没有工作，却在作协打了一辈子零工的老武送年货。在湖南读书期间，两个春节因为学习紧张，未能回家过年，在阴冷的长沙，看着家家户户喜气洋洋，闻着空气中弥漫着浓浓的年味，心情灰暗，但是读着父亲长长的来信，品尝着父亲寄来的家乡食品，心里倍感温暖。

1989 年，搬了新居的父亲把院子里旧房子残留的坚硬似铁的三合土地基，用铲子和锤子一点一点地凿开，一锹锹地铲出一片空地，然后从郊外拉回新土回填，亲自沤肥，从老战友家移来葡萄，枣树，香椿，丁香；1993 年，父亲在母亲的故乡江苏省江阴市，精心呵护地把一棵樱桃树栽在杯子里，又千里迢迢移回家中种植在院里，如今樱桃树已是硕果累累。父亲为此写了一篇《樱桃好吃树也不难栽》的散文。父亲热爱土地，热爱农民，喜欢花草树木，栽花种草是他最好的休闲方式。春天也是他最忙碌最快乐的时候。这个小园，凝聚着父亲的心血，是父亲最快乐的地方，他把这个园子命名为：“迟园”，意思是迟来的园子。

每过一个春节，我和父亲都增长一岁，一岁一岁的增长，我已人到中年，而他逐渐步入老年。看着我们一个个长大成人，成家立业，结婚生子；又看着第三代人茁壮成长，父亲很是欣慰。

然而在2011年元月17日，父亲还没有来得及为新的一年撰写春联，就匆匆离我们而去。看着空空的门框，父亲往年所写的生活情趣浓厚又充满对美好未来向往的春联，至今仍记忆犹新，字里行间父亲仿佛犹在眼前。

1992年，我的妻子已怀孕，希望后代越来越好的父亲写下春联：月季花月月开季季开常开常艳，葡萄藤日日长年年长越长越长，横批是满院生辉。每年的春节前，想着冬天过后，春天即将来临，满园春光的院里郁郁葱葱、花香扑鼻。

1993年儿孙满堂的父亲兴致勃勃地写下春联：东院春辉黄花绿叶欣欣向荣，西院红果紫穗日日增辉，横批是花繁叶茂。

1994年的春联父亲写下：丁香从不结果只开花花香扑鼻，香椿树不开花只长叶叶嫩可口，横批是花繁叶茂。

父亲的对联充满着对生活的美好期望，1995年的春联：老者康少者壮儿孙满堂全家幸福，居之安食之香丰衣足食合家欢乐，横批是人寿年丰。

1996年，已是古稀之年的父亲感慨万千地写下：岁岁辞旧今又辞旧辞别昨日冬雪，年年迎新今又迎新迎来明朝春风，横批是花香果甜。

1997年的春联父亲写下：樱桃花开朵朵银春花夏果满天星，枣树花开粒粒金夏花秋果几串红，横批是花香果甜。

2009年，八十六岁的父亲豪迈地写下对全家的祝福：岁月又翻新一张年画全家福，江山重毓秀万朵桃花满园春。

2010年，八十七岁的父亲感慨人生沧海桑田，写下充满哲学味道的春联：岁月如流水过去的日子虽长亦短，明月有盈亏以后的光阴虽短亦长，横批是春华秋实。

2011年元月17日，父亲连带着新的一年的春联腹稿和对生活的美好向往，对亲人的眷恋，离开了我们。以后的春节，我们

没有父亲，以后的春节，我们再也欣赏不到父亲充满着人情味的春联和笔走龙蛇的书法。春天，院子里不再有父亲浇花施肥的身影，但草木有情，春天来了，院里的树木是父亲让它们有了生命，它们沐浴春风，重吐绿芽时，是否会感恩地想到了父亲。春节，我们思念父亲；春天，我们呼唤父亲。父亲，你永远是我们的春天。

家事琐忆伯父胡正

段学良

1 月 23 日上午，我正在参加省里召开的“人大”和“政协”两会，忽然接到一个陌生电话，问我是胡老师的至亲吗？我说是，有什么事情请讲。他说现在收到不少吊唁胡老的文章，希望也看到你们至亲的一篇，你可写过？我回答没有，因这几天开会忙。他说在众多的吊唁文章中想看到你们心中的胡老，并说这一版已满，希望下一版能见到你的唁文。其实这几天开会我是边开会边就在伯父家协助哥哥姐姐们料理事情呢。

说到写东西，我真没敢想过怎么写，写什么。因为我在企业里工作，本身对文学研究就不多，也没较深地向伯父讨教过文学方面的问题。不过出于对伯父的崇敬和仰慕，他的好多作品我还是读过一些，但在平时的相聚交往中，出于亲戚和亲情的原因，较多交谈的往往是家常话，比如一见面先要问候我父母的状况，孩子们学习的情况，还和我探讨他的迟园内明年种些韭菜，种些瓜果、金丝葫芦等。这些亲情、热情，随意的交谈给我留下一个对长辈深刻的记忆。

伯父突然辞世，犹如一声霹雳，对我的父母震惊很大。父母听到这个噩耗泪流满面，沉痛发呆，嘴里止不住地唠叨着前几天

过去看还好好的，怎么一下就走了呢？家里人都很悲痛。唉！毕竟这是一个深交六十多年至亲的痛失！

我也一样，这几天完全沉浸在悲痛与恍惚中，因为14日我和小杨及姐夫、妹夫才一起去看了伯父。17日早晨哥就急匆匆地打电话让我过医院。在现场，我无法相信自己的眼睛，涌到眼前的一切都是朦胧的。见伯父安详地躺在那里。我无法接受眼前的事实，也没有勇气将这里发生的一切马上告诉父母。晚上，我躺在床上久久不能入睡，眼前总是浮现着伯父最后那安详的面容。第二天，我去到伯父家，看到挂在客厅系上黑纱的遗像，这才从朦胧中清醒，确定昨天是事实，伯父已离我们远去。

我坐在他的书房，往事如云，见室内一切陈设如旧，毛笔依然挂在笔架上，宣纸一摞摞静静地垛着，书架上的书懒懒地立着，好像都在等待他的主人，谁都不敢去惊动它们。这时，伯父的声音仿佛在耳边响起："这几张给你。"我说："地下还有一张。"他说："那张是开始练笔的，扔了吧。"我说："留下吧。"随即捡起"天道酬勤"的宣纸，并拿起他的章，盖在上面，拿起一看斜的。他只是笑笑说："随你。"

有一次，看着他的老照片，我说："您这些照片，有时穿军装，有时不穿。"他说："我们那个年代，在部队就是军人，到了地方就是地方人员，往往是接到通知拿上介绍信就出发，背上挎包，拿上你的茶缸就去报道。"

惦记老的关怀小的是他一贯的传统。夏末的时候我去看他时，他还挺关切地问我："你的孩子在学校挺好吧，男孩也该上大学了吧。"我说："是的，考上山西大学了。""挺好。"

哇！一声长哭，把我的思绪拉回到现实中，本来我准备放寒假后领着孩子们再来看他，结果21日变成了我和全家为他送行。"永安"的他，风衣、礼帽依然那么严整，面容慈祥。怀着悲痛，磕头向他老人家作了最后告别。

我将装裱好的“天道酬勤”悬挂在我的办公室，它对我来说，将永远是一个记忆、一份亲情，更是一个勉励。它象征着我永远有一位影响我做人、做事的榜样伯父！

我的爷爷

胡　岸

爷爷走了，走了好久了，久到院里的樱桃树又经历了一次发芽、开花 、结果的轮回，久到我结束了中学生活，开始了大学学习生活，久到我一个人从家乡南下来到遥远的广州，开始一段没有爷爷的日子。

迟迟没有落笔写下一些文字纪念爷爷，不是因为没什么可写的，却实在是因为想说的话太多，不知从何处开始写起，亦是担心自己拙劣的文字功底无法完整地描画出爷爷在我心目中完整的形象。

胡岸是我的名字，今年十九岁，我出生那年，爷爷六十八岁，不知什么原因，爷爷给我起了这样一个名字。然而，奇怪的是，虽然名字是爷爷起的，他却很少叫我的大名，取而代之的多是“岸岸”这个小名。

记忆中的爷爷永远是那个样子，长长的弥勒耳朵架着红色的老花镜，白白的头发，短的时候是平头，长的时候是整齐的中分，还有，就是他挺着的鼓鼓的大肚子。老花镜，长耳朵，大肚子，永远是乐呵呵的脸，这些符号，已经成为我童年不可磨灭的一个个符号。

记忆中关于爷爷的事有太多，太多，多到我人生的每一个阶段都可以找到爷爷的印记。

中考成绩出来的那天，我可以清晰地记得是在中午吃完午饭后，我用爷爷给我的手机，从北京给在太原的爷爷打电话，告诉他我考上了五中。那时的我是那样激动，一个人傻傻地顶着北京七月的太阳，一边打着电话，一边一步一步地踩着砖块绕着圈。

多年后高考成绩出来，成绩一样让人激动，我却失去了当初的那份感觉，失去了那份难得的天真，失去了那份拿起电话的冲动，我想，再没有人对我寄予那样大的希望，没有人会一个礼拜不见我就会给我打电话，没有人会打电话告诉我天冷了要穿衣服，没有人会在考试前后不断地给我打电话，没有人会为我上学的事八十多岁还依然去爬那样高的楼梯，没有人玻璃板下压着的是他孙子校长的住址和联系方式，没有人把他孙子的照片摆在案头，没有人值得我用尽全力去让他欣慰，让他看到他的希望没有落空，让他看到他最爱的那个人没有让他失望。

记得爷爷的文集里有一篇文章叫《樱桃好吃树也不难栽》，我想，爱吃甜食的爷爷该是爱吃樱桃的，是啊，如果不是爱吃樱桃，他怎么会从那么远的地方移植一棵樱桃树呢。然而，不知从什么时候开始，爷爷开始忘记自己这一爱好。我想，大概是从我出生那年开始吧，从那时起，每当樱桃成熟的时候，那第一碗樱桃永远会放在客厅的茶几上，静静地等候着我的到来。我想，当年的我是不懂事的吧，不然我怎么会不知道那樱桃是爷爷一粒一粒从树上摘下来，又戴着老花镜把里面掺杂的树枝树叶一个个拣出来，再去用水一遍遍冲洗。是的，我一定是不懂事的，不然我怎么不会把第一粒樱桃送到爷爷嘴边，要知道，我吃樱桃的时候，就坐在爷爷的肚子上啊。

其实，爷爷不只爱我，那樱桃也不是为我一个人准备的，当

樱桃越长越多的时候，当我慢慢长大的时候，爷爷会把樱桃装在盘子里，装在碗里，装在袋子里，让我挨家挨户送给院里的邻居们，那时的我，心里装的是得意，是自豪啊，多年后回味起邻居们当时的一声声谢谢，才恍然间明白那同样是爷爷留给我的，童年的印记。

书上说，爱的最高形式，就是一个人把他最爱的东西奉献给另一个人，我想，那些樱桃就是爱的见证吧。

写到这里，突然不知道自己该如何结尾了，就像我坐在爷爷的病床前，却不知说什么，絮絮叨叨说了一大堆，却不知道究竟自己想要告诉爷爷什么。

突然想起爷爷去世前和我最后一次谈话，他问我有没有女朋友，问我想去哪里上学，问我上不上山大。我想，我也有几个问题要问远在天国的爷爷：

爷爷，你在天堂有没有想起我？

爷爷，你在那边过得好么？

爷爷，我想念你，……

各界悼念文章

高山景行　德厚流光

张　平

久久沉默在胡正老师去世的来电中。

马烽、西戎、孙谦、束为、胡正，山西老一辈作家五泰斗中的最后一位，终于也离我们而去了。

胡老病势凶险，知道这一天很快会来，但还是觉得这不像真的。

一个月前，《山西文学》六十周年刊庆，胡老精神矍铄，神采奕奕，还同我们喝了两杯酒。《山西文学》的前身《火花》由胡老那一代人一手创办，最多时发行近二十万册。这本刊物倾注了他几十年的心血，让他牵挂了一生。他对当代作家和文学刊物充满期待和信心，只要有好作品，就不愁没读者。

两个月前，胡老刚刚做过体检。胡老没架子，大夫们跟胡老很熟，不少人年轻时都看过胡老的作品，对胡老格外尊重。对医生和护士，胡老谈笑风生，积极配合。每一项检查下来，都要认真道谢。检查结果，除了一些老毛病外，一切正常。大家都挺放心，胡老身体没问题。

四个月前，中国作协主席团会议在太原召开，中国作协铁凝主席、李冰书记特地来看望，胡老笑逐颜开，谈作家，谈作协，谈了好多，时间很长。胡老言近旨远，想得很多，很深。文学是他的生命，让他终生不能割舍。临走时，铁凝主席说胡老的身体真好，肯定是五老中最长寿的，怎么也能活个一百二十岁。胡老抚掌大笑，连说好，好。

半年前，他还给省委书记省长签名写信，胡老情真意切，倾心吐胆，筹建山西赵树理文学创作中心的事，不能再拖了。这是山西几代作家的夙愿，早点建起来，我们也就放心了。文学大省啊，作协要有个新气象。山西文学事业的成就，也应该让山西人和来山西的人都有机会看看。看到书记省长的批复后，胡老高兴得像小孩一样，逢人就夸，这届书记省长行，山西有希望。

胡老性情刚毅直率，达观豪爽，在作家协会，大事小事都要找他商量商量。他为人正派，见多识广，考虑问题既刚正不阿，又稳健周全。“文革”后，文联作协恢复，胡老任文联秘书长，打里照外，上下奔波，文艺界拨乱反正，胡老居功至伟。那时候，作协主席西戎、文联主席马烽、作协党组书记胡正、文联党组书记束为、电影家协会主席孙谦，真正的黄金搭档，文艺界何等气象！

正是由于他们的影响和努力，从 1978 年开始，一大批优秀年轻作家调入文联作协，山西作家的作品几乎每年在全国拿大奖。“晋军”由此“崛起”，并从此腰杆强硬地挺进全国文坛。

1984 年我的小说《姐姐》获第七届全国短篇小说奖，当时我在临汾文联做编辑，获奖的消息一直也没机会给省作协报告。等到召开省作协理事会见到胡正老师时，才悄悄说了一下。哪想到胡老一听几乎跳了起来，你这年轻人，这么大的事情怎么现在才告诉我！我和西戎主席昨天给省委省政府汇报，说今年又获了一个中篇小说奖，哪想到还有你这个短篇小说奖！太好了太好了，你可是给咱作协争气了！哈哈！我说嘛，这左眼皮一个劲跳，原来真有喜事！

胡老当时的神态表情和举止言谈，至今让我历历在目。我根本没想到胡老会这么兴奋喜悦，一个年轻作者获奖，就好像他自己获了什么大奖一样。下午开全体会时，他果然一开始就宣布，告诉大家一个好消息，我们今年又有一个作品获奖了……

再后来，也许是觉得胡老这么平易近人，竟然给胡老提了一个要求，让胡老给我的第一个短篇小说集写篇序。至今想来，自己那时还真是年轻不懂事，没规矩没礼数。也不像现在，让领导写序，提前已经把序言初稿写好。

让自己刻骨铭心的是，胡老当时什么也没说一口就答应了。没几天就写好了序言，并直接寄给了出版社。多少年以后，特别是今天想起来，心底里突然感到是这样的悲伤和难过！前几天去医院看望胡老，那时胡老已经不省人事了，胡老的儿子胡果眼睛红红地对我们和医生说，就想尽办法让老爸多活几天吧，平时老爷子从来没拖累过我们，到今天了，别让我们连个尽孝的机会也没有。

这句话让我语噎了许久，至今想来，胡老走得这样急促，几十年如一日对自己的呵护和厚爱，对作协的关心和帮助，真的是让我们连报答的机会也没有！

胡老的病，说到底还是跟抽烟有关。其实马烽是这样，孙谦是这样，束为、郑笃也都是这样，几乎是一个病。胡老说过，我们那时候抗战打游击，整天窝在山沟、窑洞里，只有抽烟才是唯一的乐趣。旱烟、纸烟、用废纸卷的烟，有什么抽什么。哪像现在，还有什么过滤嘴，那会儿烟屁股都是宝，一个也剩不下。我们的那些作品，哪一部不是烟熏出来的。走到乡下，跟老百姓聊天，靠什么，还是烟。小兰花，烟叶梗，呛得人流眼泪，可老百姓说那才香。你不抽，老百姓怎么跟你说掏心窝子的话。大冬天窑洞里支部开会，几十个人几十杆烟锅子，油灯下，烟雾缭绕，人就像闷在烟盒子里。一边咳嗽，一边讲话，嗓子发麻，眼睛通红。那会儿发动老百姓闹革命，不都是这么熬过来的……

夜深人静，万籁俱寂。突然间，想抽烟的欲望如此强烈。阳台上，烟雾袅袅，透过烟雾，眼睛不禁有些发麻。马烽、西戎、孙谦、束为，还有胡老，都还是那样亲切，那样安详。很远似乎又很近。

问世间情为何物，直教人生死相许。是文学情，让他们走到了一起，是师生情，让我们走近了他们。他们言传身教，用他们的品德，用他们的人格，教给我们怎么写作，怎么做事，怎么做人。就像一座座巍峨的大山，给我们方向，给我们信心，给我们力量。

高山仰止念胡老

翁小绵

早就知道胡老这个人，不仅是因为读过《汾水长流》，还因为他是我在《山西日报》几十年的同事胡果的父亲。同事胡果的父亲是人民作家胡正，这让包括我在内的《山西日报》报人很多年里感到一种荣耀。没想到，临近退休的年龄，我被调到了山西省作家协会工作，并且，在我的任上，送走了胡老。

调到省作家协会后才知道，胡老不但是一位受人尊敬的老革命、老作家，他还担任过省作协的党组书记，也就是说，曾做过我的前任。至今，在南华门东四条的院子里，还传颂着他主政期间办过的许多好事情，包括发现和扶植了无以数计的创作人才，对青年后辈无微不至的关怀和帮助，尤其是他待人的真诚和举重若轻的领导艺术，几乎成为了后来者心目中的传奇和楷模。

我在作协工作的这两年里，胡老已经不常出来走动，我们也多是逢年过节和老人过寿的时候去家里拜望一下，但是，每每见面，总能感受到胡老为人的大气和对后辈的关爱和支持。胡老也曾颤颤巍巍地来过两次我的办公室，我不失时机地向老人汇报改进作协工作还有改善大家生活的想法，老人总是坚定地给予明确支持。作协院里原先有几间破败的平房，经年尘封，做仓库都嫌漏雨，而且机关一直没有像样的大会议室和锻炼身体的场所，我就有了把它改造为大会议室和体育活动室的想法。因为这几间房子虽破，却是过去年代里的房产，因此除了和党组商议外，我还请示了胡老，胡老二话没说，直接表态：“这是好事，是为大家着想的事情，我支持你！”新的大会议室和活动室落成后，虽然简朴，却成了作协举办各种会议和座谈的重要场所，避免了人一多就得出去到宾馆租会议室的麻烦，还节省了很多经费；不开会的时候，大家工作和创作之余就在里面举行乒乓球赛，机关有了生气，大家有了活力，直接提升了单位的形象。后来把家属区的车库改造成职工食堂，也得到了胡老的大力支持，每天在食堂打饭的家属比职工还多，大家都觉得很方便，可是没几个人知道这里面都有胡老对大家的一片心哩！

除了这些小事，作协的大事也一直挂在胡老的心上，尤其是建设山西文学创作中心的事情。2010年的冬天，创作中心选址的事情有了些眉目，我亲自去家里向胡老汇报，希望他能写几幅字支持一下。胡老很高兴，说了很多鼓励和表扬我们的话，表示只要需要他，干点什么都行。那个时候老人家的眼睛已经不是太好，视力很模糊了，他让我把要写的内容放下，等他写好了派人去取。很快，胡老打来电话，说字已经写好了。让人取回来一看，老人不但写了我们需要的内容，还主动多写了好几幅，竟然共有十三幅字！一个八十七岁的老人，眼睛几乎看不见了，为了作协的新发展，这样的劳心费力，不遗余力，很让我过意不去，觉得应该给老人点报酬。于是我就带了点润笔费给老人送去，老人批评我：“能给作协做点事情是我最高兴的事，怎么能要报酬呢?!”我只好离开时悄悄放在茶几上，可是胡老的夫人郁波老师追了出来，坚决让把钱拿走，让我感慨又钦敬！

作为老领导和老前辈，胡老让人敬佩的不但是他的人品和能力，还有个人魅力，他是个老革命，身上有老一辈人的很多光荣传统，大公无私、光明磊落、关心他人，这是一个朴素的、拿得起放得下的大写的人。在山药蛋派“五战友”里，他又是一个特立独行的人，一个保持自身个性最明显的人，不需要多打交道，他的魅力和风度就能影响到你，让你觉得高山仰止、景行行止。晚年，他兼任着很多社会职务，包括省作协的名誉主席和老艺术家协会的主席，对每一个职务，他都不敷衍了事，但凡作协有活动，只要请他去，老人总是一定去，而且一定要参加完，就在去世的前夕，他还参加了《山西文学》创刊六十周年纪念大会，他始终热爱着文学，关心着作协，关爱着后辈。

历史进入 2011 年，春节前夕，突闻胡老病重，我们赶到医院去看望，老人已经不大能认识人了，我的心中一阵悲伤。之后的日子里，我几乎每天都要去看望，嘱托医护人员，希望他能早日康复。但是，他还是没能挺过春节。公元 2011 年 1 月 17 日晚 8 时 45 分，“山药蛋派”最后一位主将，“西、李、马、胡、孙”五战友硕果仅存的一位，人民作家胡正因病仙逝，享年八十七岁。午夜，我们护送胡老的灵柩到了永安殡仪馆。安放好老人的遗体，我们向他深深地鞠躬，胡老神情安详，形容如生，苍白的头发，黑色的礼帽和风衣，依然那么风度翩翩，令人起敬。

胡老驾鹤，标志着一个时代的文学传奇画上了句号，他的名字和作品与“山药蛋派”一起载入了辉煌的文学史册。

汾水长流　音容长存

李　歆

这是一个少雨无雪的寒冬。

这是一个凛冽清冷的严冬。

外在的寒冷尚可抵御，内心的沉重实难消解。近些天来，一直沉浸在人民作家胡正老师不幸因病逝世的哀思之中……

胡老走的太突然了，令人难以接受。不久前，在《山西文学》创刊六十周年纪念大会上，胡老还精神矍铄，步履稳健，笑声爽朗，和蔼慈祥。看得出，在他思兹念兹的《山西文学》刊庆之日，他的心情是非常的好。然而，时隔不久的一天，党组突然接到胡老家人的来电，说胡老身体检查结果是肺癌晚期。在同省作协党组的同志们一起迅即赶往医院探视守候中，眼看着胡老衰弱的面容和身躯，心中不由得万分沉重……

胡老是中国当代文学史上重要流派“山药蛋派”的代表作家之一，是“西（戎）、李（束为）、马（烽）、胡（正）、孙（谦）”五战友最后辞世的一位。胡老是文学创作道路上的常青树。从1943年他发表第一篇小说《碑》起始，六十多年来笔耕不辍。他的代表作《汾水长流》，不愧为中国当代农村题材小说创作上的里程碑作品之一。作品所展现的中国当代乡村图景，感染了一代又一代的无数读者。年至八旬高龄，胡老仍然创作不息，仍在为文学事业的发展和山西文学创作中心的建设费心尽力，令人敬重有加，敬佩不已。

哀思之中，胡老的音容笑貌如同影画叠现在眼前……

是在省里组织举办的文艺创作座谈会上，胡老智慧而严谨、朴实而风趣的发言，谈山西的历史文化，谈山西的文艺现状，谈文学与生活的关系，谈创新与发展的关系，谈推进文学大省的建设……他的话语感染着在场的每一位与会者。于思路严密而清晰、话语爽朗而幽默中，尽现着一位德高望重的老作家老领导对繁荣和发展山西文艺事业的热切心怀。

是在省政府梅山会议厅外的花池旁，胡老同我们聊起了如何把握文艺作品，扶持文学新人的话题。他说，尽管我们是文学大省，但我们这一代人都已经老了，这是自然规律。尽快发现和扶持起一批有潜质的文学新人，形成新的阵容，是我们的责任，是我们眼下挂心抓紧做好的大事情。特别是对那些长期工作在基层、有着丰富生活积累和发展势头的作者，更要给予更多的关心和帮助，他们不容易，要为他们创造条件，铺路架桥。文学大省，一要靠有一支梯队结构合理的作家队伍，二要靠创作出一批受欢迎、有影响的精品力作去支撑。你们说是不是？听着胡老爽朗的笑声，望着胡老渐去的背影，我们想到了许多，思考了许多……

胡正老师走了，然而汾水长流。那昼夜不息的浪花，如同载着胡老睿智、坦荡、厚道、谦和、达观的笑声，长响在我的耳畔，长印在我的心底！

胡正的《汾水长流》及其他

杨占平

胡正老师走了，离开了他一生钟爱的文学，诀别了喜欢他作品的读者。然而，他的音容笑貌，他的大度包容，却永远留在我们这些后辈心中。我在念大学时期就认识了胡正老师，至今交往三十多年，对他的为人处事、性格特点，都比较了解，尤其对他的文学道路和重要作品，更为熟悉，可以说，我是写他人生与作品评论文章最多的。现在，他走了，按说我也能写写与他的交往；思考再三，感觉还是谈谈他重要作品的写作过程，更有意义，这样，可以引发曾经读过他作品的老读者亲切回忆，让年轻读者对他的作品有个大体印象。

一

全国高等学校中文系统编教材《中国当代文学史初稿》，谈到五六十年代小说创作时，有这样一段话：“像胡正的《汾水长流》、陈残云的《香飘四季》、于逢的《金沙洲》等，都是反映农村生活的比较优秀的作品。”作为“山药蛋派”骨干作家的胡正，正是凭借长篇小说《汾水长流》，在中国当代文学史上赢得了一席地位，也因此成为这个流派的代表性作品之一。

胡正最早产生写作《汾水长流》这部长篇小说的意念，是他1953年从中央文学研究所学习结束，回到山西省文联后，为了获得创作素材，在榆次张庆村下乡的时候。当时，村里正贯彻中央过渡时期的总路线，实行统购统销余粮政策，大办农业合作社。胡正住在一户单身农民家里，轮流到各户吃派饭，真正是融入到了群众中间。他在《昨天的足迹》一文中回忆道：

> 我和当地县区下乡干部一样，参加村里的各种活动，村干部和农民们也经常找我商量工作和生活中的各种问题，或坐在一起闲谈。同时我也了解他们对文艺作品的兴趣。我要反映农村生活，就要顾及农民的兴趣，为农村读者喜欢阅读。在和村干部、农村青年以及村里小学教员的谈话中，他们都谈到喜欢有故事情节的作品，人物要鲜明，语言要明快、幽默。于是，我在和农民谈话时，不单了解他们所谈的内容，同时注意他们叙述一件事情、评论某一人物，或谈起他们的身世时的表述方式。我努力尊重他们的兴趣和愿望，从生活中获得启示和灵感。

张庆村众多熟悉的村干部和农民们在合作化运动中各式各样的情态，经常在胡正脑子里浮现。于是，他决定要写一部反映全国解放初期，在发展农业合作化运动中晋中平川农村生活的长篇小说。

1954年后半年，胡正结束了在张庆村一年多的生活，回到省文联担任起秘书长职务，忙于组织行政工作。但他已经积累了丰富的素材，科学地处理好工作与创作的关系，写出了一批优秀短篇小说和散文、报告文学，同时开始构思长篇小说《汾水长流》，草拟出一些人物和故事情节。1959年至1960年，他集中精力写作并修改这部作品，1961年初完稿后，先在《火花》杂志连载，之后由作家出版社和山西人民出版社同时出版。

《汾水长流》刚一出版，就“以其特有的鲜美和芳香引起了人们的普遍注意”（华频：《〈汾水长流〉初探》，见1961年9月号《火花》），顺利地“走入了一九六一年好的长篇行列”（见《侯金镜文艺评论集》第227页），并且很快改编为电影、话剧和地方戏上演，在大众中产生过广泛的影响。如今五十多年过去了，在上世纪60年代众多的长篇小说中，《汾水长流》仍不失为一部有较高认识价值和审美价值的作品。

《汾水长流》表现的是农业合作化初期广阔的社会生活画面。对于那个特定时代的农业合作化现在该如何评价呢？中共中央十一届六中全会通过的《关于建国以来党的若干历史问题的决议》中有一段表述：“我国个体农民，特别是在土地改革中新获得土地而缺少其他生产资料的贫下中农，为了避免重新借高利贷甚至典让和出卖土地，产生两极分化；为了发展生产，兴修水利，抗御自然灾害，采用农业机械和其他新技术，确有走互助合作道路的要求。”这段表述就为评价《汾水长流》提供了科学的、历史的依据。小说选取汾河岸边的杏园堡村为背景，以曙光农业社的成立和发展作轴心，选择防霜、抗旱、春荒、麦收和扩社等事件，形象地概括了农业合作化运动前期中国农村各种复杂的矛盾冲突，深刻地揭示了在这场变私有制为公有制的革命中，各个阶层人物的精神面貌与心理态势，恰如一幅20世纪50年代初期农村生活真实而生动的万象图。

这幅“图”最突出的特征是：胡正真实地再现了生产关系和生产力重新组合时期的人际关系。农业合作化不仅彻底改变了传统的生产关系，进行生产力的再分配；更重要的是打破了一系列旧的观念形态，动摇了几千年来人们固有的心灵结构，呈现出新的人际关系。郭春海一家，王连生一家，孙茂良一家，周有富一家，刘元禄一家，赵玉昌一家等已有的结构，随着变革的开始而发生裂变，成为以郭春海为代表的贫雇农集团和以赵玉昌、刘元禄为中心的富农思想集团。经过一春一夏的对比、抗争、较量，郭春海得到锻炼成长，为群众衷心拥护，贫雇农势力不断上升；其对立集团则不断分解：赵玉昌阴谋败露，仓皇出逃，被绳之以法纪；刘元禄一意孤行，结果众叛亲离；郭守成遭受暗算，从教训中醒悟；周有富迫于形势，勉强入社，却打坏了牛腿；杜红莲从封建思想的藩篱中脱颖而出。

《汾水长流》的结构艺术颇具匠心，以防霜、度荒、抗旱、收麦、扩社等大的事件，构成情节发展的主线，主线之外又设置了多种多样的小事件和矛盾冲突，形成支线。主线与支线的关系清晰，并且相互支撑，相互作用，使得整部作品的情节既层次分明，又波澜起伏，很好地烘托出鲜明性格的人物，准确地阐释了主题思想。特别值得提到的一点是，作品的结局没有处理成传统的大团圆套子，留下了好些悬念和问题，让读者去思考。60年代初期的长篇小说能做到这一点的，并不多。

二

胡正能够写出《汾水长流》这样优秀的长篇小说来，并非偶然为之，而是有着经验与教训做基础的。1948年底，已经发表过小说《碑》《民兵夏收》等一定数量文艺作品，身为晋绥根据地《晋绥日报》副刊编辑的胡正，随军南下，一年后进入四川，分配到重庆《新华日报》继续做副刊编辑。繁忙的工作让他无暇创作，只发表了一些散文。

立志搞文学创作的胡正，终于得到了进一步提高的机会。1950年冬天，中国作协在北京开办中央文学研究所，招收有一定文学创作基础的青年入所学习。胡正得知这个消息，征得所在单位同意，很快报了名。他如愿以偿，成了研究所的学员。在将近三年的时间里，胡正系统地阅读了大量中外文学名著，按照研究所的安排，还学习了哲学、历史等专业知识。更让他难忘的是听了许多名作家、名教授的讲课，极大地开阔了视野。学习后期，他与部分学员奔赴抗美援朝前线实习了几个月，积累了素材，回国后写出了中篇小说《鸡鸣山》。

《鸡鸣山》的故事情节是：中国人民志愿军一个班在同美国兵战斗中，克服重重困难，英勇顽强，多次打退敌人的进攻，完成了上级交给的阻击任务，最后又一举攻占了敌人的主阵地鸡鸣山。由此来歌颂志愿军战士的爱国主义感情、乐观主义信念和勇敢作战精神。这是一个很能动人心魄的战争题材。但是，由于胡正体验生活的时间仓促，没有能准确把握住人物、环境、情节三者之间互为因果和有机统一的关系，对战士们的生活习惯、心理特征、追求爱好以及战争场面，缺乏深入细致的描绘，显得场面铺排宏大，而具体内容比较空泛；枯燥的事件陈述，淹没了对人物性格深层次的开掘。实质上，是因为胡正是以写农村题材见长的，对军人生活并不熟悉，写起来自然无法得心应手。

胡正及时总结了《鸡鸣山》不成功的教训，重新回到了熟悉的农村生活中。不久，他就写出了《摘南瓜》《嫩苗》《两个巧媳妇》《七月古庙会》等一批成功的短篇小说。这些小说在多个方面有明显的突破。首先是反映的社会生活面宽了，作品的容量大了，描绘了整个过渡时期的农村面貌，显示了强烈的时代气息。其次是不断向生活的深处开掘，不再是单纯地写敌我矛盾，着重揭示的是复杂的人与人之间的生活矛盾。在描写人物方面，由只写人的政治立场，进化到写人的思想情愫、精神面貌和内心世界，塑造了一批性格丰满的人物形象。在叙述方法上，由一般事件过程的交代，发展到注意结构典型事件和设置典型环境。在使用语言方面，追求抒情性和大众化相结合的风格，恰当地使用比喻、象征等修辞手段。

1954 年 2 月写的《摘南瓜》，是胡正在建国后第一个成功的短篇小说。作品讲述了农民李忠旺精心培植队里的南瓜而自己的老伴却偷摘南瓜的故事，由此表现了那个时代农民中存在的爱社如家与只想个人两种观念之间的矛盾，提出解决这种矛盾的办法，只能是启发教育，不可武断处罚。随后发表的《嫩苗》，以女知识青年李爱英回乡运用新的科学技术种田与徐守仁坚持旧的耕种方式之间的矛盾为主要线索，赞扬了知识青年回乡建设新农村的精神，预示着科学种田的广阔前景；写法上叙述故事和塑造人物并重，还夹有一些心理描写，收到了较好的效果。《两个巧媳妇》是胡正整个小说中颇具特色的一篇。他在这个作品中借鉴果戈理《两个伊凡的吵架》中使用的对比手法，始终抓住“巧”和“比”两个环节，层层深入地剖析了两个巧媳妇杨万花与尹芝贞争强好胜的性格、囿于小农经济跟贫困地位形成的心理气质；恰到好处地展示了她们的对话、举止、肖像、服饰等外在的姿态。“巧”使她们清贫的生活依然过得热闹红火；“比”却使她们好胜之心得以膨胀，结果被人离间，反目为仇；到了抢救集体财产时，她们的悲剧又演化为喜剧，释去前嫌，互相谅解，达到心灵上的默契。应当说，《两个巧媳妇》是胡正塑造人物形象的可喜探索。

胡正不满足于只充当生活的歌者，不满足于只对新人新事的赞扬，也担当起生活的医生，医治社会的创伤。他在下乡时，发现一些机关干部做群众工作不深入调查研究，仅凭主观臆想办事，造成了不良后果，于是，写成小说《七月古庙会》，期望引起人们的重视。作品描写县工作组组长魏志杰下乡时，主观武断，强行阻止农民在农闲日子里赶传统庙会，激起农民的反感，造成了矛盾冲突。胡正采用喜剧笔法，善意地批评了魏志杰一类干部的官僚主义作风，并且指出这种作风已经危害到党群关系，应当予以纠正。遗憾的是，他提出的这个问题根本没有引起领导部门的重视，反而对《七月古庙会》无端指责，让胡正实在难以理解。

三

胡正完成了《汾水长流》以后，一方面忙于做行政组织工作，少有时间集中写作；另一方面整个文艺大气候越来越紧张，制约作家创作的框框重重，他也无法舒畅地创作。所以，在好几年里，他只写了几篇报告文学和散文，没有再发表小说。到“文革”开始以后，他就被迫完全搁笔了。

十年“文革”结束后，胡正重返文坛，要用作品来证明自己的写作能力。为了尽快熟悉农村生活，他又到了榆次县张庆村，跟农民们住了一段时期。他感觉经过二十多年的风风雨雨，农民的思想情绪发生了很大变化；他自己也不再像20世纪50年代初期那样，专注于农民在合作化运动中的各种情态了。他说：“经过‘文化大革命’后，我对于生活的思考和文学创作，有一些省悟和新的探索，着眼于在时代风雨中人们的命运了。”（《昨天的足迹》）他从张庆村回家后正思考从什么角度、以什么主线、用什么形式表现他所感受的生活时，有一天看到《山西日报》上登载着一篇关于忻县大王村知识青年岳安林和李翠先在逆境中坚守忠贞的爱情和科学养猪的通讯，受到启发。于是，他去忻县大王村住了一个多月，丰富了素材，加深了感受，一部中篇小说也酝酿成熟了，这就是发表于1982年《当代》杂志第一期上，并产生过较大反响的《几度元宵》。一年后，他又写出了续篇。应当说，《几度元宵》是胡正继《汾水长流》之后的又一部优秀之作。

《几度元宵》以1975年为背景，用力透纸背之笔，描写农村青年沈翠叶和薛安明为争取婚姻自由，同极左路线的桎梏、同恶势力的压迫、同封建世俗的阻挠，坚决斗争；同时，还穿插了沈翠叶母亲的爱情悲剧。两代人的爱情悲喜剧，说明人们思想中根深蒂固的封建残余势力，一旦与极左路线交汇，更为有恃无恐，祸国殃民。整部作品渗透着胡正深沉的思考，对人物、对生活进行道德评价和历史评价，从而具有了深邃的历史感和强烈的现实性。在情节结构和叙述方式上，胡正也做了多方面的探索。他突破了以往从头说起、平铺直叙的格式，把故事放在正月初九至十五一共七天时间里，表现沈翠叶与薛安明为婚姻自由进行斗争，追忆了过去十年他们的种种遭遇，由此组成了多种矛盾冲突；同时，还穿插上沈翠叶母亲曹清娥与田仲玉爱情悲剧的追叙、梁玉仙与孟谷维没有感情婚姻的回顾、孟雅琴听从母亲和媒妁之言酿成怨恨的表述等等，同沈、薛爱情作对比，起到烘云托月、深化主题的效果。故事始终以元宵为道具，选取历年元宵节前后为人物活动的场景，展开引人入胜的情节。大段回忆的运用，由于分寸得当，并不显得突兀和零乱。叙述语言在保持了五六十年代生动、朴实、流畅、自然风格基础上，使用了较多的富于哲理的警句和加强表达效果的排比句，体现出了散文诗式的音韵美。

1989年，胡正从省作协领导岗位上退到二线，一方面继续以各种方式为文学事业的发展做贡献，另一方面在身体条件许可的情况下，努力奉献新作。十几年来，发表了中篇小说《重阳风雨》、短篇小说《那是一只灰猫》、长篇小说《明日清明》等和一批散文，功力不减当年。

发表于《人民文学》1992年第六期上的中篇小说《重阳风雨》，像《几度元宵》一样，也是叙述一对青年男女为追求真挚的爱情所经历的风风雨雨，但主人公却由农村青年变为知识分子，时间背景则放到了20世纪40年代末解放区土地改革时期，不再有为政治服务的色彩，追求的是人间的温情与真情，以及超越生活表象的崇高美。经过近半个世纪的历史碾磨，胡正从记忆中撷取出来那段岁月重新审视，自然不会再去简单地浮现其表象了，他把思考的重心放在了人与人的情感上，以土改工作队员何舒莹与沈纪明之间有真挚的爱却不能成眷属的故事，展示了一出打动人心的悲剧，让读者在悲剧的氛围中更深刻地认识人生，认识历史。何舒莹与沈纪明爱情悲剧的“导演”，不再是阶级敌人或恶势力，也不再是第三者插足或封建遗训的阻挠，而是当时共产党内“左”的思想影响的结果。这个事实本来是从那个时代过来的许多人都深有体会的，却曾经是文艺作品的一方禁区。胡正敢于以历史的公正态度将其展现到小说中，仅此一点就是一个作家真诚态度的体现。《重阳风雨》不再以农民做主角，对于多年写农民的胡正来说是一个尝试。他对现实生活中的知识分子的心态可能把握不准，但对40年代末期知识分子的生活方式、心理特点，还是深有体会的，因为他本人在那个时期就是知识分子中的一员。所以，他写起来并不显得生硬、笨拙。

1997年问世的《那是一只灰猫》，仅有七八千字，是比较规范的短篇小说，也是一篇精致的短篇小说，出自七十多岁老作家胡正之手，实在是难能可贵的。作品讲述的是一件极普通的日常生活片断——刚刚参加工作的某政府办公室干事白寄舟，随同副主任刘修远作为卫生检查团成员到某市去检查。该市对检查团表现出极大热情，吃、住、玩还有礼品，都安排得十分周到，汇报也非常得体。实际上是大做表面文章，甚至把市民的正常生活都干扰了，目的在于成为卫生模范城市。白寄舟从一位亲戚那里了解到实情讲给了刘副主任，刘副主任却要求他到此为止，不可再说给别人，他有些困惑。然而，让他更困惑的却在以后。例行检查结束后的欢送宴会上，完成任务的检查团与达到目的的市领导，沉浸在相互祝酒的兴奋中。突然，一只硕大老鼠从餐厅门缝里跑出来，白寄舟大叫一声："老鼠，好大一只老鼠！"所有的人都看到了正在逃跑的大老鼠，也都惊呆了。此时，身为检查团副团长的刘修远道出了一句惊人妙语："哪里有这么大的老鼠，那是一只灰猫！"市里的领导摆脱了尴尬，对刘修远感激不尽，白寄舟则莫名其妙。再以后，该市成为卫生模范市，各有关领导及刘修远都相应升迁。白寄舟想着自己是否过几年也会成为刘修远呢？

这是一篇针砭时弊的讽刺小说。政府干部刘修远明知某市有弄虚作假现象，竟视而不见，并且为了某种利益，居然可以当众说谎，指鼠为"猫"。在荒唐的背后，隐藏着许多发人深思的现象。20 世纪 90 年代复杂的社会里，少数党政机关干部经不起名誉、地位、利益的诱惑，弄虚作假、欺上瞒下，败坏了党和政府的形象，为广大人民群众所深恶痛绝。胡正以一位作家的责任感，勇于揭露这种时弊，表达出了广大人民群众的意愿，也是希望党政机关干部能够克服这种弊端，坚持实事求是的工作原则。

《那是一只灰猫》的情节结构很精巧。整个故事前面一大半的篇幅，都是在作铺垫，用白寄舟的行为和感受，给刘修远后面的妙语准备下前提。到了时机成熟时，突然抖开包袱，点明主题——刘修远为了某市的"荣誉"及市领导的政治前途，也为了个人利益，可以视鼠为"猫"："那是一只灰猫！"有如神来之笔，把整个故事推向高潮，把情节由铺垫进入关键，把人物性格由模糊变得清晰。由此而显现出短篇小说情节结构的魅力，显现出胡正叙述故事的精彩与高明。

2001年问世的长篇小说《明日清明》，故事题材和主题思考仍然是延续《重阳风雨》。胡正选择上世纪40年代解放区进行的“整风”运动为背景，通过几个革命战士所遭遇的残酷无情打击的事件，深刻地思考革命队伍中发生的错误运动，思考人生的坎坷命运，写作题材和思想深刻，都是那一代作家少有的。

胡正老师在《昨天的足迹》中说：

> 今天看昨天的作品，自然感到它们的历史局限；而明天看今天的作品时，也可能有今天不可能预见的局限。但只要站在时代的历史的高度，深刻地艺术地表现了一定时代的真实生活，反映出人民的情绪和愿望，并给人以思想的启迪、有益的影响和艺术的美感、精神的愉悦，也就尽了作家对时代的历史的责任。

这段话可以看做是胡正老师对自己作品的到位评价。从主要作品中可以发现，他时刻注视着各个历史进程的发生和发展，探求着各种人物，特别是农民和知识分子的历史命运、思想情绪和生活态度。他也善于从人们的日常生活中撷取精粹，揭示具有深刻社会意义的矛盾冲突，不少作品就触及到了现实生活中那种最令人关注、而又最迫切需要解决的问题，并且经常把一些正处于萌芽状态的事物摄入作品，产生了积极的社会作用。但是，几十年以后看他的一些作品，包括优秀的长篇小说《汾水长流》，都不能不存在某些局限；不过，作为特定时期社会生活的真实反映，胡正已经尽到了一位现实主义作家的责任。文学史正是在这样的矛盾中形成的。

教诲与情谊长流

——怀念胡正老师

杨占平

认识胡正老师已经三十年了。上世纪80年代初，我还在大学读书时，选择中国现当代文学为研究方向，重点是“山药蛋派”作家作品。在高捷教授指导下，我和几个同学从基础做起，先是跑校内外图书馆、档案馆、资料室，查阅大量相关材料，把赵树理、马烽、西戎、李束为、孙谦、胡正等作家的作品、评论等，都做了搜集整理，编出了他们每个人的作品目录和评论目录，接下去是阅读这些作品和评论，然后就是去找还健在的作家访谈。那时，赵树理已经含冤辞世，其他几位作家熬过了“文革”劫难，都已经恢复写作，并且成为省文联、省作协的领导。高捷先生跟这些作家都有交往，他给我们做了联系，于是，我们按计划分头去拜访他们。

那个时候，我们还没有电话联系的概念，事实上，像我这个从农村出来读书的学生，根本就没有使用过电话，如何操作都不懂。所以，我们几个同学选了个下午没课时间，坐电车再倒公交汽车，多次问路人，辗转多个街道，才找到位于南华门东四条的省作家协会。

第一个见到的就是胡正老师。我们能顺利地见到他有两个原因，一个是我们带着高捷老师的信；还有一个是胡正老师的儿子胡果跟我们是同学。有这两个原因，胡正老师非常热情地接待了我们。那时候他是省文联和作协的领导之一，工作繁忙，却没有办公室，就把我们领到自己家里。起初，我们都比较拘谨，因为尽管事前已经熟悉了他的大致生平和创作情况，但毕竟他是名作家、大领导，我们是学生，生怕说话有不合适的地方。他看出了我们的紧张状态，用几个轻松的话题和几声爽朗的笑声，就让我们打消了紧张。谈话很轻松、随意，他问我们的学习、生活，问我们都是从哪个地方考来的，像一个慈善的长辈跟晚辈说贴心话。非常自然地，我们把话题转向原来设计的内容，请他谈他的人生道路，谈他的创作体会，谈他重要作品的写作情况，谈他对当时文学创作的看法，等等。他很健谈，让我们听到了许多特别新鲜的文艺史料，尤其是他们在抗日战争时期英勇作战、艰苦生活、认真学习的情况，把我们的思绪拉回到了那个时代，感触很深。他情绪饱满地谈了差不多一个下午，直到天色已晚，我们才恋恋不舍地告辞。回学校的路上，几个人一直沉浸在激动与快乐中，对下一步的研究充满信心。

不久，我们根据那次访谈，写出一篇作家访问记稿子，又专门去请胡正老师审查，之后发表在中国当代文学研究会主办的一份杂志上。同时，还根据我们对他作品的理解，合作写出一篇关于他生平与创作的长篇论文，刊登在了一家大学学报上。这是我在大学期间比较重要的写作收获，也是后来几十年从事现当代文学研究的开始。

大学毕业后，我被分配到一家省级行政机关工作，却仍然对文学研究专业放不下，业余时间都花在读书写作上，时有文章在省内外报刊问世。1985 年，作为省作协党组书记的胡正老师，领导创办了省内第一份评论刊物《批评家》。刊物刚创办时只有主编董大中，副主编蔡润田两位，没有一个编辑。他们两位都是山西文学评论界的骨干，也一直关注着年轻评论者的成长，已经注意到了我的研究。因此，他俩提出要调我到刊物做编辑。按程序，进人首先要经过党组。胡正老师知道我的情况，自然非常赞成。于是，我顺利地成了《批评家》的第一个编辑，同时，也成了胡正老师领导下的一名作协员工。

从 1985 年至今的二十多年里，胡正老师和比他先辞世的马烽、西戎、孙谦等几位老作家，一直非常关心我的工作、写作以及生活，总是最大可能地帮助我解决各种问题。应当说，我从一个普通编辑，逐步成为部门负责人到现在走上了作协领导岗位，都与他们的支持分不开。我把他们作为特别尊敬的老师、前辈看待，工作和写作中总是努力向他们求教，也总能得到他们的无私教诲。他们那种被全省文艺界赞赏有加的诚心诚意提携、帮助后辈的美德，他们待人接物宽容、谦虚、大度的风范，他们在创作中严谨、认真、创新的风格，我都体会得非常深刻，非常直接。

本世纪初，为了集中展示几位山西老作家的文学创作实绩，省委宣传部和省作家协会决定编辑出版他们的《文集》。这些老作家《文集》的出版，对于继承山西的优秀文学传统，研究老一辈作家的人生轨迹、创作道路及其作品的意义，推动山西文学创作和理论研究的健康发展，都有着十分重要的作用。当时，相关领导指示，每位作家家里出一位亲属，同时提出一位对他们作品熟悉的编辑或评论家协助，共同做编辑工作。出乎意料的是，他们几位作家，包括当时健在的马烽老师、胡正老师和去世的西戎老师、孙谦老师、冈夫老师的家属，都提出让我做这项工作。我想，他们之所以都选择我，一方面是我那些年一直在研究他们的生平与创作，撰写过不少文章；另外，我在作协工作多年，跟这些老作家相处融洽，让他们对我的为人处事都认可。

我没有辜负老作家们的信任，用了好几年时间，顺利地编好了五套《文集》，共二十六卷，每卷平均四十多万字，总字数超过一千万。这些《文集》出版后，马烽、胡正老师和其他三位已故作家的家属、有关领导、不少作家评论家和广大读者，都相当满意。其中的《胡正文集》，共四卷一百六十万字，是我和资深文学编审、胡正老师的夫人郁波老师共同编辑。在编辑过程中，胡正老师特别谦虚，首先让我提出总体编辑方案，然后一起商量该怎么选作品、选照片，从哪里找资料，如何编排，等等，有许多具体事情，都处理得很好。现在回想起来，那是一种非常愉快的工作，让我既对胡正老师的人生与创作道路和全部作品有了一次学习机会，也更直接地领略了他做事的风范，给我留下了终生难忘的回忆。

随着胡正老师的逝世，我的这些尊敬的老师们都离开了这个世界。尽管我知道这是人生规律，这是每个人都要经历的归宿，但我认为，他们受人尊敬的高尚品格，他们一贯坚持的向上精神，他们创作的经典作品，都永远活在我的心中，他们的教诲与情谊，像汾水一样长流在我的记忆中。

给胡正夫人的一封信

高首先

胡正同志夫人：

你的名字我记不清了，只能这样称呼你，实在对不起。

今天中午，拿起《太原晚报》二十七版黑底白字上写着“胡老走好”“山西作家追忆胡正”，我立刻就被这几个字蒙住了，“胡正走了”，去哪儿啦？想着，想着，这“走了”就是不在了。啊呀，这是最使我难以相信的不幸！想起两月前，我还给他打电话问他，你的眼睛手术后，如何？他的声音很爽朗，很高兴地告我，打针后感觉挺好，又不疼痛。听他说的很高兴，眼睛的黄斑病这回可治好了。因为这两年内我也有黄斑病况，曾问他怎么治。我从他寄给我的《胡正文集》给我的签名中，看到他写的字歪歪扭扭的，就给他打了个电话，问他，你的字怎么写得那么不整齐很奇怪。他告我，眼睛有白内障，今日还要做个小手术，再休息一段还要做治疗黄斑的手术，就是打一针进口针剂就会见效的。我听后就问他，你在哪里看病啊。他讲在山西省眼科医院。之后，也就是一个月之前吧，我又问了他一次黄斑病治疗完了没有，他说白内障做了之后很好，黄斑病针也打过了，感觉很好，又告诉我为他治疗的大夫，还有具体为他治疗的专家，以及电话都告我。我很想也去治一下，我的眼睛也不太好，看报用眼镜加上放大镜，他说："我也是。"这就是我和胡正同志的交谈，今天看来那就是最后一次的通话，以后竟再也听不到他的声音了！

这张报纸还有追念他的文章，我一气看完，心情久久不能平静！上世纪 50 年代的一年，我去榆次张庆下乡，正遇他在张庆采访写作，大概有十多天我们在一个村子里生活，因为他是从晋西南走出来的，我也在晋西南工作过两年，通过一番交谈，彼此之间就近了许多。以后我去作家协会看望马烽、段杏绵等同志，也去看过你们夫妇。前几年从东北哈尔滨来了王正之同志，他是在晋西南牺盟中心区担任宣传部长的老东北大学的学生，曾为救亡来到山西工作，后来调东北了。胡正同志和他相熟，此次去看望胡正，他告诉王正之我的地址。那天我从外面回家，客厅对面坐着一位满脸冻红，穿大棉衣、棉裤和棉鞋的老同志，说也奇怪，我一见他，就叫他王正之，你怎么来了？他谈到离休后作全国徒步旅游，实现青年时代周游全国的梦想，一路上都是徒步，冻疮起了不少，这种可贵精神特别感染我。已经六十年不见面的老同志，这见面真是太难得了。问他住哪？他讲在太原火车站八元钱就够了。听后问他明天呢，他讲到晋祠，我有地图，坐 11 路车到晋祠。中午我们共进高粱面，他就想吃山西饭。抗战八年，他想山西！走后，我给胡正打电话，说我腿骨折，走不了路，你是否到火车站看他，给派个车送他一下。胡正说，我去了，他坚决不干。第二次和胡正通话说他病了，夫人从东北来看他，两人已经是又出发，要到西藏去，胡正同志为他有这样的老领导感到钦佩。

我和胡正同志都在晋西南工作过，说起人和事，比较熟悉，也和马烽、孙谦已故的几位同志同样从晋西南走出来的，说起来都挺熟悉的。我对他们几位作家的钦佩是不言而喻的。

无限的感慨，沉痛的追忆。战争时代凝结的友谊，和平日子的交往一一在我的脑海中浮现，文学是崇高的事业，我对作家是十分亲近而又尊重的。他们的离去令我难以承受，悲痛中写下这份追忆。大家都处在悲痛中，望你从悲痛中走出来，望你节哀！

2011 年 1 月 25 日下午 3 时

忘不了你那优美的舞姿

毛宪文

1952 年 7 月，我从北京大学中文系本科毕业。当时就业办法，是由国家统一分配。我被分配到丁玲创办的中央文学研究所，第一期第二班研究员班。入学不久，第一期研究员班的同窗，为我们举办欢迎仪式。第一项是自我介绍，那研究员中的每一个名字都是当时文坛的佼佼者，有徐光耀、马烽、陈登科等，都是我在大学学习时心仪已久的作家。所以对研究员班的同窗个个仰慕而恭谨，希冀今后在写作上得到他们的指点。

欢迎会简单而隆重，很快结束了。灯光转换，立马转为舞会，会场气氛瞬时变得轻松欢快。我以为这些多来自老区的同窗，他们能适应这充分体现现代城市文明的交际舞吗？然而乐曲一响，灯光一明一暗，他们在舞池中个个身手不凡。他们下到舞池，随着乐曲的节拍，一会儿是探戈，一会儿是华尔兹，充分展示了他们的天才。在那对对舞星中，最惹我眼球的是，他从我眼前闪现，那舞姿舒展，姿态自如，轻如燕，快如风，就像观赏一场国际交谊舞大赛，定睛辨认，那不就是胡正吗？

胡正的舞姿深深地震撼了我的灵魂。

我也是个交际舞爱好者。在那段文化娱乐分管的年代，周末各单位的舞会是最好的娱乐形式了。我也向别人学过三步四步节拍，可能是我的艺术细胞太少，舞技总也提不高，不是错踩了鼓点，就是踩了女士的脚，有失礼仪，挫伤舞兴。但周末的跳舞，我认为对缓解一周的紧张情绪，还是很有好处的，决心提高舞技。

胡正是舞圣，便向他请教，常言说名师出高徒么。联欢会后，我登门求教，说明来意，主旨就是如何提高跳交际舞的水平。

胡正的热情、开朗给我留下深刻印象。他谈了自己跳舞的经历。他当过文工团员，为了提高表演水平，平时刻苦训练舞蹈的基本动作，舞步必须有音乐的节拍，群舞必须共同遵守统一的节拍，否则就破坏了它的和谐。他说任何舞种道理是相同的。我们为老乡大多表演的是民族舞，它与交际舞虽形式不同，但一通百通，究其原理是相同的。他的话浅显，融会贯通，给我上了一堂舞蹈课，增加了我跳好交际舞的信心。

从此，我和胡正交往不断。他热情，开朗，幽默，又有几分农民的质朴。文研所学习结束，我们奔向自己的岗位，他回到老家山西，成为山西“山药蛋派”的主力，无论是长篇小说《汾水长流》、散文等均体现了“山药蛋派”的艺术特色，而且诸多作品把“山药蛋派”推上了一个新境地，那“山药蛋”的味儿更浓，扩大了流派影响。

胡正不但是该派的传承主将，而且是该派巍然矗立的一座高峰。读他的作品嗅出一股浓浓的山药蛋的香味儿。

1987 年我们到山西出差，检查鲁迅文学院山西籍学员周山湖、张石山等创作实习的情况。期间我找胡正聊天，他热情地招待我，互叙二十载别后经历，其中有几句对他说的话记忆犹新，我说：君本风流倜傥才子，但在那人性真实受阻的年代，才华受阻，这不是你个人的悲剧，而是整个一代人的悲剧。他当时说，宪文，你的话有失偏颇。我默然。

文研所时期，有次他对我说，你科班出身，有功底，要写出好作品，必须在生活中摸爬滚打深入进去，有了感受，才有可能写出受群众欢迎的东西。我对他说的话视为诤言，久久铭记。

那次山西出差正赶上山西文联开大会。胡正邀请我去听会。当我出现在会场时，他向大会介绍了我，他说，这位是毛宪文同志，鲁迅文学院教务处主任，我中央文学研究所的同学，北大中文系的高材生。当时我很不好意思。接着他把我介绍给西戎、束为、孙谦等。我向在场的马烽（文研所学习时我的班主任）鞠了躬。三天的会期，我听了三天，胡正始终陪着我。那次山西出差，胡正成为东道主，还安排我参观晋祠等名胜。他的热情、活跃让我终身不忘。这就是他的性格特点，真诚、质朴。后来见面机会不多，但电话问候是常有的。

2004 年收到他惠赐的《胡正文集》(四卷本)。

2009 年 8 月 12 日收到他惠赠的《胡正散文选》《胡正作品评论集》，以及学姊郁波的《郁波作品选》。从这些厚重的数百万字里，我看到了胡正为中国的新文学做出的巨大贡献，人民是不会忘记他的，他像一座高峰，不但屹立在山西，也突显于中国新文学的史页中。

2010 年底我电话中预祝他新年快乐、健康长寿。问他健康状况如何。他说，还可以，谢谢！我放心了。

转过年，1 月下旬有天突然接到山西作协周彤同志的电话，说，胡正同志走了。当时我真有点不敢相信，是不是我听错了，反复向周彤订正了几次，才确认了这噩耗，我愕然，不知该说什么。一个好好的人，前几天还亲自告诉我还可以，怎么一下子就没了呢？我失去了一位六十多年的诤友，热情、开朗、活跃的有生气的好朋友。

和胡正在一起总是生气盎然，没有寂寞，更没有忧愁。

斯人已去，追念刚刚开始，他的形象时时出现在我的眼前。尤其他那优美的舞姿，更是让我时时品味着。

胡正学长精神永存！

给郁波的信和挽联

张晓宇

给郁波的信

郁波同志：

我刚出病院的翌日，在夜间惊闻老胡同志溘然长逝的噩耗后，不胜悲痛之至。

50 年代当《火花》创刊之时，老胡同志首任执行主编，在半个多世纪漫长的岁月中，老胡同志协助省文联、省作协的老同志们做了大量的组织工作，为繁荣和发展我省文艺事业做出了卓越的不可磨灭的重大贡献，被我省党政领导及广大文艺工作者们给予高度嘉许与好评！

老胡同志胸襟坦荡磊落，具有杰出的组织才能，善于团结党内外的同志与调动文艺界的一切积极因素，为培植我省文艺界新人，可谓鞠躬尽瘁，死而后已。凡此，必将载入史册。

在此，我除表示深切哀悼之外，并望您及家人节哀顺变，保重身体为要！

庚寅岁末

张晓宇谨上

挽　联

为老作家、老领导胡正同志致哀：

高山巍峨，汾水长流。
文星陨落，泪飞如雨。
殚精竭虑，培育新秀。
后继有人，永垂不朽。

掷笔长叹，又念故人

李国涛

1月18日上午10点半，按照我的生活规律，去到山西作协的收发室取当天来的报刊或信件。这时间收发室里往往就没有人了。但是那天却站了好几位，神情异常地在谈论什么事情。是的，好像有什么值得大家关注的事发生了。再一听，说是胡正同志昨晚去世。大家都说：怎么可能呢？去年12月下旬纪念《山西文学》六十周年大会，他还参加，精神挺好。我也参加了那个纪念会，看到的情况也是如此。我的心里一阵悲凉。我与胡正同志虽无深交，但是在同一个机关工作也有三十多年了，做邻居也有这么多年。我问：他家里的灵堂布置好了没有？有人说，好了，昨晚就布置了。于是我约同站在那里的冯池和蔡润田二人，三人就急匆匆走向胡正家中。走到附近，这三个人的手里都还握着一大叠报纸，像什么样子呢，就顺路把报纸放到冯池家门前台阶上。灵堂已经肃然就绪。工作人员正在忙做各样事。我们三人，望着他的遗像，各献上一支香，鞠躬致敬。我想到他几十年来的音容笑貌。他走了，“山药蛋派”的最后一位主将走了，怎不令人怆然。

胡正同志近五六年因为身体毕竟弱了，眼睛也不好了，很少出门。我与他虽在同一个院子里，也少见面。我也少出门，更没有去拜访过他，怕打扰他们夫妇的休息。近来其实是有一次机缘可以去他那里坐一坐的，但是失去了。至今想来，颇为遗憾。那也是在去年，11月中旬的事情。我的老家徐州的电视台，做一个“天南地北徐州人”的节目，听说在所谓“山药蛋派”的研究中，当年也有我这个徐州人参加，就派两位记者来采访我。他们坚持要采访相关的人物。其中最重要的是要采访胡正。我说胡老年岁大了，不大见客，也不便多谈。但他们执意要见。据我看来，他们是要见一见这位大名鼎鼎的老作家。于是只好请作协办公室的梁主任与胡老联系。胡老说，可以可以。那口气是真正的、“胡正式”的、平易近人的口气。老同事都知道，你请胡正同志办事，他总是“可以可以”答应，尽量为你办成办好。只是那天他同医院约定了时间，去做眼科手术。就在那种情况下，他还是“可以可以”。所以，采访只能简捷一点了。那时，徐州电视台还有一位记者尚未到达呢，也只好由一位摄影师兼代记者和导演了。那位摄影师很年轻，好在采访重点问题是早已商量定的。那天，我本来想陪这位摄影师一起去。但又想，这个采访是有关我的事，我去参加不是妨碍谈话吗？那不合适。我就没去。其实不会有碍的。后来徐州电视台做成节目之后，曾用某一方式给我发来，我在电脑上看了，胡正同志对所谓“山药蛋派”的看法，关于它的提出，与以前谈及此事的意见是同样的。接受采访时他谈笑风生，精神挺好。谁知这就是他最后一次接受媒体采访，也是他最后一次谈及“山药蛋派”。徐州电视台答应要把这次采访资料整理一份完整的，送给山西作协保存。我想等他们寄来之后，倒是可以作为一份纪念品留在我们作家协会。徐州电视台的那位年轻摄影师很幸运，从千里以外跑到太原，与“山药蛋派”的老作家对话。而那位记者迟来，很遗憾地说，我只差两个小时，只差两个小时！呜呼，时间，它使一切都成过去，成为回忆或遗憾。

1957年8月我调来山西之后，就关注当时的一个山西作家群，也就是那个“山药蛋派”。胡正是其中之一人。关于西、李、马、胡、孙那批老作家的作品，我都写过评论。评胡正的《汾水长流》我记不起准确时间了。但是如果查找《汾水长流》的再版时间，可以看出，在此书再版后，就在那时写的。再版与第一版相比，作者做过不少的修改。我曾很细心地对照第一版与再版，写成一篇文章，说明作者用力之勤，以及修改处的进步。但当时没有地方发表，我就寄给山西人民出版社编的一个内部刊物发表了。后来，有人编胡正作品评论集时，把此作收了进去。胡正同志也提到过此事。我觉得，在评论胡正作品的许多文章里，我这篇虽不见得好，但是是够细心的了。现在，遥对逝者，稍感心安——我毕竟是一个搞过评论的嘛。现在如果面前放两本那么厚的书，要我对比而读，我是没有这种精力了。岁月如流，谁能免此？掷笔长叹，又念故人。

送胡正同志远行

冯　池

1月17日上午，我还和杏绵、樟生去医院病房看您来。在探视室，您的儿媳范永峰接待了我们。问及病情，小范即说："爸爸得的不是肺炎，说肺炎，是为了瞒着妈妈，怕她受不了……"听到这，杏绵猛地"哇"一声，大哭号啕起来。她的号啕大恸，引动我亦泪如泉涌！杏绵一面哭，一面还诉说："就剩他一个了，怎么他又要……"我明白她这欲言又止的半句话的深层含义……

哭泣了一场，我们要求去看看病人。院方本不允许，征得同意，只让我们从窗户缝隙看看。只见这时的您，瘦弱的身躯，半仰半侧地蜷缩着躺在床上，双眼紧闭，大口大口地喘息……见此情状，令人心痛欲裂，不忍再看。

离开病房，小范又领我们去看她的婆婆郁波。儿女们为保护她，在医院另一楼给她安置了病床。一路上，小范对我们说："妈妈真可怜，到现在，她还不知道爸爸的真实病情，我们没敢告诉。"她希望我们去陪郁波多坐一会儿，多说些宽慰的话，也要适当给点暗示，否则，怕事到临头，她真的挺不住。

第二天一早，我刚从院外晨练归来，抬头看见您家清冷的门前，大门上贴了两方白纸。天哪，您遽然长逝，竟成现实！胡正同志，您走得太急、太匆忙了，来不及向家人、亲友说上半句辞行的话。这晴天霹雳的一击，叫他们如何承受啊！……这时，我想起昨天杏绵那半句未哭诉完的话来。那即是说：文坛著名的“山药蛋派”五兄弟，前四位已先您而去。如今您又匆匆离世，意味着一个传奇的结束。怎不叫人心痛、心悸！

回到家中，我木然坐定，脑际一片空白。半晌，清醒过来后，关于您生前、病后的一些情景，一幕一幕浮现在我脑中。

半月前，我们还一起高高兴兴去参加《山西文学》创刊六十周年的纪念盛会。那天，我留意到，平常衣着朴素随和的您，却穿了一件崭新的，仿佛是新买来的，银灰真丝面料的“唐装”。新“唐装”素雅合体，映衬着您的笑脸，透出了您内心的喜悦！

会议开得隆重热烈。会场上坐的多是文学“晋军”的三代、四代、五代（他们中有的人已堪称“精英”）。目睹着这桃李芬芳，新人辈出，硕果满园的情景，您岂能不喜悦兴奋！那一刻，我看到您坐在主席台中央，兴奋而又严肃，仿佛一位历尽艰辛的老农，看到眼前累累果实，兴奋之余，亦深感好光景来之不易！如果能把山西的文学事业比作一幢辉煌大厦，那么，您就是这大厦强有力的搬砖砌墙的奠基人之一。有人称誉您是文学界的“好管家”、“好领导”、“好当家”，作为您的下级，与您共事多年，我觉得这些称誉均不为过。

远的不说，只说粉碎“四人帮”后，文学解冻，文艺事业沐浴着春日的阳光，逐渐蓬勃发展。这时，作为省文联秘书长的您，为着恢复作协，批编制，定人员，筹资金，接着又是起房盖屋，创设专业作家机构（成立文学院）。上世纪80年代，省作协兴办的几件大事，都是由您牵头承办，领导指挥。人们夸您头脑机敏、灵活，点子多，许多麻烦事都能办得漂亮。

首届“赵树理文学奖”评奖，是我省第一次规模庞大、奖项众多（包括各类文学体裁和文学编辑）的文学评奖活动。我当时作为评奖办公室主任，缺乏经验。您便一再叮嘱我，要认真阅读作品，评选要公平公正。申报来的作品要件件登记，并须加注评审意见，对作者负责。要把优秀作品推荐上来，评准等级，不留遗珠之憾。在您的精心指导下，评奖得以顺利进行。现在，此项评奖还在继续。

八省区首届黄河笔会，是一次跨省区的大型文学研讨会。您作为发起人之一，又坐镇全盘指挥。我那时任作协副秘书长，又是笔会办公室副主任，全程协助您抓筹备、组织、接待工作。会议人多，有八个省区的作家代表团，有中国作协、中宣部的领导，还有京、津、沪部分文艺理论家、评论家，加上工作人员，共二百余人。会议又是形式多样，主会场于太原开幕研讨，分会场去大同闭幕结束。会议期间，还组织参观太原、五台山、应县、浑源、大同等多处名胜古迹。由于人多事杂，会议初始，头绪紊乱，难免顾此失彼。这时，您便教给我方法：“要使用一个记事小本，随身携带。头一天睡觉前，把第二天要办的事一一记下，然后循序办理。办一件销一件。这样就可忙而不乱，避免遗漏。”我如法炮制，果然效果良好。

那些年，我还多次陪您下乡（去基层出差）。记得，有一次去忻州开会，忻州文联招待咱俩看电影。文联的同志有事，不能及时陪同我们进电影院。我便拿了票，与您一同先入场。我们进场刚坐下不久，就有一群毛头小伙哄闹着冲了进来。其中一人站到我跟前咋呼道：“嘿，走开！你是哪来的？”这时，坐在我后面的您，激动地站立起来，以比那青年高出数倍的嗓音，呵斥道：“你要干什么？查票吗？我们是省里来的客人，懂不懂礼貌？你的票是几号？拿出来我看看！”那青年被斥得哑口无言，悄悄地退到会场角落去了。我先是为那青年的无礼、莽撞，替他感到不好意思；继而，一股暖流通到心田——就像儿时突然遭遇坏孩子骚扰，得到长兄及时呵护一样。关于您对同志、对干部体贴、关爱的事，还有许多，不及一一叙述。尤其是您对“晋军”作家的关怀、扶持和帮助，他们许多人对您都心存感激。

您病重入院后，郁波曾对我说及您病发的情形。1 月 10 日晚，您突因病魔袭扰，精力不支，摔倒在地上。郁波赶紧跑去扶您，可怜她亦年老体弱，扶您不动。她要给我打电话，您却不让，您说：“不要叫老冯，他已年龄不小了，抱不动我。另叫青年人吧。”看看，您已病入膏肓，还在关心我！您待人如此这般，可说是您的为人本性。

几天来，我亲眼所见，前来悼念您的人络绎不绝，几乎不断线。献给您的花圈，如雪片飞来。有鲜花的、绢花的，还有花束、花篮，连片成堆，摞了一层又一层，塞满了您家的小花园。吊唁您的人中，有政府的省长、部长、厅局长及一般干部；有省市报社媒体记者、编辑；有文艺界、文化界的知名人士；有亲朋好友、街坊邻居；甚至有街道杂货铺的小老板。就是这位小老板，在吊唁回归的路上，不断对人说：“老胡，好人呀，他待人好，人缘好！”这就是人民群众对您的最佳奖评，倘您能听到这话，也该含笑九泉了！

1 月 21 日，在最后送您一程的途中，我和马烽夫人杏绵、孙谦夫人王之荷同坐一车。车启动后，杏绵即说：“不知怎么的，我总觉得老胡没有走，好像他还活着。”我惊叹，在我出门之前，我的妻子魏梅英也说出同样的话。而这时，正在开车的司机小陈则说：“嗨，我昨天晚上还梦着他。梦见他好啦，让我把他背回去！……”听听这段对话，它说明，您虽死犹生，还永远活在我们心中。

亲爱的胡正同志，请放心远行吧，祝您走好！……

故乡痛失“文曲星”

温　暖

上周末，我从电视新闻上得知尊师胡正患病后，曾给其家中挂电话。据郁波老师讲，胡老所患是脑梗，已住院数日。我以为，如今患脑梗者多见，只要治疗及时而又得当，最多留点后遗症罢了。岂料今天中午，已传来噩耗。这真是残年风烛令人忧，唯恐顿息，终致痛惜！我一时呆呆地坐在椅子上，不由得想到多年来我和尊师相识相交的一些往事……

作家胡正，国人广识，其故乡灵石人尤视为贤哲甚至文曲星。他和同是灵石籍的张友渔、何泽慧、张彝鼎、力群等名士联在一起，其姓名，其形象，其业绩，均被奉纪在县城东翠峰山制高点上的集贤阁内。集贤阁本已成为高峰上的高峰，一般人多重视的又是其文化含量，故人们常常把集贤阁比之为昔日此处的文昌阁。一方百姓仰敬文化的心理，由此可见。

2008年，《山西广播电视报》与灵石广电中心商定，创办该报《灵石专刊》，家乡人拟请胡正题书报头《灵石专刊》四字，要我代为联系，电话中胡老欣然应允，很快写就。但及至去取时见面，方才得知，当时老人刚刚做过一个小手术，尚在恢复期间。大家不由为此深疚，感念其一片乡情。2009年前后，因编撰《力群画传》并请胡老作序，我们又数次打扰。虽然最终序文稿他要我先行拟就，但定稿时，他戴着老花镜，举着放大镜一字不苟，修改个别处的情景，更令人感动而又难忘。

自从2004年庆贺胡老八十华诞后，发现他真的有些老了，诚然人生苦短，以致每次见他后都还会回想到他的风华当年。

胡正1924年生于灵石城内的一个普通人家，1938年参加革命，1940年到延安部队艺术学校学习，1943年返晋西北工作。抗日战争胜利后，先后在晋绥《晋绥日报》、《晋南日报》，重庆《新华日报》任编辑、记者。上世纪50年代初到中央文学研究所学习，毕业后到山西文联工作。曾任《山西文艺》主编，省文联秘书长、副主席，省作协副主席、党组书记、顾问、名誉主席，中国作协理事，省政协委员，省对外友协理事等职。1992年5月，中共山西省委、省人民政府授予他“人民作家”称号，此后享受国务院颁发的政府特殊津贴。

胡正聪颖早慧，自幼在艰苦的生活环境中磨炼，荒旱饥寒，战乱血火，政治风云，人情冷暖，小小年纪便都有所饱尝，故其1943年方才十九岁时发表在延安《解放日报》的第一个短篇小说《碑》，后来就被中国作协、中国文联等单位联合推荐为抗战文学百篇名作之一，并收入作家出版社的《中国抗日战争短篇精粹》一书。

从上世纪40年代至今，在诸多行政事务和社会活动的同时，他发表短篇小说《两个巧媳妇》《七月古庙会》等二十多篇；中篇小说《几度元宵》《明天清明》等数部；长篇小说《汾水长流》曾被改编为电影、话剧、戏曲；此外，还有大量的散文、报告文学以及评论、诗歌等问世。2001年，山西人民出版社为其出版了四卷本《胡正文集》。2006年，由《人民文学》杂志社策划编辑、由作家出版社出版的《山药蛋派作家典藏文库》丛书，又有《胡正集》列入其中。2009年三晋出版社又出版了《胡正散文选》。几十年来，那首动人的电影插曲《汾河流水哗啦啦》，不知唤起了多少人尤其是飘游天南地北的三晋儿女们的乡情，它不仅让人想到爽朗笑声哈哈哈的胡正和他的《汾水长流》，且随着社会变迁，更让人想到一个很难忘却的历史时代。

胡正一贯平易近人，对家乡人尤其亲切。多年前，除一般的回乡探亲外，1958年，还曾挂职担任中共灵石县委副书记两年。“文革”后期，他又被“下放”到灵石的北庄村参加劳动。回乡期间，无论何种身份，他总是那么热情洋溢，落落磊磊，对家乡文化工作十分关注。多年来，大型讲座、小范围交谈，应邀不知凡几。一旦有机会，在主要领导和相关人士面前，都要呼吁文化工作的必要与重要，说服人们要真正重视。1971年，他和同样被“下放”回乡的版画家力群一起，帮助家乡人创办了铅印本《灵石文艺》。其时我正在灵石文化馆负责此项工作，我不仅亲身感受到了两位尊长对工作认真负责的严谨态度和对家乡文化建设的一片希冀，且由此而每每联想到“文革”初期在省城同胡正的一次见面时，在一阵哈哈哈的爽朗笑声中，他和我谈到“千万不能陷入任何一派”的肺腑之言，更使我永远感激。直到四十多年后的今天，我都觉得，在当时无章无序的片片乱云之下，那是最难得的友情和师生之情。那哈哈哈的爽朗笑声在当时是他伤时忧国的情怀，是他坦坦荡荡的大度，也是他历经斗转星移后一种且看天下的豁达与前望。

1976年国庆不久后的一天，我突然接到胡正的电话，他问我：“知道最新的形势吗?”在那个小小县城，小小文化单位的小小窑洞内我当然不知。他于是告诉了我粉碎“四人帮”的特大喜讯。在那个历史的关键时刻，使我也及时感受到了霹雳一声春雷响的欢欣鼓舞。

1977年春，我奉令到刚恢复不久的《汾水》（《山西文学》前身）编辑部报到，担任“借调编辑”。作为一名文学爱好者，年近半百，方能摆脱冗务，到此文学殿堂学习、工作一段，实乃晚秋之幸。这在我和家乡不少人看来，都说这一定是胡正的刻意栽培。可在我随他外出开会的一次闲谈中问及此情，他却肯定地说借调人手完全是编辑部的事情。但我还是在想，纵然是编辑部提名，他作为领导层人物之一，还能不经过他的同意吗？我依然不能不由衷感谢。虽然由于我才疏学浅，朽木难雕，也因年终时当时的灵石县“革委”文教办公室，以“借调期满”为由，再三催促返县而结束“借调”；可半年后我还是被再次推向较单纯的文学道路而直至告老离岗。回想起来，1977年那个“共和国的第二个春天”，说来确是我这个没出息的文学爱好者真正的春天。之后，每每想到那年，除有关国家大事的诸多话题外，我总会想到与《汾水》相关，当时还年富力强的那一批作家、编辑，更想到尊长胡正、乡贤胡正。

此后由于工作关系，或省城相见，或请来晋中指导，相互问候，尽管人情不过半张纸，却总也是真情一片在心头。大约1993年前后，我一次练习书法时，曾在一帧条幅上以如下韵句表达过我对胡老的敬意：

大器生来便潇洒，青春立志走天涯。
吕梁山上汲正气，延河岸边炼风华。
一卷《汾水》流千载，《几度元宵》甜万家。
更喜门前桃李壮，常有硕果继新花。

2004年，在其八十寿辰时，我又为他撰写寿幛：

胡老不老松，正气流清风。

乐慰群黎梦，天地赐安宁。

虽再次表达了我对他乐天长寿的祝愿，但总觉得还不够充分。思来想去，又始终以为，人世间恐怕只有那些积淀在思想深处，飘忽在精神世界，游移在内心情感而又说不清剪不断忘不掉的东西才是最有价值最为珍贵的。这或许是我缺乏生花妙笔的托辞吧，却也是我真实的感受。

见面机会越来越少，我只衷心盼望他健健康康迎来“米寿”，乐乐哈哈迈向“茶寿”，却不想，今天我竟要为他写挽联了，因还有朋友嘱托，我抖抖擞擞一连写了两副，情犹未尽，我的脑海里总还是他那潇洒的气度，总还是他那爽朗的笑声，总还是他那随心随缘的亲切谈吐和他对家乡经济文化建设一个个热心的话题。

我只能在内心里默默地对他说：胡老师，走好！

留得美誉在人间

王樟生

胡正同志辞世的噩耗让所有知他者感到震惊，难以接受。他是个笑声朗朗、乐观活泼、嗓音洪亮、情趣盎然的人，与夫人郁波过着有滋有味的生活。虽然已是高龄老人，还不时参加一些社会活动，不久前《山西文学》创刊六十周年纪念会上，胡正登上主席台，与中青年一起共同庆贺他所开辟的文学园地六十年大庆。

我是 1956 年认识胡正的。那时我刚从四川大学中文系毕业分配到太原第一化工学校担任语文教师，一次在省文联举办的文学讲座听马烽同志谈文学创作之后，在一张意见调查表上填写了几条关于文学创作辅导的意见，因我在大学生活时与四川文联创作联络部有联系，是诗歌写作组成员，常参加一些文学活动，自认为有些经验值得借鉴。谁知山西省文联便写信邀我去文联一谈。接谈的恰是胡正，他向我了解在学校当语文教师方面的情况，我误以为他担心我因为爱好写作而影响教学工作，便正儿八经向他汇报教学情况。正在啰嗦之际，被胡正打断，他直截了当地说：“我开门见山问你，你愿意到文联来做编辑工作吗？”我一听愣了，压根没有想到是这么回事。我虽然爱好写作，但没想到要离开教学岗位，那是国家分配的工作，能擅自调动吗？我回答说："我当然愿意来文联，但学校恐怕不同意。"胡正说："这个你就不要管，我们会来办调动手续。"此时西戎同志过来，他对我说："你本人同意就行，跟我来，写一个申请，表明你愿意调到省文联做编辑工作。"于是我就在他们的办公桌上写下一小段文字。经过近一年的反复交涉，化工学校校长才同意放走我。1957 年 3 月 8 日，我走进了南华门东四条一号这个院子，开始了文学编辑生涯。后来才知道，那时由胡正主编的《山西文艺》将要改名《火花》，正缺科班出身的编辑人员。在束为、马烽、西戎、孙谦、胡正这五战友轮流坐庄领导之下工作。胡正夫人郁波已先我而来，在《火花》文学月刊当编辑，不久马烽的夫人段杏绵也被调到编辑部，加上另外几位女士同在一起伏案操作。作者们来投稿，推开编辑部的门，便有一种惊讶之感，女士们的认真负责敬业精神构建了《火花》编辑部颇有特色的风景，常被人津津乐道。

我们的胡"总理"

那时胡正是文联秘书长，他总管省文联的大小事。记得最清楚的是文联买锅炉，当时大锅炉奇缺，有个大锅炉已被某大单位订购，要让给文联是不容易办到的，这位订户拒不转让，多次交涉无效，凭着胡正的才干，通过王中青副省长的批示，终于将这个大锅炉拉到南华门东四条一号。我们不禁拍手欢呼。接着将拆除旧房的旧砖充分利用，组织文联职工家属将旧砖的泥灰刮掉，那些旧砖十分结实，质地超过了新砖，同时又节省了一笔资金。刮砖很辛苦，胡正不让大家白干，刮一块砖的报酬是 2 分钱，调动了大家的积极性。只有老胡才有这种胆识。于是盖起了高大的烟筒，供锅炉排烟，这是当年的杰作。胡正这位大管家颇有周恩来总理的才能，保证省文联机关宿舍有一个坚固的供热锅炉，这个胡同的冬天长期温暖如春，我们都亲切地唤老胡为“胡总理”。

在政治运动连续不断的那些年，胡正同志以出色的领导才能领导文联干部予以应付。我记得在号召“除四害”的年月，消灭麻雀、苍蝇成为机关的头等大事，人人手持苍蝇拍到处寻找苍蝇。一次马烽手执苍蝇拍在办公室过道里将一只在空中飞旋的苍蝇拍死，得意又风趣地笑着说：“看，这就叫水平！”立即装入纸袋，大家十分羡慕，因为上级规定每天必须交够一定数量的死苍蝇。在众人扑灭之下，苍蝇便很难寻觅。还有一次胡正到文峪河水库工地去看望在那里劳动的文联干部，回来对我们说：“水库劳动的人多，吃住都在那里，很脏，苍蝇真多，我恨不得背一麻袋回来给大家上交。”我们听了哈哈大笑。他的幽默风趣，常给人带来欢乐。

身为秘书长，未见过他向任何人发号施令，大动肝火。建造一个和谐的环境，让大家在这里写作、画画，各司其职。老胡在秘书长职务上是个名副其实的公仆。1956 年 1 月，年仅十几岁的女孩郭奎兰从介休来文联当打字员，她才有初小文化水平，不仅识字不多，更不会打字，胡正同志将自己写的文章交给她练习，一字一句念给她听，手把手教她打字。老胡还吩咐两个女干部教她学文化、认字，如此反复练习，终于成为一名熟练的打字员。

就在这 1956 年之夏，召开山西省第二次文代会，老胡是总负责人，他与省委宣传部及戏剧美术音乐等各界人士联络，在文联成立几个工作组分工负责，由老胡培养出来的打字员小郭夜以继日打印会上需要的文件，每一份文件都由老胡校正修改，绝不假手他人。这种认真负责的精神教育影响了周围的年轻同志，每晚加班，老胡都会亲自给加班人员送去水果点心供大家补充营养。在他领导下的工作人员无不感到心情舒畅与被关怀的温暖。

作家兼秘书长的老胡，关心培养文学青年，他安排创联部不时组织文艺讲座，并向社会发送入场券，主讲人除了驻会作家还邀请前来山西的文学艺术家，如巴金、王朝闻、陈白尘、瞿希贤以及当时在北京的赵树理等人，为我省文学爱好者提供了难得的精神食粮，受惠者念念不忘。

老胡是个热爱生活的人，他有超凡脱俗的审美情趣。据他的战友们说，早在根据地时期，他们住在简陋的窑洞里，他也要美化那个窑洞，常要采一把鲜艳的野花插在一个玻璃瓶或者瓦罐里，顿时香气袭人、窑洞生辉。有人批评这是小资产阶级情调，他也不予理睬，我行我素。对于穿在身上的那套军服，他洗得干干净净，折叠得有棱有角，穿在身上总比别人显得漂亮，就是腰里的皮带也拴在一个不上不下的位置，很有军人的风度。

这种爱美的天性正是珍爱人生的表现。在省文联工作期间，他以秘书长的身份美化办公院与周围环境。那时机关服务性勤杂人员并不多，办公室由使用者自己打扫。他却请了一个花工老刘。在我们东四条这个胡同的终端建起花房和花圃，冬天有温室，种养了大批鲜花盆景，摆放在机关小院与办公室，想养花的人可以去花房挑选搬到自己的宿舍，发蔫了可以换新盆景，一年四季花满文联大院。

机关大院里的梧桐树枝叶繁茂，为两个编辑部遮阳挡风，东院的海棠花开得灿烂似锦，核桃树也不吝惜给众人提供果实。文联和作协共有的这个大院，室内室外干净之极，外人进入都感到耳目一新，不用说，这都是胡正秘书长的精心设计与安排。我们《火花》编辑部的办公室永远是窗明几净，地板油光锃亮，一尘不染，与秘书长领导有方，言传身教不无关系。在没有提倡“五

讲四美”的年代，我们这里已经是环境美、语言美、行为美的文明单位，人见人夸。我们的秘书长从来没有把这个当成自己的政绩居功自傲。大家都习以为常，不足为奇。

文联机关的食堂也体现了秘书长的功劳。食堂长期开办，厨师老范任劳任怨，虽无高超的厨艺，却能满足各类人士的需要，那时作家、画家都在这里就餐。著名雕塑家王朝闻、版画家力群都是这里的食客。老范师傅因视力较差，有时把碱面当成食盐放进鱼肉里，煮成糊状的东西，也从未受到过斥责，都是一笑了之。反正大多是山西人，有面条一碗便让大家满足。“文革”中文联解散后，这位老范分配到一个果树场工作，省文联恢复后，胡正又将这位老范请回文联，并非因他厨艺精湛，而因他一辈子打光棍，年事已高，让他老有所养。有一位锅炉工因开水锅炉爆炸而受伤，机关对他关怀备至，认为他应受到重点保护。恻隐之心人皆有之，在老胡身上得到充分体现。

休闲文化的守护人

胡正同志爱好文艺活动，兴趣广泛。上个世纪 50 年代初期，从中央到地方盛行举办舞会。跳交谊舞是高雅的娱乐，胡正同志便组织了一支乐队伴奏，这支名为“夜莺”的乐队由一伙年轻人组成，不要报酬，全是义务出勤。他们在省文联礼堂或其他场所担任伴奏，水平是相当高的，由文联无偿发送舞票的舞会，我参加过几次。老胡喜爱跳舞，他夫人郁波舞艺出众。对这种阳春白雪的英国绅士派头的或苏联式舞步，我也颇有兴趣。它活跃了我们周末的文娱生活。胡正举办此类舞会是功不可没的，那支夜莺乐队常被外单位聘请，名扬省城，使我难忘。但是，由于左的干扰，这支乐队很快消失了。

1956年春，我被邀请参加过文联小礼堂举办的诗歌朗诵会，我朗诵了苏联诗人斯维特洛夫的《祖国晨歌》与我自己的诗作，这种活动也是胡正操办，我至今怀念不已。可恶的左的路线将这一切都扣上了资产阶级的帽子，于是大家只好钻在自己家里待着，过着干巴巴的生活，辜负了胡正同志的一片苦心！等到改革开放以后，广场舞会盛行，我又入场跳了几年。胡正同志因忙于作协公务无暇再组织此类活动。后来作协大会议室举办过几次，胡正同志与年轻人一起享受过一点短暂的轻松。

尤其值得称道的是老胡离休以后，由他发起组织成立了“山西省老文学艺术家协会”，将省城离退休的文学、戏剧、美术、音乐、舞蹈、书法、摄影等等各类人员登记在册，每年的5月23日，毛泽东发表《在延安文艺座谈会上的讲话》这一天，聚集在一起，进行座谈联欢，各界著名艺术家准时前来，表演艺术家踊跃登台演出，摄影家忙于拍照，能说会道的作家侃侃而谈，由于都上了年纪，平日难得一见，老胡提供这个机会让大家相聚一起，真是一件大快人心、功德无量的好事。与会者无不赞扬老胡的智慧与谋略。直到不久之前，老胡才将这个协会负责人的接力棒交给多才多艺的能人王东满主持。他也并未闲坐，不时挥毫写点什么。他有书法功底，常为前来求字的友人写些条幅，他那龙飞凤舞的书法一如他潇洒飘逸的个性，令人喜爱，视为珍品收藏。

我在此文中往往直呼老胡，而不像年轻人唤他胡老、胡主席等等，是因为老文联的老领导不愿意让别人以其职务称呼，记得那时一位年轻人呼李束为时叫李主任，束为不满地说：“不要叫什么主任，喊我老李就好！”故对老区的所有领导均在姓氏前加个老字，虽然他们当年也才三十多岁，由此可见他们的平易近人，没有丝毫官气，在今天便是奇闻了。

超前的和谐意识

胡正有一种超前的和谐意识，总是保持宽容、宽松、宽恕的心态，在历次政治运动中，从来没有整人的欲望，而是以与人为善的态度对待被当成打击对象的人。“文革”后期胡正在山西文艺工作室工作期间，正赶上批判《三上桃峰》，剧作家杨孟衡因剧本《三上桃峰》被江青等人打成反党大毒草受到严厉审查批判时，一位年轻同志赵云龙因曾写过一篇肯定《三上桃峰》的文章而受到批判，他过于恐惧而自杀。杨孟衡心惊胆战如入地狱，无人与他来往，胡正同志却去看他，安抚他说：“其实也就那么一回事！”这句似乎平常话给杨孟衡无限宽慰，使他坚强地活了下来。

我还记得“文革”刚刚开始，社会上已开始动荡，文联尚未乱，但人心惶惶。一天胡正到我们《火花》编辑部来看望大家，编辑部同志对街上高音喇叭喊叫不适应正议论之际，胡正说：“刚刚吃了几天饱饭，又要折腾什么？”他十分不满地发表意见。对这场“大革命”，一般人是不敢轻易表态的，而胡正同志敢于抒真情，说真话，充分表露了他身为人民作家，为民代言的亲民意识，实为难能可贵。

在“文革”中，省文联、作协是重灾区，众多造反派组织进驻省文联。内战不断之后，工宣队、军宣队接着统治了这个原本斯文之至的文人大院，在一片恐怖的气氛中度过了艰难的日子，后又被调到中央办的“毛泽东思想学习班”斗私批修，从文联一把手到食堂的厨师，一锅端到北京与石家庄两地折腾了近一年后，将文联作协解散，宣布下放农村接受贫下中农再教育。我们像一把黑豆被撒在山西各地。胡正一家回了灵石老家，我与王之荷、段杏绵被分配到了晋东南农村，因当时孙谦、马烽还在接受审查，未与家属同行。

经过一两年后，胡正与马烽、孙谦等先后调回太原。当时省文联大院被外单位占用，胡正他们在精营东边街13号的山西文艺工作室工作，该工作室由文化局戏剧工作者与作协文学工作者组成。直到粉碎“四人帮”，胡正等人才又回到文联旧地址，恢复了原来的工作。大部分原来的干部散落各处。我在太原市文联栖身，颇不适应。1985年初，胡正和夫人去我家看望，十分诚恳地提出要我回省作协工作，我立即同意。于是于3月8日回到南华门东四条这个熟悉的地方，首个任务是编写《当代中国》的山西文学，我在“文革”前负责研究山西文学方面的工作，因此顺利地完成了此任务。与老同事、老领导在一起相处，真是一件乐事。

我常常想到上世纪50年代那个左的路线占统治地位的年代，我这个出身于国民党军官家庭、父亲又去了台湾的文学青年，被来自老区的领导胡正调进这个文学胡同，二十八年后又是胡正的安排，调回这个胡同，使我有叶落归根之感。胡正对所有处于逆境的人都有满腔同情，尽可能予以关照，表现了他那乐于助人、与人为善的作风，因为他一直向往一个和谐的社会与人际关系。

胡正同志有多方面的才能，历任文联作协的多个职务，从秘书长到党组书记，不仅是出色的领导干部，更是山药蛋派著名作家，与马烽、束为、孙谦和西戎一起被山西省人民政府授予人民作家光荣称号。胡正的文笔活泼多彩，他的长篇小说《汾水长流》堪与当年陕西作家柳青的《创业史》媲美。《汾水长流》改编成同名电影，其中插曲“汾河流水哗啦啦，阳春三月开杏花……”的歌声响彻黄河两岸、大江南北，为山西赢得很高的知名度与美好形象，实为山西立了一大功劳；至今哼唱这首歌仍令人心动不已。

我在退休之后，不时去胡正家看望，他患有呼吸道疾病，我得知一种来自日本的“五色蔬菜汤”可治此类疾病又有健身的疗效，便极力向他推荐，他欣然接受，在自己小院子里种下白萝卜，长势喜人。萝卜与其绿叶都是蔬菜汤的原料，老胡的夫人郁波常在电话上要我去采摘在菜店买不到的绿叶。顺便将老胡种的丝瓜、苦瓜摘下几根送我。我们都喝这种蔬菜汤，对老胡的呼吸系统疾患大有改善。我见他神采奕奕，便十分高兴，他说：“这都是喝了五色蔬菜汤的好效果。”我深信不疑。他这种勇于接受新信息的长处使我敬佩。他饮用蔬菜汤有好几年，度过了一个又一个严寒的冬天。遗憾的是所有的人均不知他患有重病，竟出人意料地突然离去，因而留下太多的遗憾与悲痛。

胡正同志是个大好人，他盼望过太平日子，也希望大家都能一世平安。所有他的新老朋友都高度评价他的人品与才华，赞誉之声不绝于耳。好人有好报，他突然离去，没有给自己和家人带来太多辛苦，这是他高尚品德的最后显示，祝愿他在天之灵安息！

作家胡正印象记

韩玉峰

带着笑声前进的人

国庆前夕，我走访了著名作家胡正同志。

我同胡正同志相识时间不算久，但他给我留下的印象很深。性格开朗是他的最大特点，他好像从来就没有什么忧心的事。有一次，作协在宾馆开会，欢迎王蒙同志。大家坐好了，客人还未到。不一会儿，门外传来了一串笑声，我对坐在旁边的郁波同志说："听！老胡来了！"郁波同志莞尔而笑。这真是人未来，声先到，胡正同志就是这样一种带着笑声前进的人。

不过，我同胡正同志相识的最初几年，那时"四人帮"还在台上，胡正同志却是郁郁寡欢，很少笑的。1975 年，胡正同志在省文艺工作室工作，我们常在一起开会。这时，胡正同志大概有十多年（从 1964 年文艺整风算起）没有写什么东西了。我问他："您怎么不写呢？"他想了想，低低地说了一句："我不想为他们脸上贴金！""他们"指的是谁？彼此会意地沉默了！整整十二年，没有留下一个字，这对一位作家来说是多么残酷啊！

粉碎“四人帮”后，胡正同志又有了欢乐的笑声，当然也重新拿起了笔，第一篇作品是 1977 年 5 月发表的《春到吕梁山》。

还是从个性谈起

胡正的开朗乐观的性格是怎么形成的？我倒不是要研究作家的心理学，而是觉得一位作家个人的性格、气质对他的创作有着很大的影响。曹丕就说过：“文以气为主。”这个“气”指的就是作家个人的个性特点，气质禀赋。

胡正 1924 年生于山西省灵石县城内的一个中农家庭。虽然住在城里，但是他的三个舅父都在城外种菜。菜园里的嬉戏成了胡正孩提时代的田园生活。舅父们都很宠爱他，哪家吃好的，就往哪家跑。舅父们都爱喝酒，也常常灌这个小外甥。舅父们家里的婚丧大事都找外甥。表姐妹们一大群，出嫁时，他都是送亲的贵客。无拘无束的到处受宠的生活使胡正从小养成了开朗、活泼、好动的性格，当然也总爱喝点酒。

上高小时，胡正是学生会干事，唱歌、排戏、演讲、办墙报，干什么也有一手，还担任了学校业余剧团的团长，俨然是一个小小的社会活动家。抗战开始后，胡正毅然投笔从戎，参加了牺盟会洪赵中心区吕梁抗战剧社，走上了革命征途。

从十四岁到十八岁（1938—1942）这几年，胡正经汾西，去永和，过黄河，到延安，返兴县，又回延安；从吕梁抗战剧社到八路军一二〇师政治部战斗剧社；在革命战争的烽火中，渐渐地长大了。在革命队伍中他是一个“红小鬼”，在“西李马胡孙”五战友中他是小弟弟，总是受到大家的关怀和宠爱，当然一个十几岁的文艺战士也就始终充满了孩子气。

就在第二次（1940 年秋）回延安的途中，胡正生病了，持续发高烧，老是不退。大家用担架抬着他送到了后方医院。名为医院，实际上也没有药，高烧仍然不退。一天晚上浑身滚烫，他觉得口干难忍，自己爬起来喝了一瓢凉水，结果竟奇迹般地退了烧，凉水制服了高烧，却带来了讨厌的痢疾，一直不停地拉肚子。拖了半个多月，人瘦得皮包骨。医生看见他已奄奄一息，院长破例给开了五支针，人救活了，但由于打针消毒不严，胳膊上又肿起了脓疱。后来医生用裁纸刀剜掉了烂疮，胡正才算完全脱了险，幸亏这一次没有再感染。这次死里逃生的历险记倒使胡正悟出了一条道理：车到山前必有路。胡正同志的乐观性格得到了升华，从此遇到什么磨难都等闲视之，泰然处之。

他还是一位散文家

我发现胡正同志还是一位优秀的散文家。说发现，是因为一般人都不这么讲。的确，胡正是以小说“山药蛋”派的主将之一而闻名的。他当然是一位著名的小说家，但同时他又是一位优秀的散文作家。

谓予不信，请看事实。胡正从1943年5月在延安《解放日报》上发表第一篇小说《碑》算起，一共发表过多少作品呢？我做了一个粗略的统计。短篇小说十六篇，中篇小说两部，长篇小说一部，诗歌十七首，电影文学剧本一部（与沙蒙合作），剧本一部（合作）。除此以外，他先后发表过八十八篇散文作品，出版过散文集《七月的彩虹》。这不俨然是一位散文大家吗？

胡正的散文创作，从1945年在《抗战日报》上发表《特等合作英雄魏建鳌》起，1983年在《山西文学》上发表《我的第一篇小说》，近四十年的时间一直没有停止过。当然，这中间得除去剥夺了作家写作权利的那十几年。

胡正的散文创作，题材丰富，内容广泛，形式多样，包括报告文学、人物特写、文艺评论、民间故事等等。他写过炼钢炉前的火花，写过晋中平原的麦浪；他讴歌过《胡兰连里英雄多》，赞美过《汾河湾中一枝梅》；他描绘过五月的端阳、六月的盐池、七月的彩虹；他写过劳动模范申纪兰，写过抗日村长李连仲，还写过《人寿年丰的太阳村》；其他如钢铁战士、爆破能手、码头工人、支前模范……无不出现在他的散文里。

胡正的散文创作好似小说，只是写的都是真人真事；胡正的小说创作又似散文，这主要体现在他的早期小说里。说胡正的散文像小说，因为他的散文从构思到情节安排，直至塑造人物，几乎都同小说相差无几。胡正的散文又是地地道道的散文，反映了时代的风貌，塑造了时代的英雄，充满了强烈的时代色彩，散发着浓郁的诗情画意。

《七月的彩虹》是一篇纪念碑式的作品，它真实地记载了修建汾河水库的山西儿女的英雄业绩。作家在这幅英雄图上涂上了一层层绚丽的色彩。请看：

> 七月的黎明来得这样殷勤，她冲破了东天的黑暗，把黎明的曙光洒到人间。在黎明的曙光里，在奇丽的彩云当中，欢笑的太阳升起来了。迎着七月的太阳，工地上响起了欢乐的歌唱……汾河水库工地在黎明的曙光中迎来它的欢腾的战斗的一天。汾河！千里的汾河，万年的流水啊！多少年来，生活在你身旁的人们是那么向往和需要你，然而又是那么害怕你……
>
> 灾难的汾河啊！从今年七月起，人们就再也不怕你了……从今年七月起，人民的英雄改变了你原先的悭吝而凶猛的性格，你将变得顺从而多情。

作者的汾河抒情抒发了汾河两岸千百年来人民的苦难和愿望，歌唱了人民的幸福和欢乐。

胡正同志为什么喜欢写散文，而且能写出如此众多而优美的散文，这恐怕是和他的气质、性格分不开的。他对生活满腔热情，他与人民息息相通。他面对伟大的历史变革和人民的创业精神，有抑制不住的激情要抒发，于是便诉诸散文这种能够及时反映现实的文学形式了。

小说创作四历程

胡正的小说创作经历了四个阶段，这是我阅读了他的全部作品后的总看法。

1943 年到 1950 年是胡正小说创作初露才华的阶段。这时胡正转战于晋西北革命根据地，战争的烽火和人民的乳汁锻炼哺育了这位二十岁左右的文学青年。他的第一篇小说《碑》和《民兵夏收》等主要是反映了抗日战争中民族的苦难，人民的斗争，更可贵的是表现了中国人民英勇机智、宁死不屈的性格。这些作品还不怎么像“山药蛋”派，因为胡正这时的小说创作往往采用散文式的笔调，其中有不少生动的景物描写和诗一般的语言。这正反映了一个文学青年的特点。胡正当时有着广泛的文学爱好，诗歌、散文、小说、剧本什么也写，还深受“五四”以来的新文艺作品和外国文学作品的影响。

1950 年胡正同志到北京中央文学研究所学习。1952 年到抗美援朝前线深入生活，回来后写了中篇小说《鸡鸣山》。1953 年夏，回到了山西。从此时起直到 1959 年是胡正小说创作的成熟时期。这一时期的代表性作品《摘南瓜》《两个巧媳妇》《七月古庙会》《到女家去的路上》等生动地反映了农业合作化时期的矛盾斗争、农村风貌和农民的精神世界。这一时期胡正的小说创作在风格上有了很大的转变。在塑造人物上采用白描的手法，在结构故事时“从头说起，接下去说”，在语言上加强口语化和大众化，以及重视故事性，等等。请看《两个巧媳妇》的开头：

坡底村里有两个年纪不小，但又不能算老的女人：一个名叫杨万花，一个名叫尹芝贞。在这不大的村庄里，真算得女中两个出奇的人物。

这完全是赵树理式的写法。作家前期小说中比较多的景物描写不多见了，直接出面的抒情更少有了。我曾就这种风格上的变化请教胡正同志，他笑了笑说：“再次回到山西后，受了赵树理的影响。”我想，胡正1953年以后的作品才算得上是真正的“山药蛋”派。

1960年到1964年是胡正小说创作的黄金时代。这一时期产生了他的代表作——长篇小说《汾水长流》。这是他1954年到1955年两年长期深入农村生活结出的硕果。1953年冬，胡正以工作队员的名义，到榆次县张庆村，参加合作化运动。他同农民们一起办起了曙光农业社。他和农民们一起迎来了合作化后第一个丰收的季节。为此，他先后写了好几篇散文，热情地歌颂了中国农村的这一伟大变革。之后又经过两年多的构思和酝酿，胡正从1959年起开始写作长篇小说《汾水长流》。1960年《火花》文学月刊连载。1962年作家出版社和山西人民出版社同时出版。1963年与沙蒙合作改编为同名电影文学剧本，由北京电影制片厂摄制。中央实验话剧院和山西省话剧团同时改编为话剧搬上舞台。《人民日报》《光明日报》《文艺报》《电影艺术》等许多报刊就《汾水长流》成为全国文坛上引人注目的优秀作品展开讨论。

长篇小说《汾水长流》在思想上和艺术上都有比较大的突破。它深刻地反映了中国农村在合作化运动中的伟大变革，塑造了王连生、郭春海、郭守城、周有富、杜红莲等个性鲜明的人物形象，充满了强烈的生活气息和浓厚的地方色彩。《汾水长流》在艺术上是把作家早期短篇小说和50年代短篇小说的不同特点熔为一炉，独具一格。它既重朴实的叙述，又不乏动人的描写，使这朵植根于晋中泥土的鲜花呈现出绚丽夺目的光彩。

1982年中篇小说《几度元宵》的发表，标志着胡正的小说创作进入了一个新时期。小说主要通过沈翠叶和薛安明这一对男女青年经历和命运的变迁，反映了从1965年到1979年这十四年里农村所发生的变化。有趣的是这一对青年活动的年代正是胡正同志被迫搁笔的年代。但是，作为一位有心的作家，他并没有停止对生活的思索和评价。他把这十多年所积累的生活和蕴藏的感情一下子倾泻在这部中篇小说里。

这部小说不仅时间跨度大，而且涉及到最近这十多年来的许多重大政治事件，诸如“四清”运动、“文化大革命”、粉碎“四人帮”，以及三中全会后拨乱反正等等，甚至还倒叙到抗日战争前。它主要塑造了曹清娥和苗中瑞、沈翠叶和薛安明这两代人的形象，围绕着他们还写了许元治、王启云、孟雅琴、杨申全等许多各具个性特色的人物。作品通过他们之间的错综复杂的关系，悲欢离合的纠葛，反映了党的十一届三中全会以来的方针、路线和基本政策给农村带来了光明，给青年带来了希望——“天上的星月地上的灯，家家户户喜迎春”。围绕着主要人物的活动，作家还描绘了一幅幅的动人的民情风俗画。这里有农村唱戏的场面，有“月上柳梢头，人约黄昏后”的相会，有定亲、出嫁、正月十五闹红火等等习俗的描写。

作品如此巨大的容量，怎么能通过一部几万字的中篇去表现

呢？如果按照时间的顺序从头说起，那肯定会拖沓松散，但是这样比较好写。胡正同志没有图省事，走熟路，而是匠心独运，大胆地运用时空交错、心理描写的艺术手法，以几度元宵节为背景，巧妙地、错综地展现出人物的性格和命运。作品开始于1975年元宵节，然后回溯到1965年的元宵节，更追忆到1936年的元宵节，还写到1966年的元宵节，最后结束于1979年的元宵节。年年天上月圆，但是人间不尽年年团圆。有时是心心相印望明月；有时是泪眼相对照明月；有时是明月当空照，情人两分离。只有1979年的元宵节比哪一年也红火热闹，作家在这空前热闹的场面描写里倾注了他的强烈的感情和鲜明的倾向。《几度元宵》在艺术上的新成就为胡正小说创作进入新时期开了一个好头。

几度秘书长

胡正同志很谦虚。他一再说，他的生活积累没有马烽、西戎深厚，作品也没有他们的多。当然，“西李马胡孙”五战友各有各的成就，但是胡正同志长期担负文艺界的组织领导工作，不能不在创作上受到一定影响。1956年他担任省二届文联秘书长，1963年他继任三届文联秘书长，1978年恢复省文联，他仍任秘书长，1980年召开省四次文代会，他被选为省文联副主席、中国作家协会山西分会副主席，还兼任省文联秘书长。真是二十七年一贯制，几度秘书长。

胡正同志连任秘书长，大家都拥护，原因是什么？他自己说过，文联是个群众团体，做各项工作，尽量要采取社会方式，实际上就是坚持群众路线。他对文艺界各方面和人士都很熟悉，有很多朋友，当然做工作也就会得到广泛的支持。胡正同志很有组织领导才能。他主持会议，从不冷场，也不会跑了题。他接待宾客，细致周到，颇有大家风范。他使用干部，知人善任，各得其所，大家都爱跟他干。他很随和，也很严厉。记得 1980 年春筹备省四次文代会时，他担任筹委会秘书长。这次大会是粉碎“四人帮”后召开的文艺界的第一次盛会，有几千人参加，各方面的准备工作都要落实好。当大会各部门工作人员到达后，他布置工作，明确具体，而且限期完成。布置后，每周检查一次，完成好的表扬，完成不好的批评，在这种形势下，谁敢不使劲。结果，在大会召开前夕，各项筹备工作如期完成。

胡正同志是文艺界难得的人才，既有创作的才华，也有组织的才能，这算是我对他的总印象。

追忆老胡二三事

王培民

山西省文艺界的最后一位老前辈胡正离去了，可是有关他的一些事还在我面前萦绕。当时山西的老一辈作家有李束为，大家叫他老李，西戎，就叫他老西。我觉得比现在称前辈作家老师，要亲切甚至真诚得多。后来马烽和孙谦调回山西，大家直呼老马、老孙。直至省文联出现了喜闻乐道的西李马胡孙（稀里马虎松）这样的谐语。这体现了文联上下和谐宽松的环境，也体现了省文联干部群众的融洽关系。

1956 年 1 月，我从山西省委财贸部调省文联时，时任文联党组书记兼文联主任的李束为给我写了一封信，叫我到省文联找胡正同志面谈。在面谈中给我印象最深刻几十年难以忘怀的，是老胡问我“参加过什么组织?”在当时的政治语言中，这就是问我参加过什么反动组织。可我不知道当时的政治语言环境，贸然回答：抗日战争时参加过儿童团，日本鬼子投降后参加过新民主主义青年团，现在是共产党员。对于我的这种“政治幼稚病”，老胡没有责怪，更不怀疑我故意答非所问，而是举双臂“哈哈”大笑。笑得那样自然，那样坦然，那样开心。我也同样开心、坦然。

到省文联后，我先在《山西文艺》，后在《火花》从事编辑工作。老胡身为省文联秘书长，对编辑部的工作很关心，考虑大家整天伏案看稿，为编辑部购置了看上去有点笨重的软座椅，坐上去舒服多了。可是没有舒服多久，上面下发文件“反对铺张浪费”。上边有文件，每个单位都得“动作”，省文联找不出别的浪费事例，老胡就在《火花》编辑部做检讨。老胡对自己和他人一样宽容，没有给自己乱扣政治帽子，开场白是：浪费已经造成，就算坐上舒服，也不是大家贪图享受，我来做检讨。哄堂大笑创造了这次检讨的氛围。

在汾河上游建设第一座汾河水库时，省级机关都要派干部参加。不全是解决劳动力问题，更重要的是培养干部，让干部参加劳动锻炼。到工地后，我被抽调到工地指挥部编写宣传材料。听人说以副省长刘开基为总指挥的指挥部要通报省文联，因为省文联派出的人中有一个勤杂工人。我关心此事，立即写信告知家里人，由家里人向省文联秘书处汇报。文联领导当机立断，派老胡到汾河水库工地平息此事，并慰问在工地参加劳动的机关干部。作为作家他热情地体验生活，参加劳动和大家一起在工地上吃饭。工地的一“景”就是苍蝇多，要边吃饭边摇赶，用老胡的话说“可装一麻袋”。省文联领导人间戏称老胡是“总理”，他来处理这事一点也不会犯难。几年后上级下文件批判“自由主义”，省文联机关支部的一个领导出于对我的成见，在机关支部党员会上批评我“自由主义”，与省文联“不一心”，依据就是当年我得知水库指挥部要“通报”文联时，没有直接给文联写信，而是告诉自己家里。我当场反驳，态度虽然平静，语言却毫不妥协，致使对我“自由主义”的批判终止。为什么会有这个结局？说明省文联领导，包括老胡在内，不认为我在这件事上有什么错。回想当年山西省文联真如歌中唱的那样，有一片“晴格朗朗的天”，那就是相继离世的老一辈作家“西李马胡孙”。他们的“稀里马虎松”给每个人都开创了一个轻松宽容的工作生活环境，令人活得自在舒畅。

师表才情胡正老大哥

彭　一

胡正，一个曾经响彻三晋大地的名字！

他不仅是一位才华横溢的老作家，还是一位德高望重的老革命。

他在解放战争中就是我的老上级、老战友。在社会主义革命和建设时期直到改革开放，他一直是我的老师长、老朋友。我们为党的文化艺术工作，历经风雨沧桑，同舟共济，并肩战斗了整整六十五个春秋，结下了牢不可破的深情厚谊。他是我的师表，他是我的兄长。多少年来，我一直称他“胡老大哥”。

记得，我最早认识胡大哥，是在抗日战争刚刚胜利的1945年。当年8月11日，中共中央发出了《日本宣布投降后我党任务的决定》。16日，贺龙同志率部由延安来到山西前线，统一指挥晋绥等部队的反攻作战和太原等地日军投降。当时，我们所属的地区是新解放区，主要任务是反奸、反贪污敲诈、反摊派不公和清理敌伪时期一切纠纷问题，逐步过渡到减租减息。就是在这个时候，胡正、侯凯、常功、徐颖、老郭等五位老八路，以晋绥分局、行署派出的随军工作团的身份，来到吕梁军区第七军分区“人民剧社”，指导我们在我军解放的城镇村庄，发动群众运动，建立地方政权的工作。他们不顾长途跋涉和疲劳，从远在数百里的晋绥根据地兴县蔡家崖步行来到汾阳县元头村（第七军分区所在地），一天也没有休息就立即投入工作。他们首先对我们认真细致地、反复地传达了党中央关于日本投降后，如何建立新政权的政策，接着就如何消除群众思想顾虑，提高群众思想觉悟，以及针对性地做好发动群众工作做了安排。同时，还帮助我们排练节目，宣传群众，发动群众。那时，我只有十三岁，正在第七军分区“人民剧社”担任宣传员。胡正二十一岁，年轻英俊，一表人才，让我们这些少年娃娃十分喜欢。胡正等人热情、真诚、善良，他最喜欢做的事就是跟我们这些青少年一块儿聊天，一块儿玩耍，一块儿工作，一块儿劳动，天天生活在快乐之中。因为这批青少年学生，大都是由沦陷区地下党组织从学校集体带到解放区参加革命的，平均年龄不足十四岁的男女学生。第一次离开家门，远离父母，偶尔想念爹妈，有的闷闷不乐，有的愁眉苦脸，有的哭哭啼啼，每当这时，胡正同志把我们当做小弟弟、小妹妹，真心实意地关心照顾，久而久之，我们不再叫胡老师，就称胡正大哥哥了。为了使我们安心革命工作，他给我们讲红军长征两万五千里的故事，讲 1940 年至 1942 年抗战时期，日寇对我解放区，实施杀光、抢光、烧光的最残暴的“三光政策”等，激发了我们对日本帝国主义的仇恨，增强了我们对共产党、八路军的敬佩、热爱，懂得了革命不是请客吃饭，革命是你死我活的斗争，有时还要流血牺牲的道理。胡正等老八路不仅用革命历史、战斗故事，告诉了我们干革命、做人、做事的道理，而且用实际行动，模范行为，告诉我们，要爱人民、爱同志，关心群众、关爱集体，并同他们打成一片的全心全意为人民服务的真理。如参加革命后，第一次背着行李步行五十余里时，所有的男女同学的脚上都打起了水泡，个个成了拐子走路，赶到宿营地后，都起不来了。这时，胡正等大哥哥、大姐姐，帮我们打洗脚水，用席片子削成针替我们挑破脚上的水泡，除了照顾我们，还要帮助房东老乡担水、扫院子、上山打柴，遇上家有牛、羊、猪、驴的，还要帮助老乡割草，喂牛、羊、毛驴，把老百姓的事当做自己家的事积极主动认真地干，密切了共产党、八路军同人民群众的血肉联系。在行军路上，背两个或三个行李的是抗战八年的老八路、共产党员，抢着替炊事班背粮、背锅的是共产党员、老八路，抢着抬病号的还是共产党员、老八路。途中临时住宿、吃派饭，总是挑生活富余的农民家、地富家、房子较宽敞的房东家，让新同志、小同志去吃和住，他们用自己的实际行动，告诉我们“先天下之忧而忧，后天下之乐而乐”的先人后己，大而忘私的为人品德。使得这批参加革命的新战士，目睹和切身感受到，战争年代同志间真诚相待，团结友爱，人帮人、人爱人，人人关心革命，个个热爱集体，不是亲人胜似亲人，情同手足，患难与共，风雨同舟的革命大家庭的温暖，每当我回忆起这段光荣、难忘的革命历史时，心情倍感激动，我将永远铭记在心。

1945 年 9 月中旬，为庆祝成立民主新政权，军分区党委要求我人民剧社演出一台文艺晚会。剧社决定排演话剧《好亲家》。参加排演话剧的演员，都是第一次演话剧，上了台张口说不出话，走路不知先迈哪条腿，要么说话像背课文。可领导要求三天后就要演出，怎么办？胡正同志不慌不忙，耐心地一个个手把手地教大伙儿反复练习。其中我的同班同学郝淑敏，出生于山西朔县“美女之乡”，人长得漂亮，是女生中一枝花，由她扮演剧中主角。她演得好坏，决定着这个戏的成功与失败。胡正大哥就一字一句，一个动作一个动作，一段一段，边启发引导，边做示范，终于在第三天顺利完成演出任务，并赢得当地群众的热烈掌声和领导的赞扬。这台戏的成功演出，使大家对演话剧产生了兴趣，增强了对演话剧的信心，也渐渐地喜欢、热爱上专业文艺工作。

胡正大哥在年轻时代不仅满怀革命热情，性情豪爽，而且聪明伶俐，才识过人。他能够深入实际，深入群众，深入生活，结合当时的对敌斗争实际，及时编写出具有战斗性的快板、诗歌、顺口溜、小剧目，鼓舞群众的斗志，打击敌人的气焰。当时，日军投降后拒不向八路军缴械投降，而向阎伪军缴械投降。阎锡山按日伪《汾阳协定》，“接防”太原城，伪军改穿服装开入平遥、汾阳、文水、太原等县市。因而使一些老百姓产生一种错觉：日本鬼子投了降，阎锡山又来掌了权，八路军在汾阳等平川县能呆多久？根据这一实际状况，胡正等五位老革命，采取了“化整为零”的方法，把剧社的同志，组成三五人小分队，利用当地民间说唱和组织指导我们编写了顺口溜、说唱词、快板等文艺节目，再利用当地赶集、庙会、骡马交易会等群众较集中的场所，还通过走村串户、帮助群众收庄稼等行动，大张旗鼓地向广大群众宣传建立人民政权和除奸、反霸斗争的意义，揭露日阎勾结的黑幕。那时我们宣传演出节目中的顺口溜，至今令我记忆犹新：

众乡亲，众朋友，
我给大家说段顺口溜。
公元一九四五年，
八月十五这一天。
八年抗战得胜利，
这胜利来得太不易。
日本国里有天皇，
天皇宣布投了降。
汾阳的日寇龟了孙，

圪钻在营盘哭神神。
日本人，阎锡山，
明里暗里早勾连。
日本前晌说投降，
勾子军后晌占汾阳。
勾子军本是十九军，
抗战时期比脓包怂。

痛打阎匪军说唱：

月儿弯弯月儿圆，
日本鬼子投了降。
日本鬼子退三泉，
阎匪兵又来执了权。
勾子军来到三泉镇，
又抓兵来又抢粮。
抓走青年二百多，
强迫当了常备兵。
八路军解放张家堡，
个个英勇抓顽固军。
有的缴械投了降，
顽固到底就消灭光。

除奸反霸快板：

汉奸恶霸王哲亭，
心狠手毒蛇蝎心。

捆绑吊打老百姓，
他比豺狼还要狠。
苛捐杂税花样多，
大户小户难脱逃。
打倒汉奸王哲亭，
为民除害快人心。

别看现在读起这些顺口溜来，不怎么押韵，但在当时，用地方方言说起来，即押韵，又带劲，让老百姓一听就受感染，确实发挥了它无与伦比的战斗性能。我们用这些顺口溜等节目，用半个月时间，宣传、走访了张家堡、任家堡、赵家堡、南垣村、李家街、三泉镇等五堡一镇十小村，发动群众两千人次，使当地村镇反奸清算运动逐渐扩展开来，勇于投入这一斗争的人数竟达万人以上。

胡正大哥教我们学会生活，教我们学习文化，教我们学练演唱，更令人难忘的是，教我们学习发动群众的硬功夫、真本领。记得当时我们第一次深入村里发动群众时，不知道从哪里入手，只是给老百姓苦口婆心地讲解党的政策，把汉奸恶霸欺压群众的罪恶事实，一宗一件告诉群众，很多百姓听了没有反应，也没有一个站出来揭发、控诉。这个时候，胡正等老革命、老八路告诉我们说：发动群众是让群众自己站出来，同汉奸恶霸斗争，是由群众自己同汉奸清算，不是我们替代群众反奸清算。后来胡正等老八路亲自带领我们选出几个苦大仇深的对象：有被汉奸三泉镇长王哲亭长期强迫凌辱的妇女张俏梅、王香香、李爱玲，七年给王哲亭无偿挑水的贫农李泰贵，廉价送肉、送蛋、送菜、送食品的武长云、王二小、靳福旺等，通过耐心说服，启发教育和帮助他们，担水、磨面等生活上的关心照顾，促使他们在斗争汉奸王哲亭的群众大会上，面对面声泪俱下地控诉了王的罪行，在群众高呼“打倒汉奸恶霸王哲亭”、“感谢共产党为民除害”、“感谢八路军为老百姓做主”的口号声中，将王哲亭押赴刑场执行枪决。胡正大哥的言传身教，使我懂得：共产党之所以伟大，就是它的血脉与人民紧紧相连，它的根牢牢地深扎在人民的心上。人民，只有人民，才是创造历史的真正动力！

我们认识胡正大哥八年之后，他于1953年回到山西文联，我在山西省话剧院工作，我们又欢聚在祖国的文化艺术战线。多年来，他对我们依然保持着战争年代那种炙热的感情，时时关心着山西省话剧院的工作和同志们。他潜心深入榆次张庆等地农村，写出优秀长篇小说《汾水长流》后，在他的热情关怀与直接帮助下，由省话剧院一级编剧陈工把该小说改编成话剧。改编过程中，他和编剧、导演、演员，一块儿深入到张庆村，与农民同吃、同住、同劳动、同创作、同排练，在他的精心指导下和张庆村农民的大力支持下，演职人员，同心协力，发扬不怕苦、不怕累连续作战的精神，经过不到两个月时间的努力，就在张庆村为农民演出了。农民们边看，边议论。演出完了，群众自觉地围陇着演员，迟迟不愿离开，大家你一言他一语，夸奖说：“戏演得真好！演得就是我们村的人，我们村的真人真事。”还有一位老农说：“戏里扮演孙茂林的常文治，他的打扮和我们的农民一样样的，演得真像。还有扮演地主的孙伟同志，跟我们村的老地主如同一个模子里刻出来的。”中国实验话剧院，在著名导演孙维世同志亲自带领下，由北京专程来张庆村看了我们的演出，非常谦虚地说：“你们演得太好了，说实话我们实验话剧院，排演不出你们这样的水平，你们的农民生活底子比我们深厚扎实得多。”

胡正同志，是我们山西省话剧院最崇敬的老一辈作家、老革命、老大哥之一。他对每一个文艺工作者，不论是编剧、导演、演员，都是一律平等对待，尤其对青年同志特别尊重和关爱，对他们的艺术创作成果，总是满腔真诚地给予鼓励、赞美。如看了由青年编剧郭恩德创作、青年导演史发导演的大型话剧《活寡》演出后，十分赏识编剧郭恩德同志。他说，郭恩德同志从现实生活出发，给动人的故事以深刻的寓意；导演史发同志，在丰富话剧的表演方面，做了大胆的探索和创造，如在写实剧中，穿插了象征着根深蒂固的封建文化的舞蹈。他还说，剧中扮演灵芝的杨洋和老大的张治中、老二的吴正德、老三的张永健等青年演员，在塑造人物，表现人物情绪和心态方面都是认真可信的，这是话剧院继老一代表演艺术家之后大有希望的新一代话剧演员。

在我与胡正大哥相识、相交、相帮，风雨同舟，患难与共的六十五年里，最使我感动的，是他坚持党性、立场坚定、爱恨分明的精神和他那种临危不惧的浩然正气。1972 年 1 月 8 日，山西省话剧院被无端地下放到吕梁地区离石县，改编成吕梁地区文工团话剧队。1973 年又在汾阳县南关党校开展了第二次“一打三反”运动，把“以杨威为头子，以彭一、张新民为骨干”的一批老中青演职人员，打成所谓“杨彭张”反党集团。这期间，剧院内的一些同志，为了避免受牵连，有的碰了面低头而过，有的见了面绕道而行，也有的不敢说话而用眼神彼此交流。但是，胡正大哥却不然。他从老家山西灵石县调回省城太原路经汾阳县时，专程到汾阳南关党校看望老院长杨威、张新民和我。他再三嘱咐说：“一定要相信党，相信毛主席！”他还握着我们的手果敢地说：“我相信你们！”他一句话，说得我们浑身热乎乎的。他的嘱咐和鼓励，对于我们当时受压的同志们来说，就像寒冬中送来了火炉，黑暗中送来了光明，为我们坚持真理，坚持实事求是，鼓起了斗争的勇气和力量。1977 年 11 月 27 日，在党的政策和中共山西省委的关怀下，终于为我们平反昭雪，落实政策，调回省城。1978 年 1 月 1 日，重建山西省话剧院，使山西话剧事业再次崛起在中国文艺舞台上。

六十五年的风雨，六十五年的搏击，六十五年的情谊，六十五年的师表，使我无限敬仰胡正大哥，永久怀念胡正大哥。

愿胡正大哥风范与天地同存，精神与日月齐辉！

哀乐为胡正而奏

董大中

胡正走了。上午我因事外出，路过院门口，隐约听到院内传出哀乐悠悠，心中不解。回到家中听说，胡正于昨天晚上八点在医院逝世。

半年前，在定襄县凤凰山生态植物园疗养，我给胡正讲了一个故事，这故事涉及鲁迅、内山完造和日本明治年间一个名叫斋藤秋雨的人，意思是人的生物钟需要好好利用，这对延年益寿或许有好处。我预祝胡正长寿。当时提出一个口号，叫“超巴赶美”。胡正问：“巴是什么？”我说：“巴是巴金。巴金活过了一百岁。”胡正问：“美呢？”我说：“你猜。”胡正脱口而出：“宋美龄！”我俩相视一笑。胡正脑子来得真快。宋美龄享寿一百零六岁。最近刚刚过世的原全国人大副委员长雷洁琼亦为一百零六岁。20世纪70年代中期，我在北京大学国际政治系当“工农兵学员”，编在我们同一个小组学习的两位教师，便是雷洁琼和她的丈夫阎景耀先生。他俩都是教社会学的，全国解放以后，社会学就从我们的大学课堂上消失了，他二人无课可教，但每星期一次的学习是免不了的。他俩总是按时到，按时走。我们的学习会，并不学习什么，只不过随便谈谈，东拉西扯。我们那个小组十三个人，一半以上来自中联部和总参二部，还有新华社国外部、国际广播电台的，属于“地方兵”的，只有我和河南一个人。大都在三十岁左右，最大的将近五十岁，跟两位年长的教师没有多大隔阂。常年在国外工作的同学讲故事多，也是我们听不到的，两位老师只是静静地听；对他们熟知的社会学，我们采取不闻不问的态度。从电视上看到雷洁琼逝世的噩耗，由她的高寿想到同岁而逝的宋美龄，又想到半年前跟胡正讲的故事。胡正匆匆离去，令我惊诧，亦令我悲痛。前不久共同参加一个会议，见他身体很好，我还想到半年前那个期许。知道胡正冬天肯咳嗽。我想，都是冬天作的怪。我恨冬天。

想起来，我所见到的第一位作家，正是胡正。

1956 年 2 月，我分配到太原市教师进修学校当教员，校址在太原市精营中街 44 号。当时五一路的名字已经有了，但旧门牌还没有换掉，整条五一路分为新南门街、红市街、精营中街、小北门街等好几段。过了几个月，统一改为五一路。原来那个地方改为五一路一百七十几号或八十几号，其地址在现唐久大厦以北农业银行那儿。过了五六个月，我们搬到现唐久大厦那儿，那时是个四合院。在这两处之间正东，隔过马路，是市府礼堂，太原市许多重大活动，都在这儿举行；第一次开全省教育工作会议，也在这儿。市政府搬到新建路后，礼堂还在，只是不像以前那么热闹，名字也几度变迁。现在仍在，是个药店，北边的小屋似乎是个话剧团。就在我们搬家前后，七八月间，报上登出启事，是山西省文联举办《文艺讲座》，标明为第一次，主讲人胡正。在家门口，我当然要去。听讲的人非常多，礼堂坐得满满的，在千人以上。是谁主持的，记不得了，记得介绍胡正“今年三十二岁”。胡正的年龄，我就是那时知道的。

胡正高高个子，白净脸皮，看起来——用现在的话说——很帅。他的报告历时一个多小时。所讲内容，也想不起来，记得最清楚的，是胡正说：“我最会恋爱了。”他讲得生动活泼，时常引起大笑。也有人递条子，他做了回答。以后还举办过几次讲座，我也听了。

我跟胡正接触，是在粉碎“四人帮”以后的1978年。那时省文艺工作室已在运行，《汾水》也已问世。我在“文革”后期受到迫害，发誓离开太原市教育界。因为过去写过些“东西”，文艺界人大都知道。“文革”中，我坚守一条，不管哪位作家，也不管他是什么“问题”，都不写批判文章。我的调离决定，得到市委同意，我便毫无赧色地走进省文艺工作室的大门，找了胡正、李国涛，又到东四条见了马烽和西戎。这样，1979年3月，我就成为山西省作家协会的一员了。

我自己听力不好，一般很少跟人闲谈，都是有事才找。即便见面，也是匆匆而来，匆匆而去。最初几年，我找胡正，大都是为他生平或作品中一些问题请教。一次，我一位朋友找到高长虹发表在晋绥《抗战日报》上的一篇作品，我为了订正这篇作品为高长虹所作的真实性，分别找了原晋绥的几位作家。那次胡正说的最多，不过不是关于那篇作品的，是关于他编报纸副刊情况的。有一次谈到马烽用过的几个笔名，如“马战啸”、“孔华联”、“严志吾”等。前一个笔名，我已写过不到一百字的一段话做了介绍。后两个笔名是由“空话连篇”、“言之无物”简化而来，是对那些华而不实的文风的批判。我最早从束为那儿听说，问胡正记不记得，胡正说有印象，向马烽本人订正，马烽想了想，点点头说：“是是是，有这几个笔名，都忘了（用这几个笔名）发表过哪些文章。”20世纪80年代初期查阅《文艺报》，1956年第四期载《编辑的功绩、错误和苦恼》，署名阎志吾，当为马烽所作。前几年出版的《马烽文集》，不见有用这几个笔名发表的文章收入，可能是由于知道这几个笔名的人太少了。《马烽文集》最后一卷是《散文随感》，署名阎志吾的这篇文章应当收在这卷里，然而没有，说明这是一篇马烽佚文。

1982 年，《山西文学》开辟了《我的第一篇小说》专栏，是我和李国涛商量搞的。在主要约稿人中，“晋绥五作家”自是首选，我一个个拜访，要他们早早写好，留在手边，随时安排编发。胡正很快写了，是谈他的处女作《碑》的。胡正说，他的这篇小说最初发表在墙报上，一位同志看了说好，他做了修改，“便大胆地寄了出去”，随后在延安《解放日报》发表，又转载于重庆《新华日报》。胡正就是这样在文坛崛起的。

我跟胡正来往最多的，是从 1984 年冬天起的两三年时间里。

在那以前，我几次向有关部门或领导提出创办一份理论刊物，都没有回音。我已有些气馁。1984 年 10 月，作协召开评论工作座谈会。这时，胡正刚担任了作协党组书记，由于这一会议由我负责筹办，所以我有事都找胡正商量。鉴于以前的情况，我对这次会议不抱奢望。没想到，会议“开幕式”上宣传部领导讲话中宣布，由作协创办一份评论刊物。这样，原来安排的会议开法立即转变为筹备这个刊物，用什么名字呀，刊物的选稿范围、选稿标准呀，等等，搞了三天。《批评家》就是这样在突然间从地下冒出来的。

当时提出的刊名很多，最后采用了我提出的《批评家》。刊名确定后，我受到的压力很大。先是陈荒煤专门写信给我，说“最近胡耀邦在一次会议上说，还是叫文艺评论为好，不要叫文艺批评。”陈荒煤是我尊敬的一位前辈，我因为研究赵树理，跟他通信比较多，他这次信，是主动给我的。但他的这个意见我不想接受。就在陈荒煤信来不过三天，胡正专门找到我说，省里专管文教的领导给他打电话，要我们改名，不能叫《批评家》。我想了想，对胡正说：“最好不改。如果省领导再问下来，就说毛泽东《在延安文艺座谈会上的讲话》中就是以‘文艺批评’相称的，同时‘文艺批评’是国际惯用语，我们不应当回避。这多年我们用‘评论’，乍一看是中性字眼，实际上搞成批判。今后大概不会再出现这种情况，还是叫《批评家》吧。”胡正笑了笑，说：“由你吧，我给领导解释。”这样，《批评家》之名就成了最后决定。这在当时，委实是一件要冒风险的事儿。经过二十多年的岁月，现在“批评”之名已取代了“评论”，成为习惯语。此刻想来，《批评家》在恢复这个国际通用的学科专名上，是起过一定作用的。

对胡正的作品，我一直很喜欢。“晋绥五作家”都属于山药蛋派，旨趣一致，都有浓郁的泥土味。但他们各自的风格不能抹杀。马烽会编故事，作品幽默、风趣，常令人发笑。西戎走的是正路，庄重、严肃，一丝不苟。孙谦带有知识分子腔。束为有独到的观察力，能发他人所未发，写他人所未写，散文尤精。胡正的小说有灵气，行如流水。读他的小说，觉得轻灵，像在花丛中散步，或看仕女游春。轻灵中透出聪颖，透出敏捷。对胡正作品的审美感受，我已写在将近四万字的《五作家创作论》中。

人常说，“字如其人”。胡正的灵气也表现在他的字上。撇得开，又收得拢，笔画圆润，粗中有细，而且配合匀称。间架结构同样掌握得好。

山药蛋派走过了三分之二以上世纪的路程。我曾经说过，任何一个流派，都在历史中产生，也将在历史中消失。他们已创造了历史。历史是属于时间的，过去了那个时间，历史就真的成了历史。任何存在于文本中的历史，都跟真的历史不完全相同。真的历史不是由后人写的，只能由那历史的创造者自己来写。胡正是“晋绥五作家”最后一位逝去者。他的逝去不是那一个时代的结束，而是那个时代的辉煌的象征和证据。那一段历史已定格在中国现代文学史的那个特定阶段上。中国现代文学史不能没有“晋绥五作家”，缺了它，中国现代文学史就不完整了。历史证明，它的辉煌是永远的。

院子里又想起低沉的悠悠的哀乐声。哀乐为胡正而奏。

风范长存

焦祖尧

去年12月23日，胡正先生和我都参加了《山西文学》创刊六十周年的纪念活动。我说最近不见您出来走了。他说，天气冷，我的气管容易发炎，不敢出来走了。我说，等天气转暖了，还是出来走走好，他点头说，老年人多活动有好处，天热了还是要出来走走的。

我相信，天气转暖以后，那身穿黑呢子大衣，头戴黑色礼帽的身影，还会出现在南华门东四条胡同里，缓缓走出来，慢慢走回去。

怎么也想不到，在这之后不到一个月，他却猝然走了！

岁月好像停滞了，回忆却清晰起来。

1961年，我写了一个短篇小说《春天在榆树堡》，寄给《火花》。当时《火花》编辑部副主任是胡正的夫人郁波，她给我写了信，让我来太原听取意见，把小说改得更好些再发。当时我在大同的工厂里工作，接信后如约到了太原。当天晚上，副主编陈志铭，编辑部两位主任杏绵、郁波领我到机关活动室（现在的资料室），我才知道马烽、西戎、束为、孙谦、胡正，他们要“会诊”我那篇小说。这当然是刊物的安排，编辑部请这几位文联领导又都是著名作家读了我的习作，还一起给这篇粗糙的作品提修改意见，他们对新人的扶植令人感动！我有点受宠若惊地认真听取并记下了他们的意见。那天晚上我半宿无眠。

第二天，郁波叫我去她家里吃饭，说是“老胡的意见”。在一个四合院里，南房。餐桌是一张四方矮腿桌子，比炕桌高一些，我们坐在小凳上用餐。席间，胡正问我：你一直在工厂工作，也一直写的是工厂生活，这次怎么写起农村来了？我说，我曾经下放大同郊区农村劳动锻炼，小时候也一直生活在农村，所以还有点农村生活。他说，写工矿题材再写写农村题材也是可以的，工厂中许多职工都是从农村来的，写工矿也要了解农村，写农村也要了解些工矿的情况。对创作者来说，全面了解社会生活很重要。又说，要写好农村题材的小说，你那点农村生活还是不够的。我说您说得很对，这次写这个短篇，是因为读了柳青的《创业史》，十分激动，脑子里一些农村人物活动起来，就提笔写了个故事。我确实没有多少农村生活，以后我还是以写工厂生活为主，因为我在工厂工作。

记得，那天餐桌上还有一碗坛子肉，胡正问我：这碗菜怎么样，我说好吃。他说好吃就再吃些。猪肉凭票也不大好买。

用现在的话说，这顿饭吃得非常温馨。

“文革”中我们都受到冲击，彼此不通音讯。十年中生死两茫茫。

1981 年冬，我从大同市文联调山西省文联工作。1984 年，山西省作家协会单独建制，和省文联分家。省委决定，胡正任党组书记，我任副书记。西戎是作协主席，我们两人都是副主席。原先，他当文联副主席、秘书长和作协副主席，机关却没有他的办公室。现在他成了机关一把手，我建议给他腾一间屋子做办公室，他却怎么也不要。说机关房子紧张，不要再腾房子了，说我在家里办公，家就在旁边，招呼起来也方便。他让我用主要精力去抓创作和创作队伍的建设，他说作协的根本任务是繁荣创作，培养创作队伍。他作风民主，一些事情请求他，他总结上会研究决定，决定后实施。一批在基层工作的青年作家，创作上已有成绩，但本职工作繁忙，创作时间上有困难，况且要办大型文学双月刊《黄河》，也要有人来主持。我向他请示，他决定召开党组和主席团联席会议，认真研究。会议决定，给省里打报告，申请成立山西文学院，要求十五个专业作家编制。我起草完报告，他又召开联席会议，对报告逐句斟酌修改，才报了上去。不久，成立文学院获得批准，专业创作编制批了十五个，其中十一个事业编制是全额拨款，四个编制的经费自筹。于是调回了一批创作势头正旺的青年作家，其中的成一为主编，韩石山和郑义为副主编，筹办大型刊物《黄河》。

工作上他反对墨守成规，鼓励创新，有好的主意和想法可以随时提出来，总会获得支持。1985 年秋天，我们去北京参加中国作协的工作会议。宁夏的张贤亮找到我（张贤亮曾和我在北影参加过一期剧作讲习班），说为了互通创作情况，交流创作经验，沿黄河八个省区举办“黄河笔会”，对繁荣创作必然大有好处，八个省区可以轮流办。他说已经和几个省的作协商量过了，如果山西同意，最好你们来办首届，我便去找胡正，说了张贤亮的意思。他说这是好事，咱们参加：希望咱们打头办首届，可以。咱们去找老西，说说这事，于是找到西戎，西戎也很支持。我说，你们一个主席，一个书记都同意，是不是可以答复宁夏了，他说具体如何筹办回去研究，现在可以明确答复，我们参加并且打头办第一届。

北京会议一结束，回到太原说开始研究黄河笔会的事，决定让专业作家和各处室、编辑部都参与笔会的筹备，广泛调动大家的积极性。首届黄河笔会办得十分成功。

他是山西山药蛋派的主将之一，但从不把这一流派的艺术主张和风格强加于中青年作家，他鼓励中青年作家在创作上进行探索，在题材、风格和艺术表现手法等方面进行创新。中青年作家的创作，可以说各有特点，不少人的作品风格特点迥异于山药蛋派的作品，只要是好作品，他都为之高兴。

他们那一批作家都经历过历次政治运动，有过坎坷的经历，所以他们对爱护作家保护创作生产力的感受特别深刻。有几件事情我至今还记得清楚。

1981 年秋天，山西召开了一次晋祠会议。会议一开始气氛就比较紧张，点了个别作家的名，他和西戎等老作家挺身而出，用大量事实说明山西作家在坚持四项基本原则方面是做得比较好的，并不存在什么资产阶级自由化倾向；个别作家的个别作品，也只是生活厚度不够，创作态度欠严肃的问题。会议扭转了原先的调子，大家心平气和地研讨创作中的得失，总结经验，汲取教训，使文学创作更健康地向前发展。

思想文化战线上“清除精神污染”开始了。一天我接到某地区文联主席的电话，说该地某作家的作品，在外省两家报纸上受到批评。当时人们脑子里“左”的习惯思维还程度不同地存在着，社会上便流传这位作家“犯了错误”，“正在挨批”，作家本人也感到压力不小。作协能不能把他借调回省里搞创作，让他暂时离开县里。我立即向胡正和西戎汇报。他们听后十分重视，嘱我用作协名义写封信给当地县委，借调这位作家回省创作。回来以后，有关部门两次提出要开这位作家的“作品讨论会”。我们认为，这位作家的作品总的倾向是好的，个别作品艺术描写上有失当之处，不属于“精神污染”，可以通过交谈或其他形式进行评论引导。如果在“清污”高潮中专门召开他的“作品讨论会”，

无疑是进行批判，不仅会给他增加压力，也会在全省文学界造成紧张气氛。“作品讨论会”最终没有开。

柯云路写了篇小说叫《棉花厂长》，有人因自己名字和作品中主人公的名字谐音而对号入座，硬说这篇作品有问题。作者感到压力，有些该解决的问题也解决不了。胡正知道后，邀老作家刘江一起去了晋中榆次，找到地委有关负责同志，为柯云路的作品辩正，《棉花厂长》事件才算平息。运城作家马力写了个戏，批评了农村的“电霸”现象，当地电业部门对号入座闹出一场纠纷，作协派人下去了解情况，通过有关领导和部门，平息了纠纷，支持了创作。

……

这些都是二三十年前的事了，岁月磨洗，记忆中却仍然清晰！

他扶助后学，爱护新人，他是长者。他乐观旷达，亲切随和，他是智者。

没想到他突然走了，在八十七岁的高龄走了，但在人们心里的他是不会走的，他的风范长存！

胡正老师：热情似火育新人

刘思奇

惊闻著名作家胡正老师于2011年1月17日与世长辞。两个月前，他还给我寄来三本他与夫人郁波老师新出版的散文评论集，从电话中听到他的声音还是那么洪亮爽朗，哈哈笑着，要求批评指正。想不到竟会走得这么突然！许多天来，他的音容笑貌，老在我眼前晃动，许多往事像过电影似的，一幕又一幕地放映开了。

上世纪60年代初，当我写一部儿童文学作品写不下去的时候，就想到了享誉三晋的胡正老师。我读过他的《摘南瓜》《两个巧媳妇》等短篇小说，印象很深，虽然从未见面，但知道他担任过《山西文艺》主编，又是山西省文联秘书长。听人说他精力旺盛，乐于扶掖后学，便贸然给他写了一封求教信。信寄出之后又有些后悔，觉着他行政事务就够忙了，还肩负着创作任务，哪能顾上看一个无名小卒的信呢？但想不到，他居然真的回信了，信是寄到我们村的。一时把我兴奋极了！信不长，热情洋溢，指出问题，鼓励我要继续写下去。就是在这封信的鼓励下，我终于把一部十四万字的儿童文学写完了（可惜交给地委宣传部长，遗失了），以后就一直沿着他指的这条路走下来了。

1984年8月14日，我们邀请《晋中文艺》顾问、省委宣传部副部长刘江，省文联副主席胡正以及著名艺术家力群，来晋中指导编辑工作。当他们听说有的领导同志让批判一位年轻作家发表在《晋中文艺》上的短篇小说，几人详细读了这篇小说，一致认为这是一篇歌颂老干部不计前嫌、任人唯贤的好作品。胡老师就问刘江部长："你是咱们省直接管文艺的领导，你说吧，该怎么办？"刘部长斩钉截铁地说："既是错误的就不应该执行，这叫外界人听了，还要笑掉牙哩。"高兴得胡老师就对我们哈哈笑道："听见了吧！不必怕，现在不是颠倒黑白的时代了，谁说得对就听谁的。《晋中文艺》要办好，就得敢于理直气壮地歌颂光明与正气，也要勇于正视阴暗与落后。"

胡正老师很珍重自己的作品，也很珍重读者的意见。记得1984年3月15日，省作家协会召开理事扩大会议，参会者大约有七八十人，胡老师走遍各宿舍，将他刚出版的短篇小说集《几度元宵》逐一签名送到每人手中，要求批评指正。同志们无不感动，许多人在会议结束时，就已经把这本书读完了。一次，我告他说我读过他刚发表的长篇小说《明天清明》，还写了一篇未发表的读后感。他听了眼睛一亮笑道："谢谢，底稿还在吗？我看看，总会有收获的。"

胡老师担任山西省作家协会书记期间，为解决各地市文学界领导班子建设、经费、编制和培养青年作者等问题，经常深入到各地、市、县，三番五次向当地领导同志介绍有关情况，协调关系，使一些问题得到了妥善处理，大大促进了文学艺术创作的繁荣发展，新人新作不断涌现。

胡老师对青年作者关心备至。晋中的柯云路原是山西省锦纶厂的工人。他的成名作《三千万》在《人民文学》上发表之后，引起社会广泛关注，但他与爱人罗雪珂（也是作家）只住一间小平房，严重影响到了他们的健康与创作。为解决他们的住房问题，胡老师两次到榆次看望柯云路夫妻，并和锦纶厂领导反复协商，最后达成协议，省作家协会拨款房补，调整给了柯云路两间比较宽敞的平房，此事使其大受鼓舞，连续创作出了《新星》等几部在全国引起热烈反响的长篇小说。还有一位知名青年作家，要与他插队时同甘苦共患难的妻子离婚。胡老师也是几次到榆次，我陪他亲自登门访问其母其妻，了解到真实情况后反复做调解工作。虽然没有挽回离婚僵局，但能理智分手，双方都组建成了新的家庭，于社会于家庭于工作都未造成大的影响。胡老师这才松了一口气，乐呵呵地笑道："只要青年人活得开心，能写出好作品来，我们再忙再累也高兴啊！"

如今，胡老师虽然走了，但他的精神像一团火，让我们每当想起他时，依然暖洋洋的。

汾水岸畔长青松

——怀念胡正老师

侯桂柱

听到胡正先生逝世的消息，我是很感震惊和意外的。胡正先生是个乐天派，性格洒脱、豪放，始终保持着良好的心态，晚年又身无大疾；我每次见到先生，都祝福先生长寿，说乐见先生成为百岁老人。怎么说走就走了呢？

有一件难忘的事，是我的小说处女作《老姐儿俩》，和胡正先生的小说《两个巧媳妇》一同发表在1957年3月号的《火花》上。先生的《两个巧媳妇》发在首篇，我的《老姐儿俩》发在第二篇，且配了插图。对于我这么个刚出茅庐的初学写作者，这是我想也想不到的事。直到这时候，我还未曾见到过先生一面。大学毕业后我来到山西省文联《火花》文艺月刊社任编辑，胡正先生是省文联的秘书长，才得与先生相识。编辑部的一位老编辑告诉我：这两篇作品编辑部是特意安排在一期上发表的。因为先生写的是两个巧媳妇，我写的是两个老婆婆，免得读者以为我是模仿先生或受了先生作品的影响。编辑部考虑问题如此周详，对初学写作者如此的爱护，使我深受感动。

在《火花》编辑部工作的十余年间，对胡正先生印象最深的，就是先生和善、宽厚、潇洒、豪放的乐天派性格。胡先生走到哪里，哪里就能听到先生特有的爽朗的笑声。十多年间，我从来没见到过先生发脾气，先生脸上总是一副笑容，不论遇到什么情况，碰到什么难解的问题，先生都是用那畅怀的笑声，消解矛盾，化险为夷，起到一笑泯恩仇的作用。单位里人们的共识，胡正先生实在是省文联最适宜担任秘书长角色的人选。无论是机关内部处理复杂的人际关系、繁琐的事务，还是协调省文联所辖的十余个协会的工作，胡先生总是能够从容善对，游刃有余，绝大多数情况下都能使各方感到满意。在山西省第二次、第三次、第四次文代大会上，胡正先生作为三次大会的秘书长，从会议的筹备到开幕，大到议程的安排，小到具体生活细节和晚会节目，都能使代表深感满意，并且经久难忘。

我印象深刻的有这么一件事，是1960年还是1961年初冬，那时正值国家三年困难时期，不仅食品紧缺，物资也极为匮乏，省文联和某单位为争购一台大型锅炉发生争执，锅炉已卸到省文联大门口，该单位派来两员大将进行阻拦。身为文联秘书长的胡正自然是首当其冲，胡先生挺身而出，笑说“好说好说”，客客气气地把两人请到东小楼上西侧他的办公室内，意思是两方可进行商谈，同时安排总务处众多人员将锅炉往机关内移动。记得那是一个如小型火车头般的大锅炉，无法车载，只能靠人工推移前进，每前进一米，都十分吃力，从文联大门口到坡下锅炉房仅二百余米，足足用了两个多钟头。我们曾站在小楼下窃听谈判情况，那两位来将，一个扮红脸，一个扮白脸，软硬兼施，两面夹攻；胡先生却总是笑面相迎，不时听到胡先生哈哈哈的大笑声，一人独挡二夫，从容应对。商谈未有结束，锅炉已推进锅炉房内，将生米做成了熟饭，两位来人面对既成事实，只好无功而返。

胡正先生一生热爱土地，热爱大自然，热爱树木花草。我在省文联工作期间，经常见到胡先生在写作的余暇，下到楼下，在院内几棵果树旁刮刮树皮，剪剪枝条，这既是他的爱好，又起到了调剂写作生活的作用。晚年他在居住的小院内栽有葡萄、果树和蔬菜，是他很好的劳作、消遣之处。他甚至用了各种果实的谐音，来为四个子女取名字，就是也希望自己的儿女永远扎根大地，热爱大自然，永远做大地的忠诚儿女。

我离开省文联后，每次去省城，必去探望胡正、郁波夫妇。他俩总是很热情地问候我的工作和生活状况。胡正、郁波夫妇也不忘我这么个文学后辈，曾先后签名给我寄赠《胡正文集》（四卷）、《胡正散文选》《郁波作品选》《胡正作品评论集》以及整套的《山药蛋派作家典藏文库》（六卷本。赵树理、马烽、西戎、孙谦、李束为、胡正各一卷）。收到这套书后，我想起胡正先生在马烽逝世后写的《怀念马烽》一文中的一段话："马烽走了，三晋文坛的一个文学的时代过去了，以赵树理为旗帜、以马烽为主将的山药蛋文学流派的时代过去了。"这既是胡正先生的肺腑之言，也呈现了先生谦卑的可贵品质。这套书为展示山药蛋派作家的文学创作实绩、恰当地评价山药蛋文学流派在现当代中国文学史上的地位，起了很好的作用。我就揣测，作为山药蛋派重要代表作家还唯一在世的胡正先生，在倡议和推动这套书的出版工作中，一定是起了很重要的作用的。因此，从严格的意义讲，随着胡正先生的离去，说山药蛋文学流派的时代过去了，也许更为合适些。

在号称"西李马胡孙"的五战友中，胡正年龄最小，但也是最英俊、最活泼、最调皮的一个。据西戎先生讲，在抗日战争最艰苦的岁月里，粮食紧缺，白面尤其稀少，只能吃汤面条，只见胡正吃了一碗又一碗，速度极快，原来胡正的碗底有个小漏孔，每碗都将汤水漏掉，只吃面条。他们在吕梁剧社和战斗剧社时，经常参加演出。西戎说，马烽只能演个群众角色，李束为在乐队只会敲个铜锣，他自己是乐队拉二胡的一把手，只有人家胡正，极富表演天才，是正儿八经的大演员。1942年11月的一天晚上，在延安杨家岭的中央大礼堂演出时，毛主席和中央的许多首长曾经看过他们的演出。

胡正先生1924年出生于山西省灵石县城内。1938年9月只有十四岁时即参加了革命，先后在晋西南牺盟会吕梁剧社、延安鲁艺部队艺术干训班、一二〇师政治部战斗剧社、晋西北文联、《晋绥日报》等单位工作，期间曾参加武装工作队，是一位历经抗日战争和解放战争严酷的战斗洗礼的老作家。除了建国初期随军南下到重庆《新华日报》工作和在北京中央文学研究所学习时，短暂地离开过山西三年多的时间外，他一生都战斗、工作在生他养他的吕梁山区、汾水岸畔这片肥沃的土地上，他的根深深扎在山西大地的沃土中，他熟悉、热爱这片热土上的人民群众，在群众的生活中汲取了丰富的创作素养，他的绝大部分作品所描绘、所反映的都是山西广大人民群众的火热的斗争生活。1953年夏胡正从中央文学研究所学习毕业后回到山西省文联不久，即到榆次县张庆曙光农业社生活了一年多，和张庆的农民群众同吃同住同劳动，这为他后来创作长篇小说《汾水长流》打下了坚实的生活基础。《汾水长流》曾被改编为同名电影、话剧和戏曲，演出后受到广大观众的好评，胡正的名字也为全国的广大群众所熟悉。1992年5月，他和马烽、西戎、孙谦、李束为等被中共山西省委、山西省人民政府授予“人民作家”的光荣称号。至今电影《汾水长流》中那首脍炙人口的插曲“汾河流水哗啦啦”还在被众多群众所诵唱，每听到这首甜美、动人的歌声，人们就会想起《汾水长流》的作者著名作家胡正先生。胡正先生是汾水岸畔一株永不凋谢的长青松。

永远难忘的深情

——怀念人民作家胡正同志

赵士元

敬爱的著名作家胡正同志走了。“山药蛋派”最后一颗巨星陨落了，他的逝世是我国现代文艺界这个流派的巨大损失。

我和胡正同志相识交往，经历了“总理、同志、挚友”，这么几个感情阶段的变化，也就是“敬仰、友谊和亲情”的感情深化。那是 1960 年我从山大中文系毕业分配到省文联《火花》编辑部时，刚到省文联单身宿舍住在省文联机关大院的东小楼二层东北角房间，正好他和夫人郁波住在我们的斜对面，走一条楼道，上下一个小楼梯，摩肩擦臂，几乎天天见面。

胡正是他们“五战友”（西、李、马、胡、孙）中年龄最小个子最高的一个，人长得英俊、体魄健壮，衣冠楚楚，风度翩翩，说话演讲口齿伶俐，声音洪亮，谈笑风生。经常是乐观大度，性情豪爽，潇洒大方，一派江郎才子的风度，机关内人们都称他为“乐天派”。

1961 年《火花》编辑部正连载他《汾水长流》小说时期，也是他创作艺术高峰阶段，后来《汾水长流》长篇小说又被中央实验话剧院、中央广播电视剧团、北京人艺剧院、山西话剧团、山西晋剧院、临猗眉户剧团等七八个剧团改编成话剧、晋剧、眉户戏演出。可以说是轰动全国大江南北。1964 年由北京电影制片厂改编成电影放映，一曲电影主题歌《汾河流水哗啦啦》唱遍神州大地、五湖四海，唤起多少三晋儿女们的建设热情和依依乡情。当时我对他这种艺术才华十分崇敬仰慕。不仅如此，他的非凡工作能力和办事效率使我更加钦佩，他这个人交际广、朋友多、活动能力强，神通广大，在省文联是有口皆碑、人人赞颂。20 世纪 60 年代初，三年自然灾害的困难时期，不要说发展文化事业，全国人民连糊口的基本条件都得不到。可他却在这个艰难困苦的年代，征得太原市长岳维藩的支持，几经努力，上下求索，在无编制人员、无厂房商店、无经费产品的条件下，很快在太原市桥头街，南肖墙东口开办了一处文化用品商店、一所书画店；在省、市文联院内又开办了工艺美术厂，调集了二十多个美术家和工艺美术专业老艺人，搞起了书画、剪纸、雕刻、塑像、推光漆画盘画盒、色彩艳丽典雅别致的镜框、漆光木雕屏风等文化艺术产品，大大丰富了太原市的文化建设和人民的文明生活。

1962 年在经济萧条、各种工农业产品都奇缺的情况下，省文联机关内要搞水暖建设。胡正是文联秘书长，全权由他负责，当时我也从编辑部抽出来，搞了二十多天的暖气器材采购工作。那时没有专门的暖气公司，只能到货厂去买，不是没有暖气片，就是没有水暖铁管，还得到太钢订货。找厂长、找车间主任、找安装人员、运输车辆、装卸工，我们跑前跑后，有时四五趟解决不了问题，只好求助于他，说也奇怪，只要他一出马，所到之处，再难缠、再麻烦的问题都能迎刃而解。

特别是最紧缺的暖气锅炉，就是订了货也难马上制造出来，临安装拉货时，和某单位发生纠纷，告到太原市中级人民法院，机关干部都非常担心，官司打不赢，暖气工程摊下一大片，怎么办？一天在食堂门前都围着西戎同志询问情况，老西微笑着幽默

风趣地说："没问题，由咱胡'总理'出庭答辩，官司必胜"。他说的"胡总理"虽是一句戏语、嬉称，然而在机关干部的心目中上上下下都实实在在地把胡正秘书长当做省文联的"大管家"、"大总理"来看待。果不出所料，那天接到法院传票，胡秘书长乘车出庭，以他能言善辩的口才，对簿公堂，据理力争，凯旋而归。所以他在我们心里又增添了几分敬仰和钦佩的感情。但这种感情，在"文革"之前，就我和他之间仍处在领导与被领导的上下级关系上。

"文化大革命"是史无前例的浩劫、灾难，罄竹难书。但也是对每个人的一场大洗礼。谁是什么人品，是美是丑，是善是恶，是好是坏，都表演得一清二楚。"文革"中"山药蛋派"的主帅、干将都遭到不同程度的批判、打倒，冠以"反动作家权威"、"修正主义分子"、"反党反社会主义分子"、"走资派"等帽子，胡正也不例外。同样以"黑帮"修正主义分子遭到批判、抄家。1969 年 9 月省文联所有人员被送到"中央学习班"学习、改造，1970 年 9 月他被下放到灵石县劳动改造，同时马烽被下放到平顺，西戎下放到运城，我这个死不悔改的"保皇派"也受到牵连，被下放到浮山县劳动改造。

俗话说：物以类聚，人以群分，在下放期间，我们彼此虽不在一个县城，但通过书信往来，交流情况直抒心怀，情感之间反而更加亲密无隙。1974 年省文联机关还没有完全恢复，《汾水》编辑部约我去太原改一篇稿子，胡正夫妇就把我安置在他家吃、住，亲如一家。

人常说："人往高处走，水往低处流"。我却反其道而行。1970 年由省文联下放到浮山县，1972 年临汾地委调我到地区文联（当时叫文教办公室），1973 年我又主动要求回翼城县文化馆工作。由省、地、县步步下降到基层。

粉碎“四人帮”之后，“山药蛋派”主将先后被解放回到太原，官复原职，主持工作，重新组建省文联机关文学编辑部。马烽同志通过省委宣传部连下了两道调令，要调我回省文联工作，我非常感谢马老的提携和关怀，但我因家庭实在困难脱不开身，不便返城。我去太原向马老解释情况时，胡正同志见我，立刻以他自身的经历，推心置腹地劝导说：“人生仕途，难得有几次机遇，稍纵即逝，回不回来你仔细考虑，要把握好，机遇难得啊!”他这种真诚、慈善的关怀，发自肺腑的劝告，使我非常感动，时至今日，我每每想起这件事都激情满怀，难以忘却。若无深厚感情，他绝不会说出如此肺腑之言。

胡正同志是一个非常勤奋、事业心很强的老作家，除了 20 世纪 50 年代末他的代表作《汾水长流》外，80 年代又写出《几度元宵》这一影响颇大的作品，获得山西省第一届文学创作银奖，赵树理文学一等奖，1992 年 6 月又写了中篇小说《重阳风雨》，获山西省第三届文学创作银奖，尤其令人惊叹的是 2001 年他已七十七岁高龄，仍写出别具一格、含义深奥、艺术精湛的长篇力作《明天清明》，给文学史上留下了一部让后人启迪深究的名著。

尤其是 1985 年他任省作协书记后，对发展文学事业、培养青年文学创作人才做出了卓越贡献，给青年文学作品写序就有二十八九篇，这是何等高尚的情操和奉献精神。胡正对我尤为关怀，1998 年我在太原肿瘤医院做了肠癌手术后，他不断写信、寄贺年卡慰问我的病情，20 世纪末他从我一个学友口中得知我病情稍有好转后，马上借杜甫一句诗，亲笔写了一帧条幅：“天时人事日相催，冬至阳生春又来”，以此鼓励安慰我康复。仅此半张纸，却彰显出他一片真诚、挚爱的关怀之情。到 2002 年他又赠送我《胡正文集》四卷，2006 年又赠作家出版社的《山药蛋派作家典藏文库》一套，2009 年赠《胡正散文选》《胡正作

品评论集》二册经典文献。对他这一次次深情关怀和丰厚的赠送，我实在感恩不尽，曾几度提笔要给他的经典作品写些评论，只是我这不争气的身体一直被病魔缠身。2003 年我肠癌转移成肺癌又动了一次大手术，2007 年又患脑血栓。医生再三告诫我："你无论如何不能再写东西，否则生命难保"。无奈，我只得搁笔洗手不写，但心里一直对他存有一种深切的愧疚感。

到去年 9 月，我再次去太原肿瘤医院复查时，趁便登门去拜访他，想他年岁已高，买些礼品馈赠他。看见他满面红光，精神矍铄，言谈举止还是那么乐观大方，笑声爽朗，使我感到十分心悦敬佩，心里祝愿他健康长寿，说："你定是文艺界第二个巴金，超百岁寿星"。他热情地问我病情怎么样？怎么来的，住哪儿？有什么不方便吗？滔滔话语温暖我心，我说：复查较好，坐公交车来，住在我二孩子家。给他买的礼品，他死活不收，还说："这就见外了，我们是多年的挚友，来时什么也不用带，打个电话，我让车去接你。"结果临走时，他反而要送我一箱"阿胶人参"，一箱"蜂王浆"和两大桶"高级蛋白粉"，还拍着我肩说："你身体虚弱，更需要滋补，我比你强"。我执意不拿，第二天，又让他的司机把礼品送到我的二孩子那里。他这种热情洋溢的深切关怀，使我热泪盈眶永世难忘。

风云突变，人世难料，谁知胡正同志竟溘然离世，驾鹤西游，噩耗传来令人万分悲痛，使我眼泪夺眶而出，潸潸流下。他的辞世是中国文坛的一大损失，是最沉痛、最惋惜的悲哀，痛矣！悲矣！我又失去了一位老革命、老前辈、老作家、老同志、老挚友。你人走音容宛在，你和善宽厚的风范，你尽职尽责的创作精神、你真诚关爱文学青年的高尚品德将永远铭刻在我们心中，终身难忘，你辛勤创作的"四卷"文学作品，也将永载文学史册，如同《汾水长流》百世流芳。

难忘胡老一片情

武保祥

2011 年元月 19 日晚上 8 点，我从一位朋友家刚刚回到家里，老伴便告诉了我一个极其不幸的消息：说山西新闻，刚刚报道过胡正病逝的消息。

我的心里不禁“轰”然一震，就像突然遭了钝物的撞击，一下怔在那里。

这噩耗来得实在太突然了。

对于胡老的猝然病逝，我是怎么也不会想到的。

近年来，我常去看望胡老。只知道他患上了黄斑眼疾，视力极差，连看书、写字都很困难，上衣口袋里，经常装着一只小巧精致的放大镜，已备随时使用。也知道他无法忍受那种不能正常读书、写字的折磨，后来还曾做过一次手术，可惜效果不佳。还知道他一到冬天，天气变冷，极容易患感冒……除此之外，从未听他说过还有什么病。对于一位八十多岁的老人来说，没什么大病，身体就算蛮不错的啦。我一直为胡老身体的康健而高兴，满以为他会和力老一样，成为一位长寿老人呢！

一个多月以前，我还给胡老寄去一本我刚刚出版的短篇小说集，期望他能悠悠的、慢慢的、有选择的看看这本书，赐教于我

点滴。书寄出后不久，我还给他打过一次电话，询问收到了没有。但接电话的不是胡老，是他的夫人郁波老师。郁波老师在电话里轻声告诉我，说书已收到。但胡老现在不在家，他去医院瞧病去了。我当时听了，仍没在意，只以为他又是感冒了。可谁会料到，时日并不长，没容我能再见他一面，他竟溘然长逝，悄悄地走了。给我留下一个永远无法弥补的遗憾！

胡老是中国当代文学史上“山药蛋”流派的代表作家之一，他的《汾水长流》影响很大。他是山西人的荣耀，更是我们灵石人民的骄傲。我有幸第一次见到他，是早在 1958 年，他为体验生活，刚挂职回到灵石（兼任灵石县委副书记）之后，一次在灵石大礼堂里听他作演讲报告。

那时，我正在灵石读初中，即将毕业。因为一向偏爱看小说，对作家就有一种五体投地般的崇拜和敬仰。当然知道灵石大作家胡正的大名。

有一天，刚吃过早饭，听一位跑校生说，作家胡正今天前晌十点开始，在大礼堂作演讲报告。听到这一消息，我异常惊喜，又异常焦急，因为这是一次非常难得的机遇。但是学校却不组织学生去听讲。演讲马上就要开始，这该怎么办？我当时很着急，已顾不了许多了，于是便偷偷地溜出校门，直奔礼堂而去。

我怀着极其忐忑的心情混进大礼堂。当时，礼堂里早已是座无虚席。我只好同后面赶来的许多人，拥挤在最后面的过道里站着听讲。由于离得太远，我连作家胡正的面容都难以看清，但我仍很庆幸，因为作家胡正生动的演讲，给我留下了极其深刻的影响。

我斗胆给作家胡正写信，却是在时隔二十多年后的 1983 年。那时，我已经鬼使神差地做起了文学的美梦。并且早已为之奋斗了两年多。在那两年多的时间里，我怀着想当作家的梦想，白天教书，晚上半夜半夜地熬着夜，一篇接一篇地写着稿，一次一次满怀着希望，将稿件邮寄到省内、省外的许多文学编辑部。期望着能以我的辛勤和执著，赢得编辑的同情与青睐，至少会有一两篇作品在刊物上出现。可是，我寄出了许多稿件，竟都如石沉大海，杳无音讯。甚至连一封哪怕是只言片语的短信都没有收到。落得这样一个结局，是我怎么也不会料到的。接连的受挫，接连的惨败，严重挫伤了我的积极性，使我心灰意冷，一蹶不振，怀疑自己是不是根本就不是舞文弄墨的料。甚至产生了放弃的念头。我就是在那种极其无奈的情况下，才鼓起勇气，给作家胡正写了一封信，诉说了我的失望，我的悲观，我的痛苦。以及我想放弃，又犹豫不决的矛盾心情。

没想到，信寄出后十几天，我竟收到胡正老师的一封来信，和随信寄来的一本我从没听说过的《晋中文艺》。

胡正老师在那封信中，热情而又坦诚地告诉我，你寄出许多稿件，既没收到退稿，也没收到一封回信，对于初学写作的人来说，这是很正常的事。也是一般初学写作的人必然要经历和面对的一个过程。要不然，岂不是谁也可以当作家了么？你想想，投稿的人很多很多，而刊物的用稿量极其有限，编辑部不可能给所有的作者都回信。更何况，编辑部都有规定，凡未被采用的稿件，一律不退还。因此，你的猜疑，纯属多余。既然你已经选择了这条路，就应该坚定自己的信心，毫不动摇地坚持下去。他鼓励我一定要大量的读书，在搞好自身基本建设的同时，要心无旁骛，孜孜不倦，刻苦地一直写下去，一定会不断取得进步。

胡正老师在信中，从未提到那本《晋中文艺》，但面对那本《晋中文艺》，我已经意识到自己一直是在越级投稿。那一刻，我才恍然明白了胡正老师的良苦用心。于是，重又坚定了信念，并且将《晋中文艺》这块地区级的文学园地，作为我文学起步的摇篮。

1986年，我果然顺利地成为晋中文学协会的一名会员。

1995年，我又顺利地加入了省作家协会。

胡正老师无疑是我当之无愧的启蒙老师。如果当年他不及时给我回信，及时给我以指引和鼓励，我可能早已畏难退缩，半途而废，哪里还会有我的今天？

然而，我正式以一位小学生的身份，亲自登门拜望胡老，并请求他指导，却是在我中途放弃了散文和报告文学的写作，而写起了小说，并且已有几篇小说习作发表之后的2004年的春天，与当年我给胡老写信，时间又相隔了二十多年。并不是我不想在一开始学写小说的时候，就去求教于胡老，恰恰相反，是因为胡老是著名的小说家，名声显赫，而我不过是一个刚刚开始学写小说的普通作者，自觉我与他之间的差距太遥远。因此，每当想去请教他的时候，便常常怯于他的名望而顾虑重重。想去，又不敢去，一直拖到2004年的春天，才最后决定了去。

在去之前，我同样先给胡老写了一封信。那封信，同样是改了又改，写得很长。信中表明了他当年寄给我的那封至关重要的信，对我人生的重大影响，表达了我久蓄于心的深深的感激。并告诉他，我在两年前已放弃了写散文与报告文学，在学写小说。可鉴于年事已大，岁月无多，不允许我再悠悠的来。我觉得，要在我的有生之年圆结写小说的梦，急需要老师指导，才会尽快有所突破。我是在求师无门的情况下，才给他写这封信的。尽管我在信中作了坦陈铺垫，但仍担心胡老会不会有难意。

信寄走后的第五天，我便迫不及待地搭乘凌晨最早的一趟班车，十点半抵达太原。十一点已赶到省作协大院。在门房一打问，一听说胡老在，我本来就很忐忑不安的心，突然竟狂跳起来。紧张的原因只有一个，那就是怕胡老拒绝了我的请求。

胡老戴着老花镜，正坐在沙发上看书。我进去之后，他才把眼镜摘下来，默默地打量着我。这是我第一次离得这么近端详胡老。胡老已经老了，脸上皱纹很深，头发也白了。

我刚自我介绍了两句，胡老就说，噢，你就是武保祥！你的信，昨天我已经收到了。当年我只不过做了一件本应该做的事，你却念念不忘。还写了那么长的信，说了那么多客套话。想探讨写小说的事，那是好事啊！想来，来就是了，我们是乡亲嘛，还说那么多客套话干啥?

在胡老浓浓的乡音和略带责备的眼光里，流露出来的依旧是那种刻骨铭心的关爱。我没想到会这样。胡老当年给我回信，对我热情的鼓励和关爱，在他看来，那原本是他应该做的事。他继续给予我关爱和扶持，仿佛也同样是他应尽的责任。这就是胡老！我的担心和不安一下全消除了。

胡正老师亲切和气，平易近人，坦诚直率，充满爱心。并且不吝赐教。他那天给我讲了许多许多。讲了写小说需要生活，因为小说来源于生活，必须认真地去深入和体验生活；给我讲了写小说需要思想，要有较高的认识和判断事物的能力与境界；还给我讲了写小说需要有深厚的文学积累，还要有艺术感觉和创作灵感等等。他那中肯的、发至肺腑的讲解，是一位老作家长期的经验总结和切身体会，堪称金玉良言，对我启发极大，使我受益匪浅。

那天临别时，胡正老师还亲自签名，送给我一套他刚刚出版的四卷本《胡正文集》。并一再嘱咐我，一定要好好地写下去。

从此，我常去看望他，求教于他，他成为我平生恩重如山的一位小说指导老师。我后来的几篇小说，就是在他提出意见后，经过我的精心修改而发表的。

可不幸的是，他后来竟得上了黄斑眼疾，严重地影响了他的视力，以致他连看信、甚至看电视屏幕上的大字，都必须借助于放大镜。虽说后来做过一次手术，但仍不见效。此后，我去看望他，便再也于心不忍启齿请教他老人家了。

2009年仲秋的一天，我去看望胡正老师，交谈中，自然提及我想结集出版一本我近年来所写的短篇小说集的事。胡老听了很高兴，立即给我介绍了山西出版集团、三晋出版社他认识的一位田潇鸿编辑，并让我记下了这位编辑的通信地址和手机号码，让我跟她联系。胡老如此关心我出书的事，让我异常感动。更令我为之感动的是我后来在和田潇鸿编辑联系时，田编辑告诉我，说胡老早已给她打过一次电话，不仅介绍了我的情况，还请她尽力帮忙，能在出版费用上给予照顾。令人遗憾的是，就在出书一事基本谈妥之后，我正准备寄去书稿，田潇鸿编辑突然打来电话，说她孩子得了重病，要去北京住院治疗，估计至少也得几个月，希望我能耐心等她回来之后，再给她寄书稿。由于当时我出书心急，不想再等待，也恰好不久毕星星先生和我联系出书的事，我于是便决定将已经修改、整理好的书稿，寄给了毕星星。并同时电话告知了田潇鸿编辑，向她表示歉意。

书出版之后，我立即给胡正老师邮去一本。我深信，不管书中我写的那些小说如何的清浅、笨拙，如何的稚嫩，对于曾经辛勤指导和扶持过我的胡正恩师来说，他是会很高兴的。因为那里面灌注着他曾经付出的一份心血。我甚至心里还抱着一线殷殷的期盼，期盼他老人家能手把着放大镜，悠悠的，慢慢的，一行一行的，一页一页的，去看他不才学生的不才拙作。并且，我深信他看后，或迟或早的，一定会给我提出极其宝贵的意见。可我万万没有想到，他连书还没有看到，便轰然倒下，将自己化作一座永恒的山！

胡正恩师的骤然离世，无疑是山西文学界、乃至中国文坛的一个重大损失。尤其是对他曾关爱和扶持过的区区我来说，更是一个无法弥补的损失。

他带走的东西太多了。

但他给这个世界留下的东西也一样太多了。

作为“山药蛋”流派的主要老作家之一，除了他的作品，还有他的人品和他的精神与风范。

经他扶持和关怀过的作家、作者，恐怕谁也无法说得清有多少人。

他虽说走了，但作为一位高山景行、德厚流光，又恩重如山的恩师，他在我的心底里，会永远活着。

我清楚，要不辜负恩师天地般的恩义，我唯有咬牙发狠，拼命地写下去。唯有不断地写出好作品，并且不断的有所突破，才是我对恩师最好的回报。

怀念胡老忆往事

樊丕德

胡老离开我们一年多了。

他是“山药蛋派”五位作家最后一位仙去的。西李马胡孙五位泰斗中，他年龄最小，享年最高。

一年前，谁也想不到他会离开我们。四月间，张平主席在追忆胡老的文章中说，中国作协主席团会议在太原召开，铁凝主席、李冰书记特地看望他。铁凝主席说胡老的身体真好，肯定是五老中最长寿的一个，怎么也活个一百二十岁。胡老抚掌大笑，连说：好，好。

一年前，在他离开我们前一个月，《山西文学》举行六十周年刊庆时，他还亲临会场，同大家谈笑风生，共庆山西文学史上有意义的节日。

一年前，在例行的两次体检中，各个部位均没有发现异常之处。但是，就在同年 1 月 10 日觉得身体不适住院，随后诊断为……

我和胡老是 1984 年相识的，之后我在胡老手下工作二十多年，并在一个院里生活相处。

那时省文联和省作协正式分家，都列为厅局级编制。作协分家后，由胡老任党组书记，主持日常工作。胡老请马烽的儿子马小林物色一秘书长，条件是有活动和办事能力，且对文学事业不太陌生。马小林当时在省广播电台农村编辑部作编辑。我在省电台太原记者站当记者，后任站长，共四个同志。马小林知道太原记者站的几位记者，由于种种原因，想转行，并已向太原市委副书记、市长王茂林和常务副书记仝云等领导写了申请报告（记者站记者的组织关系在市委），就向胡老作了推荐。之后，胡老和焦祖尧可能是做了些考察，便亲自登门和我谈话，表示欢迎我来省作协工作。在西山矿务局采访时，遇到了王茂林副书记，他对我说，胡正和焦祖尧找过他，谈过我的事，想要我到省作协工作。安排的可以，去吧。还说：有太原市需要办的事，我会支持你。听了后，我心里很热乎，就下了决心。

这也许是我命中的缘分。1951 年我考入省城新华书店。站柜台，开书亭，跑流供。“近水楼台先得月”，看书很方便。后调办公室，写写画画。每天来的社科和文艺方面的新书，都要送上一本，供我了解书情。书店是我成长的摇篮。渐渐地我喜爱上了文学，业余时间常参加市里举办的写作讲习班。当时除了写些有关图书发行工作的报道外，也尝试写点诗、小说、散文和编写连环画脚本。先后在《大公报》《羊城晚报·花地副刊》《文汇报·笔会副刊》和省内报刊发表多篇。写的都是书店里的人和事。还出了三本连环画册。编辑印制了《书店里的故事》。而如今能来作协工作，将我的爱好变成专业，当真是一种难得的缘分，而这缘分的牵线人便是胡老。

来作协报到后，陆续给了不少“头衔”，实际上是把些杂事压在我头上。说实话，胡老之前没有和我相处过、接触过，究竟能否胜任，心里不免有点疑虑。能否实现马老、胡正、西戎等老作家和中、青年作家都有的一个愿望：摆脱机关杂务杂事，腾出时间，把精力放在文学创作上。成为我心中最大的困惑。

这不怪胡老。分家后，胡老也想在留作协的人中选一秘书长。先后有三个同志任副秘书长。所以，两年后即 1986 年 12 月 24 日才正式下文任命我为秘书长兼办公室主任。名正言顺。文件称："根据工作需要，省作协党组和省作协主席团 1986 年 9 月 6 日第十六次联席会议决定：任命樊丕德同志为中国作协山西分会秘书长兼办公室主任。中国作协山西分会主席因接受原秘书长韩玉峰同志的辞职报告，免去该同志的秘书长职务。"文联和作协分家后，经上级批准，成立了中国作协山西分会第一届党组，共由七人组成：书记胡正、主席西戎、副书记焦祖尧和四名成员：周宗奇（作家、《山西文学》主编）、成一（作家、《黄河》主编）、樊丕德（秘书长）和周山湖（资深编辑）。班子成员老、中、青，兼顾各方，颇为理想。作协的党组按惯例主持日常工作，不同于政府的厅局党组，党组一把手主持日常工作。书记胡正，既是山药蛋派著名作家，且办事、活动能力极强，在文艺界享有声誉。"新官上任三把火"，胡老胸有成竹。当务之急是抓队伍建设，配齐办事班子和编辑班子。毛主席说过，方针路线确定后，干部就是决定因素嘛！省作协的又一春天来临了。繁荣的新曙光露头了。而且我初来作协的困惑也慢慢消除了。

这一年，1 月 25 日新创刊了大型文学季刊《黄河》（后改为双月刊，240 页）以发表中长篇小说为主；充实调整加强了《山西文学》编辑力量，当时刊物的发行量居全国同类刊的首列；创办了山西文学评论界的理论刊物《批评家》双月刊（后改为月刊）；成立了中国文联出版公司山西编辑室。

这一年，筹建、召开了首届赵树理学术（国际）研讨会，邀请了国内外研究赵树理的著名专家、学者、评论家和省内外的评论家及省内高等院校研究赵树理的作者和部分学生。省领导到会祝贺并讲话。国内外有关单位发来贺信、贺电。同年，由驻会女作家王樟生搭桥邀请日本友好人士平井荣三郎牵线日本商界日盛公司（ごうや—株式会社）社长川手正一郎率团来华访问。在太原顺访了省作协。后促成省作协组团访问日本。这是省作协首次独自组团出访。胡正团长，团员有周宗奇、成一、王子硕、李逸民四位。

这一年，8 月 14 日，由黄河流域八省区作协共同发起、轮流主办的首届“黄河笔会”在太原召开。来自青海、甘肃、宁夏、内蒙古、陕西、山西、河南、山东的作家代表团，及来自北京的评论家和报刊编辑一百三十余人，在太原举行了盛大的开幕式。省文联主席马烽主持，省作协主席西戎致欢迎词，副省长张维庆代表省委、省政府做了热情洋溢的讲话。

这一年，春节前，马烽、西戎、胡正、王玉堂、孙谦、李国涛、成一、董大中、韩石山、王东满、张石山、陈志铭、蔡润田等十四位作家、刊物主编、副主编出席了中共山西省委、山西省人民政府举办的山西省高级知识分子 1985 年迎春茶话会。举办茶话会，接到通知后，党组会同主席团对出席这次茶话会的名单作了周全、慎重的研究，并征求各方意见后，提出上述名单。全省科技界、教育界、社会科学界、新闻出版界、体育界、文学艺术界、医卫界等二百五十余人受邀出席。茶话会规模盛大，氛围热烈。显现了我党对知识分子的重视和关怀。对刚刚分家，正在蒸蒸日上的省作协的作家编辑家们也是适时的鼓励和鞭策。我作为工作人员也参加了这次盛会。

胡老不仅在大事上扶持提携，让我们每个人都能发挥自己的特长，在小事上也给予了我们这些后生晚辈很多实际的指导。让我们记忆最深刻的是党组会没有固定的召开时间，大多是胡老提

出议程，有时我也提出需要上党组会议定的一些重要事，一般都是有了就及时召开。开党组会由我发通知，并作会议记录。胡正主持。开始我将大家发言一一做记录，后来，胡老说，那你太费劲，一般的不记，重要的记，通过的事一定要记。开始时我没有发觉这种会议记录的好处，直到有一次我们发生很激烈的争论，周宗奇急了，说："老樊，你拿会议记录看看是怎么说的怎么定的?"我拿出会议记录本，照本宣念，不争论了。我不由得开始佩服胡老的英明果断啊！

在我评定职称事上，胡老费了很多精力，力排个别领导的非议。他很注意发扬民主，按程序办事，小组讨论、机关评审领导组的审定，然后投票选举，并催促评审办事机构上报省高级职称评定委员会。参加考评，我于 1988 年 8 月 9 日获副编审任职资格。

胡老不仅在工作上给予我们帮助，在生活上对我们的照顾也是无微不至的。我来作协时，马烽、西戎分别住在院内的两个老四合院。马老和别的老作家住一起。西老独住一处。胡正、孙谦、郑笃和王老玉堂分别住在新盖的一栋四户二层小楼内，每户的面积都不大。还有一栋三个单元共十八户的职工宿舍楼。都是未分家时新建的。分家后作协调来一些作家都无住房，甚感紧张。胡老很着急，一天，他老人家看到小院东面有块空地，"灵感"来了。他找我说，这里靠曾家西房墙，我们是否可盖四间简易平房，就能临时安排两户居住。我很高兴。随着搞设计，找施工队伍，没几天便建成。安排了成一和张发两户。夏天，胡老看到他们两户太阳照射太热，又叫行政处的同志们给他安装帆布折叠防晒棚。冬天，又给他们两户接通了暖气。凑合的住吧，以解燃眉之急。

胡老从长远考虑，决心要彻底改善老作家和现有作家、编辑和工作人员的居住条件。于是，我和办公室副主任陈玉川起了报告向省计委提出三千多平方米平房住宅，费用八十七万的一揽子计划。从此之后，展开了漫长的工作进程，从作家楼的规划到竞选设计方案，胡老都亲自把关。在这一系列的过程中有过无数次的艰难险阻，胡老让我们要坚定决心，不要轻言放弃。就是在他磨破了嘴皮，踏破了门槛的时候，作协之家终于出现在机关全体人员的面前。

胡老和老一辈作家为山西的文学事业贡献之大，永驻史册。给我们留下的遗产才得以我们今天能有较宽裕的办公环境和生活环境。

1988 年换届年，胡老主政的四年结束。我又患了病，在家休息但心里总想着能做些什么。胡老虽无权了，一直惦记着我，他老人家对我的窘境，也实感无奈，当时，退下来的老作家、老文艺家中的一些资深者，胡老的同乡力群也盼望他能带领大家组建山西老文学艺术家协会。大伙有个组织，让社会各界也能听到点声音，不要遗忘了。筹建老文协会多次召开组建筹备会。胡老也让我参加。他说你来老文艺家协会吧。你先参加筹备会，和省城知名的老文艺家也熟悉一下。经多次协商，达成共识。德高望重的力群担任主席，常务副主席胡正。

靠力群在山西文艺界的影响，社会各界的知名度，在他旗下工作很顺利。民政厅、财政厅、省人大常委会都开放绿灯，给予支持。成立大会在省煤气公司大礼堂举行。省城政界、知识界、文化界、工、青、妇都派代表祝贺。省委老领导赵雨亭代表省老龄委做了热情洋溢的讲话。省城文艺界还送来花篮、镜框等礼品表示祝贺。成立大会开得隆重热烈。

同时在胡老支持和关怀下，我和太原市作协主席孙涛于1993 年创办了省内外第一份面向非公制企业界的刊物——《当代大亨》。主办是山西老文艺家协会和太原市作家协会。胡老是编委会主任。他还亲自为刊物撰稿。《当代大亨》国际标准大16开本，繁体字，竖排为主，每期多方面、多角度集中推出一位封面人物。栏目设有：名家专栏、封面人物、热话题·冷思索、海外归来话海外、海外华人、企业家三十六计、海外大亨掠影、商界奇闻轶事、港·澳·台文苑拾珠等。用纸讲究，印制精良（就当时的印刷条件而言）。每期正文还有彩色插条。该刊受到读者的好评。

胡老在担任老文艺协会常务副主席时，对退下的老文艺家的生活，也尽其所能，给予帮助，尽管很微薄，但很暖人心的。音乐家洪飞患病住医院，他到医院看望，得知家里的下水不通。他嘱咐我领上机关的水暖工帮助疏通。山西老年合唱团（挂靠省老文协）搞得很出色，多次参加全国性的歌咏比赛并获奖，有时还应邀到外演出。团里经费来源不多，团长音波找胡老请协助解决。画家张荫林、李亨、郭肖晨绘制了百米长卷《三晋览胜图》，请胡老找个展厅。后在省人大办公室主任支持下，在省人大一楼西会议厅展出，并举行观摩、座谈会。观摩座谈会的请柬，胡老亲自题写。（我现在还保存胡老手迹和一张座谈会座谈议程手迹及信函等原件）。多位副主席先后患病住医院，他都让我代表省文协陪同去看望。每年5·23前为纪念《在延安文艺座谈会上的讲话》发表，是省城老文艺家欢聚见面，畅谈交流的一个节日。他老人家都要亲自上门邀请省有关领导同志参加。找会址、印请柬，布置会场都一一过问。有一年，胡老说，会场不要搞成会议化，一排一排形式，那样大家感到不亲切。于是，文联和作协协助开会的后勤人员。临时根据条件，拼凑成近似圆桌，一个圆桌坐八位同志。胡老看后，说这样好，就是劳累大家了。1996年的座谈会，在原省领导赵雨亭同志的提议下成立了山西省关心下一代工作委员会老艺术家协会。

二十多年来，在胡老手下工作，深感得益匪浅，受惠甚多。老人家待人真诚热情、帮人竭尽全力。人品和文品，堪称楷模。今天，在纪念胡正文集编辑之际，追忆往事，思绪万千，遥祝在天之灵安息！

从这个信皮说起

——怀念胡正

张一经

这是我翻检旧笈时发现夹在扉页前、最近离世的老作家胡正1955年前后写信给我的信皮。尽管信瓤已不知何时失落，然信中内容，我却永烙于心。

那时，身为省文联秘书长兼《山西文艺》主编的胡正，为何写信给我，缘起第一次全国青年文学创作者会议的召开。

1956年刚进3月，我接到省文联的通知，要我于8日到文联集中，准备参加定于15日在京召开的会议。一个刚走出校门不久，初涉文坛的毛头小鬼，竟要和许多在国内已享有盛名的青年作家们一起参会，那心情，岂止是激动！我兴奋地拿着通知去找主管人事的科室和矿务局领导请假，却当头浇了一盆冷水：不准。理由：不务正业。

不错，我的正业是一名煤质化验员。业余写点东西，只是为了圆我还在童年时就孕育着的一个文学梦。

我不想放弃难得的机会。于是，又拿着通知去找局党委赵青书记，请他出面，玉成此事。谁料，书记打电话给主管局长，也被顶了回来。事情放在今天，简直是不可思议的。一个分管人事的副局长，竟敢对堂堂党委书记说“不”！岂不是秸秆儿捅天！

可别忘记，那正是建国初学习苏联老大哥（厂长负责制）的年代，厂长就是天，书记也奈何不得。

书记毕竟是书记，政策水平总比那些业务领导高出一筹。他没给我泼“不务正业”的冷水，却微笑着递给我一杯半烫不烫的茶水，劝我放弃，说：“别去了。以后还有机会。”至于通知，他们会向省里说的。

书记没食言，他真的给省里讲了，而且还真的给了我机会，不是以后，而就是那次。

3 月 7 日一上班，书记就打发通信员到化验室告诉我，按通知到省文联报到，人事部门的事，不用我管了。

大会定于 15 日召开，13 日报到。12 日下午，省文联邀集了十几位活跃在本市的文学青年，在小会议室里以座谈形式，举行了一个简单的送行仪式。就在这个座谈会上，从郑林书记和高沐鸿①副部长的言谈中，我隐约察觉到他俩已知道我参会受阻的事。我纳闷，省里领导是怎么知道的呢？

当晚，在赴京的火车上，我便问起既是代表又是领队的胡正。他闻我打探此事，先是一怔，接着便是他那标志性的一阵爽朗笑声。他告诉我，就在我找了赵青书记走后，赵青便向省委宣传部打电话请示。

真的不是文人们喜欢诌书捏戏，世上的许多事就那么巧！赵青的电话，正好被到宣传部汇报参会准备工作的胡正接住。

电话里，赵青先以工作离不开为由，请省里另派他人，此招被胡正婉拒后，竟使出杀手锏，说什么正在审干期间，我还有些历史问题，尚待审查。

一个太原解放时脖子里还戴着舅爷给挎的长命锁的孩子，竟

①郑林时为省委书记处书记；高沐鸿为著名诗人，时任省委宣传部主管文艺的副部长，1957 年也被错划为“右派”。

然有了历史问题，亏他能想得出，也能说得出。使我今生难忘的是一向平和大度的胡正在电话里这样回敬了赵青书记——我带他去开会，就算他是反革命，今后我也会负责送回！

大会期间，我将窝在心里的一肚子怨气，统统撒在了全总（工会）组织的一个由大会工厂作者参加的座谈会上。我的发言，被修竹[①]书记记在了本本上。后来听说，我的事反馈回局里。大概，这就是我在1957年反右斗争中埋下的祸根！

扯远了。还是说这个信皮。

大会结束后，作协决定恢复停办了两三年的中央文学讲习所，要求各代表团推荐一两名代表留京学习。老实讲，在我们八个人中，我年龄不仅最小，就资历、水平也数我最弱。这个学习的机会是我想也不敢想的。胡正却给了我个意外，决定留我和晋南的李逸民在京学习。

我知道，中央文学讲习所是培养作家的摇篮。当代许多文学大家，如马烽、陈登科、胡正……都曾是丁玲任所长时第一、二期的学员。能获得这样的学习机会，我真不知该怎样感谢胡正对我的提携和偏爱。

这封信就是讲习所开课不久，胡正从太原用蝇头小楷写给我的。信中，他告诉我，留京学习的事，已通过组织渠道和矿务局疏通了。他要我安下心好好学习，还顺便开个玩笑，说我别老想姑娘。他嘱咐我要虚心、要刻苦，希望我别辜负文联的希望，用作品说话。

然而，命运之神早已注定，文学对于我只能是一个色彩斑斓的美丽泡影。

1957年，共和国的天空骤然乌云密布，一场急风暴雨即将来临。鉴于当时形势，文学讲习所只得暂停。回省后，胡正知道

①修竹，时任全总（工会）书记处书记。

我正划拉着一篇小说，便让当时负责通联工作的剧作家张万一向矿务局给我办了创作假留在文联。

谁想，椅子还没坐暖，反右的风暴已席卷而来！矿务局命令我，立即回局参加名为整风、实为反右的群众运动。

在我的书橱里，有一本由韩石山主编的报告文学集：新城新星。集中有胡正的大作。文章开篇就说在北郊见到了我，接着，他写到：1956年，他（指我）曾和我一起到北京参加第一次全国青年文学创作会议。那时，他是一个不到二十岁的初露才华的青年诗人。可惜，第二年受到那股政治寒流的影响……

胡正没说我以后的事，因为，他也不知道我以后的事：我在曲沃浍河水库的大坝上抬磁夯土；又到古交的大山里砸矿炼钢；还在繁华闹市的建筑工地上抹灰砌墙；最后发配到偏远的山野乡村教书育人。在山村的寒窑冷舍里，我成了家，有了后。

反右的风暴，把我高高地卷起，又狠狠地摔到了实实在在的生活漩涡中。我醒了，梦碎了。为了家，为了孩子，为了保住手里那个养家糊口的饭碗，我磨掉了身上所有的棱角，摇尾乞怜，低眉折腰，诚惶诚恐，战战兢兢地避过了“四清”、“清队”、“文化大革命”一场又一场的劫难。活下来已是万幸，岂敢他念。

看着1955年前胡正写给我的这个信皮，不禁眼泪充盈。自我戴上“右派”帽子后，再无颜去见胡正。1980年后，虽偶有相遇，也只寒暄，不及文事。因为文学于我已像一个失恋的情人远我而去。想到胡正曾经对自己的一番苦心，关怀和期待，愧疚之情不禁油然而生。

再过几天就是胡正仙逝百天的祭日，我写这些，遥寄天国，以表我对他的愧疚和感激之情。真情实意地望我尊敬的前辈一路走好；也请胡正老师见到他的那四位战友后，告诉他们，那个他们曾寄予厚望，却不争气的一经好想他们！

老师虽走，音容宛在

田东照

去年7月单位组织老同志到山西凤凰山生态植物园疗养一星期，这是无忧无虑、轻松愉快和胡老师相处的七天，是近距离相处时间最长的一次，也是最宝贵的一次，按当时胡老师的身体状况，我满以为过九十不成问题，并抱有奔百的希望。没想到，噩耗来得这么快，这么突然，先是不敢相信，继而悲痛万分，只能挥泪送别恩师了。

我上大学时已有创作冲动。入学不久，就拜读了胡老师的《汾水长流》，这等于对我的创作增添了巨大推力，于是我于第二年、第三年连续发表了《第一天》《新老队长》两篇小说。成了《火花》的重点作者，就有了点拜访胡正老师的勇气，于是约同学郭振有一起到《火花》编辑部去。不巧胡老师不在，夫人郁波接待了我们。坐了一会，我看到踩到地板上的泥（外面刚下过雨），猛悟到现在上门拜访不是时候，赶忙告辞了。

1976年我第一次见到胡老师，也是因创作机缘。《火花》复刊，约我写篇小说稿。那时我已调回兴县工作，我是送稿来的。当时编辑部临时占用一栋三层楼，一、二楼办公用，三楼是作者招待所。记得五位老作家中只见到胡正老师，也没有看见其他编辑人员，当时谈稿子的是石丁和胡正老师，他们对稿子提了几点意见，很好改，一会儿就改完了。最后胡正老师说："别的地方行了，你看题目能不能改得更好点?"原题是啥，我已忘了，改后的题目是《伏虎岭下》，胡老师看后，爽朗地哈哈笑了两声，说："行了，挺好，挺好!"如果说这次太原之行有着一种欣喜之情的话，那么见到胡正老师的欣喜又远远在发表小说之上。当时他住在那栋楼的地下室，我去办公室请教，也到家里拜访，不管在哪里，他爽快大方，平易近人，能使你从一种拘谨中很快放松而自然起来。几次见面，受益匪浅，岂是发一篇小说能比得了的。

此后几年，我的创作转到长篇上，因此同出版社打交道多了一些，但同作协这头也有接触，参加各种各样的会议，见到几位老师们的机会也不少。有几次会议是胡老师亲自主持的。开会中常遇到的一个问题是，我们的作家当中，有好几位善言者，一打开话匣子就有点收不住，一两个钟头就讲上走了。可后面还有好多发言的人。但胡老师很善于处理这类事情，既不使前面滔滔不绝者不悦，又照顾到后面的发言者。大伙都说，胡老师身为作家，作品写得好，可行政领导能力也很强，我亦有同感，并在这方面也学到不少东西。

1989 年 3 月，我调回省作协工作。这时胡老师及其他老作家都已退下去了。我任常务副主席兼党组成员，也属新领导班子成员，但我丝毫没有因为彼此工作上的变化而疏远他们。也就是说，那种师生情感丝毫没有受到影响，不管创作上还是工作上，常向他们请教，得到他们满腔热情的鼓励和指导。众所周知，1989 年春天省作协曾出现一种非常复杂的局面，工作难度很大，正是在胡正等老师们的鼓励、指导以及一些同人的帮助下，我这个刚从甚层调上来的人，才能在那一段复杂难行的路途中迈开了步，走了过来。

十年以后我也退休了，也加入老干部的行列。同属一支队位，见面的机会就多了。因都卸下工作重担，言谈中就不再提及工作，随心所欲地聊，身体、锻炼、保健，大都是这方面的话题。当然也难免要说到创作，谈一些看法、感受什么的。这样的聊天，以去年 7 月底凤凰山生态植物园的七天聚会为最。我们都说，单位领导十分关怀老同志，以后还会安排类似活动，我们彼此都坚信，一定还会有下次、下下次这样的聚会。没想到时间仅过半年，胡老师就悄然而去，永远不会有下一次了。

老师虽走，音容宛在。老师的教诲也永远铭记心间。胡老师是五老中最后一位离去的，他的离去意味着一个文学时代的终结。我们应化悲痛为力量，接过老师的接力棒，这才是对老师最好的纪念。

痛惜五老俱陨落

——悼念胡正老师

王东满

庚寅腊月兮十四夕，朔风凛冽兮天人泣。

不速病魔兮恁无情，忍将吾师兮夺命去。

泪雨纷纷兮语迟迟，呼天抢地兮长叹息。

至此五老兮俱陨落，文坛能不兮发悲啼。

胡正老师的去世，几乎让省作协所有的人都觉得太突然了！月前他还不避风寒，好端端地出现在《山西文学》纪念六十周年座谈会上，他还一如往常有说有笑，神情恬静，怎么就突然住院了，就突然……说走就走了！

1月12日（农历腊月初九）那天下午，我和周宗奇相约去一位家遭不幸的朋友家里看望，回到作协，杨占平突然喊住我，特别关照我说，胡老病重，已经昏睡不醒，你是老文艺家协会主席，你们赶快去看望看望吧。我一惊，这才知道胡老住院了。我来不及回家，即给秘书长岳云打通电话，要他赶快到省人民医院。接着便同已经得知消息的周宗奇、张石山、陈为人等一同坐了林师傅的车赶到省人民医院。胡老睡着了，但一只手捉着小武的手，另一只手一直烦躁地乱伸。听守在病床边的小董和胡老的大女儿说，此前作协党组领导来看望时，一直都未能叫醒胡老，我们还不错，当宗奇、石山连喊几声胡老，并报出我们四个人的名字，问他知道不知道时，胡老居然吃力地睁了睁眼睛，声音很低却吐字清楚地说：怎么能不知道，四个老家伙！不失平时的幽默。

1月18日一早，我还在床上，小安来电话：胡老于昨晚8时45分走了！夜里没敢告诉你。

山西省文坛素有“西(戎)李(束为)马(烽)胡(正)孙(谦)——文坛五战友”“五老”之称。西戎、李束为、马烽、胡正、孙谦，他们五位老作家既是从抗日战争、解放战争的烈火烽烟中并肩战斗过来的老战友，又是一起开创“山药蛋派”、领军山西文学艺术界、坐镇太原市南华门东四条一个时代的五战友。遗风犹在，影响颇深。李束为、孙谦、西戎、马烽已先后辞世，五战友中胡正老师是磨难最多、福寿最长的一位。所以大家对“五战友”唯一健在的胡正老师非常敬重，非常珍惜，历任省文联、省作协领导更是关怀备至，敬重有加，希望他能寿登期颐。

我未到省作协以及初到省作协工作时，就听省文艺界许多人都管胡正老师叫“胡总理”。这个貌似玩笑的“外号”，不但道出胡正老师多少年一直作为省文联副主席兼秘书长，主持一切行政事务工作，日理万机，服务周到，深得人心，同时也道出胡正老师善于团结同志、广结人缘、与人为善的个人品德。我到省作协工作后，深深感到胡正老师的热情、友善、大度、包容、豁达而又严谨的工作作风与做人做事的风度。改革开放之后，文艺界的思想如决堤之水，各种各样的思潮、流派、风格都纷纷涌现，加上文人相轻，矛盾重重，特别是在是非难辨的政治风波面前，文艺界更是处于风口浪尖。已经当了山西省作家协会党组书记（省文联与作协历来都是党组书记主持工作）的胡正老师，充分展示了那种包容兼纳，相信、关爱、保护作家艺术家的大家风范，所以中国文坛出现了“晋军崛起”的赫赫景观。那个时期，人们又戏称“胡正时代”。

为了大家的事，为了发展文学艺术事业，胡正老师不但甘心跑腿受累，低下一头；同样，为了坚持正义，主持公道，胡正老师也敢于直言犯上，据理抗争。这样的事，在人们的记忆中并不鲜有。

然而，他老人家却这样匆匆走了！

从此，文坛五战友，如五颗璀璨的明星，陨落了！

胡老！您走好啊！

新春将临忆胡正

段旭林

前不久还在读胡正先生送给我的《胡正散文作品选》和《胡正作品评论集》两部新出版的书，却不料前几日从报纸上看到了“胡正于1月17日在太原去世，享年八十七岁”的消息。再从桌边拿出先生的两部书，瞻仰着书前的照片，陷入了久久的沉思。

桌边的这两部作品集有胡先生的亲笔签名，还有另一部胡正夫人的《郁波作品集》，是二位于去年相赠的，签的字因其年老手颤有点歪斜，却令我感受到其中蕴含的满满情意。

书，细细读完不久；人，却悠悠驾鹤远去……

“文坛五战友”的李束为、孙谦，马烽、西戎已相继辞世。如今，胡正也走了。这虽然是人生不可抗拒的自然规律，但仍令人痛心！

上世纪50年代后期，我与文学结缘之后，这“文坛五战友”都是我的老师。每次赴省城开会，聆听他们的教导：读他们的作品，受到感染熏陶：在前进的道路上，得益于他们的帮助。多年来，我在他们这些“山药蛋派”作家的影响下，一直坚持着自己民族化、大众化的创作方向。

胡正先生十四岁即参加革命，从事剧社、宣传工作，十七岁即在延安《解放日报》发表处女作。继而在鲁迅艺术文学院部队艺术干部班学习，后在《晋绥日报》（新华日报）任副刊编辑。1953年，他从中央文学研究所毕业，又历任《山西文艺》主编，省文联秘书长、副主席，省作协副主席、党组书记等职。1992年，山西省委，省政府授予其“人民作家”光荣称号。

胡正先生一生的创作等身，小说、散文，诗歌、报告文学、特写、评论、戏曲、电影等体裁均有建树，但他主要写的是农民。他塑造的人物形象生活气息浓烈、语言朴实流畅，且有着特有的潇洒、俏丽风味。不少作品被收入不同时期的“名作”选集。先生最有名的代表作是1961年创作的长篇小说《汾水长流》，先后由多家出版社出版，并被改编为电影、话剧和多种戏剧演出，轰动全国。电影主题歌《汾河流水哗啦啦》，在社会上广为传唱。更难得的是，先生在耄耋之年，还创作出长篇小说《明天清明》，受到广泛好评。

在多次交往中，胡正先生给我的印象是十分爽朗、大度、真诚、热情。1979年原运城地区文联成立时，他亲临赴会，做了热情洋溢的讲话。此后，每次见面，他都要询问运城的情况，对年轻的作者关怀备至，并加以鼓励、扶持。只要与人有过一次交往，无论隔多长时间再见面，仍能叫上名字。他能歌善舞、平易近人、处事灵活，在山西文艺界，既是好领导，又是好管家。与朋友交谈中，时时坦诚地开怀大笑，声音是那样的浑厚、洪亮。熟悉他的人都说，这笑声伴随了他的一生。

胡正先生和他四位亲密战友的辉煌，将永载文学史册，永留人们心头！我好似看见他迎着明媚的春光，向着更加绚丽之宇，踏歌远行……

胡正老师周年祭

成 一

胡正老师辞世一周年了。这一年来，竟常常“忘记”胡老师已离别我们！按说胡老师也是享年近九秩的高寿了，只是，他走得太匆促，太突然，令敬爱他的人们实在难以适应。

胡老师是我这一生中最为敬重的师长之一。近年为就近子女，我多居异地；凡回到南华门，总能见着胡老师，也总见他身健如旧，而精神心态更佳。所以也未特别珍惜这每年不多的几次相见，及今后悔也没有用了。2010 年初夏，再次回到南华门多日了，一直未见着胡老师出来，就去家中看望，才知腿摔伤了。幸好未伤及筋骨，即将痊愈。问及其他身体状况，饮食、睡眠、血压、血糖等等，都正常得很。当时我刚参加韩石山兄新著《张颔传》的研讨会，便说起九十高寿的张颔先生在会上的情形。郁波老师当时指着老伴说：他已八十七，也快九十了。我心里还有些意外：胡老师也快九十了？他一向洒脱，开朗，亲和，真的很难与老态相“链接”的。那天，我与胡老师夫妇都毫无疑义地相约要迎接胡老师的九秩高寿。因为听郁波老师说“他已八十七了”，我便想到来年八十八，是胡老师“米寿”，又想起一句“何止于米，相期以茶”的寿辞，到来年可以借来为胡老师贺寿的。

传统称八十八岁为“米寿”，“茶寿”是一百零八岁，我是真心祝愿胡老师能逾九过百的。没有想到，他刚迈进“米寿”之年，竟如此“洒脱”而去了！

“西、李、马、胡、孙”这一代山西文学前辈，对我们这一代从文者的成长、提携、影响是很“给力”的，我自己受惠尤多。这中间，受直接领导、一起共事最多的，还算胡正老师。我1983年调回作协，不久胡老师开始主持新“独立”后的作协工作。因此有幸亲历了胡老师如何举重若轻地带领全省文学界，在“文革”后百废待兴的局面下，迅速腾飞起来，促成了建国以来山西文学事业的第二次高峰期。

说“迅速腾飞”，不是套话。作协与文联“分家”后，胡老师开始主政，到1988年底换届卸任止，也不过四五年光景。可这四五年间，成就了多少大事！例如：老中青几代作家空前团结，更空前壮大；几乎年年能有好作品在全国获奖；老牌《山西文学》进入新的黄金期，又新创办了两份刊物《黄河》与《批评家》；承办了沿黄河八省区作家参加的首届《黄河》笔会；得到省委支持，开始筹办文学院；组织开展对外国际文学交流；新建了多栋公房，极大改善了机关创作及生活条件；在全国形成“晋军崛起”的呼声；省委、省政府也肯定作协是全省最有成就的部门之一，等等。

说“举重若轻”，是我的真切感受，更是大家的共识。胡老师似乎总是“羽扇纶巾谈笑间”，就把工作做了，就将难题化解了。这当然因为胡老师有高超的组织能力和领导艺术，有宽博的胸怀和人格的魅力，但也更缘于他的高风亮节。胡老师主政时，没有自己的办公室，也可能因为当时办公条件太困难吧，而他从来不用别人代写发言稿之类，则是一种操守了。他常说：“作家当领导，还要别人写发言稿，那不是丢人吗?”我所亲历的胡老师主持的会议，他都是在听取大家发言时，随手记些可取的要点，也不多；总结会议时便出口成章了，记录下来，即是一篇贴切的出色的总结报告：有“干货”而无套话；出文采而破八股。代劳的秘书，岂能写出这样水平的报告！

而这四五年，正逢改革开放的启动期，一切都处在大变局中，敏感的文学更不例外。胡老师作为从延安走出来的老干部、老作家，处此大变局中非但没有不适应之表现，反而如鱼得水似的借得东风，无私奉献出自己的智慧和辛勤，将山西的文学事业推入新的兴旺期，高峰期。这是山西文学界的幸运。我也分享到了这一幸运。这更不是客套话。那几年我常外出参加各地的一些文学活动，每遇外省文友抱怨领导保守、内斗内耗、嫉贤妒能、住房困难等等，便要暗生此幸运感、加深此幸运感。

那几年，我在胡老师领导下，先后参与了筹办《黄河》杂志和文学院。我调回省作协，本来是想脱离政府机关那种事务纷扰，一心做专业作家。但回来后，就被“压上担子”：与一同调回来的韩石山兄等负责筹办《黄河》。这本来是胡老师领导的党组大胆启用年轻人的举措，只是此前我陷机关事务十多年，真是想一心写作。这属私心，还是跟胡老师恳切提出。他几句话，我就无言以对了：“这是南华门的传统，作家都得分担工作。我和老西也想专心写东西，可工作总得有人做呀！”西戎老师当时是省作协主席，已任职多年。他们为工作牺牲创作多少年了，我还能再说什么？作协的职务不是官职，这是我迈入作协门槛后，受到第一堂“准入”教育。

当时筹办《黄河》有领导组，胡老师任组长。我在县委机关那种等级分明的官场环境呆久了，习惯地觉得，胡老师既是党组书记，又是领导组组长，理当勤于请示汇报。然而，胡老师却是十分的放手：研究定了办刊方针、理念，其他一切具体事务，都由你们编辑部定夺，不需事事上呈领导组。这说起来也没有什么特别，官面儿上似也都是这么堂皇宣示，但以我在官场所见，你真要太“自主”了，麻烦也就来了，此即今所谓潜规则者。但胡老师却是真的放手！筹办期间，他管大政方针，管要刊号，要经费；而刊物的稿件、封面、创刊词，特别是风格、特色、个性等等，则全由我们来“折腾”了。创刊号出来，我能看出，胡老师对刊物的有些方面是感觉不尽如意的。他倒不是嫌不够“山药蛋”味，反而是觉得不够高昂,气魄稍逊。但他却是以一种商讨的口吻与我们交流的，并表示尊重我们的尝试。对山西既有的文学传统——“山药蛋”流派，胡老师及其他老作家，都表现出十分开放的态度，从未有必须师承、优先对待之类的要求。我们在创刊号上，刊出了“现代派”的诗歌：江河的《太阳和它的反光》，胡老师还表示了赞赏：“百花齐放，好啊！”山西老一辈作家在艺术上的这种开放态度，也是那时山西文学能繁荣兴旺的重要原因。我特别难忘的，还有一件事。编辑《黄河》头几期时，胡老师曾推荐来一些省内外老作家的长篇稿子，因容量、题材等原因，大多未采用。我们说明原委，胡老师总毫无愠色，日后也无介怀。这段经历，使我更感觉到作协是大不同于官场的：你是可以跟领导平等交流，深入探讨业务的。何为亦师亦友？此之谓也。调回作协后，归属感、凝聚感日深，就是这样形成的。

胡老师对我在生活上如家属调动等等，帮助也很多。我当然是不会忘记的。

胡正老师以及马烽、西戎、孙谦等老师，都是资深的老革命、老干部，名满全国的大作家，但他们都一样的平易如常人，不愿摆虚架子，不愿有官气，只是想将他们的才华与智慧，如和风细雨般施惠于他们钟爱的事业，这一如他们的作品。胡老师为我们留下了《汾水长流》这样的长篇佳作和许多脍炙人口的中短

篇小说，他也为我们留下了许多优良传统和高风亮节，还有他的人格魅力，他坦荡爽朗的笑声，这一切都已成为宝贵的遗产，继续使我们受益。

去年胡老师猝然去世，我在沉痛中曾仓促写出一篇悼文。因觉未能表达心中欲表达之万一，故也没有发表。在此周年祭日，重新写出此文，依然是文不胜义，亦只能如此了。好在我知道，我和所有敬爱胡老师的人们，是永远不会相信他会离开我们的。所以在此周年祭日，还是让我们向胡老师问一声好吧！

胡正恩师祭

周宗奇

六天前，就是2011年元月12号，我在博客上发过一篇配有照片的小文《岁月真无情》，很短，如下：

忽然翻出这么一张老照片什么意思?

这是几年前与胡正老师在机关大院的一张合影。你看，“五战友”硕果仅存的他是多么精神矍铄，可今天下午当我们来到他病床前时，情景又叫人多么痛心、难过，那样一位相貌堂堂的男子汉，被病魔啃咬得面目全非。我的心在颤抖！

当年，是他和马烽、西戎三位老作家，亲自下去把我从煤矿里挖出来，走上一条文学之路；刚做了半年小说编辑，又是他代表作协党组与我谈话，要我出任《山西文学》编辑部副主任；我的第一部短篇小说集《无声的细流》是他作的序；我升任《山西文学》副主编、主编，成为当时全国省级文学期刊最年轻的主编，他都是最主要的推手之一；即便后来我的文学追求与他们的“山药蛋派”渐行渐远，他总以博大的胸怀和豪爽的笑

> 声将我包容……他和马烽先生、西戎先生、孙谦先生一样，都是有大恩于我的人生老师、文学父母。
>
> 今天这是怎么了？下午3点我和王东满去吊唁一位谢世者，我的大学同学，他的通家故交，心情本来就很沉重。刚回来占平兄就电话告我说，胡老住院了，状态很不好。于是我们俩又加上张石山、陈为人，直奔省人民医院，看到的场面足可叫人彻夜难眠……
>
> 固然，生命总有尽头。可你来得太突然，太不近人情啊！上个月胡正先生还和我们一道出席盛会——《山西文学》创刊六十周年纪念活动，他还是那样的谈笑风生……现在这伤心的一幕，却让我们如何接受？
>
> 我们四条汉子只好忍着泪说：胡老师，你会好起来的！

拙博文的反响还有点，有评论，有收藏，有留言……其中有人说，“一直没见过胡老，这次算了了一桩心事，祝他老人家早日康复”；有人说，“我向太阳许个愿，愿太阳为胡正先生及时送去温暖”；更多的人则是“为胡老祈福”、“为前辈祈福”、“祝福胡老师快好起来”……最叫我动心动情的是这样一位博友，他有感于图文，说：“他像你父亲!”

我自幼丧父。父亲于我是一种声音：“到了，别睡了。”后来我追问母亲，她说这可能在西安时，夏天去你老舅八里庄别墅路上的事吧。这就是我仅有的父爱。十一岁离开家，离开母亲，到外面上高小，上中学，上大学，暑假打工挣学费，顶着个“资本家兼地主”的家庭成分踏上人生苦旅。好不容易熬到大学毕业了，却被打发到人间最底层——下矿井挖煤去。无限少年缤纷梦，尽付东逝水，知向谁边？这一种失落，属于永远的心痛。总不甘沉沦，便气鼓鼓地开始写小说，先后在《解放军文艺》《光明日报》《山西日报》等报刊发表了近十篇（部）中短篇小说之后，依然难以出山（老实说，当时拼命写作，就是为了改变处境，绝无什么“两为”觉悟），那时我真的彻底绝望了。

也就在这时，马烽、西戎、胡正三位先生出现了。他们不知为什么事来到临汾，问文联主席郑怀礼有没有发现“好苗子”。胖乎乎的可爱的郑老头后来告诉我，他说霍矿有个娃写得不错。他第一个就推荐了我。于是乎，一个电话把我叫到了三位先生面前，算面试吧。北返时我们同车。胡正先生问我：“想去太原工作吗？”我的心狂跳不已，我说想去，其实我想说的是，这不是做梦吧！车到辛置站，我不得不下来，望着北去太原的火车，禁不住热泪长流……这么多年来，有的只是歧视、压制、伤害与冷漠，哪有过这样父亲般的温暖与关爱？

1979年，我发表了新作——短篇小说《新麦》。不料引出一个不大不小的麻烦。河南等省先后有几位县太爷告“御状”，说《新麦》是给大好形势抹黑，应追究作者责任（有的告到了中央组织部。一位大学同学在那儿工作，事后讲给我听的）。省内也有一位县太爷找上门来说事。又多亏当家的父辈们替我遮风挡雨，大事化小，小事化了。尤其胡正先生特别约我说：你该出个集子了，别忘了把《新麦》闹上。我来写序。他在序中写道：“周宗奇是一位富有热情而又勤于思索的青年作家。”“他在保持前几年创作的特色，即饱含激情描绘善良的普通人的同时，开始了较深的探索。”“《新麦》是一篇有着较大社会影响的佳作。他写了‘四害’横行时一个县委书记为了邀功而虚报产量，使得全县人民挨饿，他却高升……的故事。揭示了直到今天或者以后都值得深思的问题。”“每当他的小说发表时，就以其真挚的感情，使人感奋的力量，和他所着力塑造的一些感人的人物形象，以及

发人深思的社会现象吸引着我，以至在这本小说集出版前我又重读他的作品时仍不减兴味，这就是我所以喜欢他的作品的缘故。”

还有什么比这种带着父辈关爱的鼓励与支持更有力量的？

从上世纪 80 年代后期开始，我又“开始了较深的探索”。我把关注农民问题改为关注知识分子问题，把对人的生活现状的描绘改为对其灵魂的扫描，把已然失重的小说形式改为批判色彩的纪实手法，而且选中了一个填补历史空白、然而注定不会带来好果子吃的课题——中国文字狱……我完全忽略了自己是在一个父辈们视为生命所在的“山药蛋派”的大本营，这里是演绎农民正剧和喜剧的标杆舞台，唯一的宗旨就是为党写农民。

当然，我有我的思索。“三农”问题固然事关国运民脉，头等重要，可知识分子问题就是二等重要吗？一个国家一个民族要想傲然挺立于世界民族之林，没有一支一流的知识分子队伍能行吗？他们应该“不趋炎附势，不迷信权威，不贪恋财富，不屈服于恫吓”，具有最先进的社会理想和独立社会人格，他们应该像苏格拉底一样公开质疑权力设定的价值标准，不惜丢掉宝贵生命；应该像索尔仁尼琴一样，谁搞暴政残害人民就把唾沫吐在谁脸上；应该像托尔斯泰一样，面对沙皇政府的血腥暴政而写下《我不能沉默》的正义篇章；应该像我们的山西前贤杨深秀一样，为了改革大业甘愿舍生取义……他们没有一点私心，这样做完全是对社会罪恶的愤怒，对人民苦难的敏感和同情，对一名知识分子应有的人格尊严的爱惜与敬畏。

然而你去反观一下我们的知识分子同类，先秦以降两千多年来，有几个这样现代意义上的真正的知识分子？在在多有的是臣服权力，迷恋官场，争功邀宠，变卖灵魂……精神侏儒化愈演愈烈，文化软骨病日甚一日，唯有在围剿自己的同类时，才表现出意外凶悍的战斗力，因为洞悉同类的弱点与羞处，往往一击中的，见血封喉。一部血淋淋中国文祸史，就是代代犬儒知识分子们的狂欢与败亡。

为此，让他们像农民一样觉醒、反思、振奋，把自己人头按在自己项上，把自己灵魂装回自己胸腔，重塑一个具有独立思想、自由精神、不屈操守的知识分子自由身，难道不是一件于国于民于己都很有意义的事儿吗？

我父辈的作家们，马烽先生，西戎先生，孙谦先生，当然还有胡正先生，能理解我的思索吗？从他们的眼神中，神态中，话语中，沉默中……我明白了代沟的含义。但是，他们是伟大的父辈，胸怀博大，仁慈善良，我不喜欢但我不反对，非我门派却也容纳，我不放心把家业传承于你这个儿子，可我也会让你吃饱穿暖，想干啥尽管干，能成就一番功业我照样高兴，证明你错了你再回来也不算晚。尤其胡正先生最为开明，见面总会关切地问：文字狱写到哪儿了？有什么困难没有？要写就写完，别半途而废；出版不了别气别急，放一放，慢慢会好的……就在前不久，我把人民文学出版社新版的《清代文字狱》送给他时，故意开玩笑说，胡老师，以前我送过你了，这一版的就算了吧？他立马一阵陈为人先生认证的“胡正式”哈哈大笑：“要，要，这一码是一码呀。”在“五战友”中，如果说那几位父辈更多一种“党员老作家”的威严的话，胡正先生则别具一种民间文人的平和、亲和劲儿。

而今，“河清不可俟，人命不可延。”众多博友的祝福祝愿，抵不过赵壹这《秦客诗》，胡正父辈终于没能好起来，赶在春节前驾鹤西行，要与马烽先生、西戎先生、孙谦先生、束为先生欢会于高天祥云之上，把酒笑谈之间，再续“五战友”前世未了情缘。

只是，这遽尔降临的天地造化，让我们活着的后来者不能承

受之重，满腹痛悼之情又如何仓促成篇？哀哀之中，唯愿胡正先生及其他父辈英灵，遨游九天之余，莫忘继续关爱你们的后代子孙；魂归大美之日，再将东四条的文学事业做大做强。

胡正父辈，你永驻我心！

悼胡老

蔡润田

那天（1 月 21 日），参加完胡老遗体告别仪式，回到书房，心绪颇不宁静。想到前不久与胡老一起开会，尚不知罹患不虞之疾。不及匝月，竟溘然长逝，哲人其萎。痛悼之余，便不能不对医界心存质疑：据悉胡老 10 月份刚刚做过体检。体检何为！胡老走了，连他自己都不知道何以走得如此匆遽！

近一两年来，胡老看上去确也略显龙钟老态，不似先前健旺、干练了。但，仅此而已，日间进出相遇，见他依然耳聪目明，言动自如。也从未听说有什么沉疴宿疾，更不必说这等不治之症了。私心以为胡老年届耄耋，只是心性更趋沉潜渊默，绝不会把这目为大去朕兆的。

一

我与胡老相识于上世纪 70 年代中期，从 1975 年后半年我到省文艺工作室参与筹备《汾水》事宜始，迄今三十多年。胡老爽朗豁达、耿介率真的为人以至于日常生活、工作中谈笑风生、明敏干练的作风都让人钦慕、感佩。多年来，我与胡老自也有些过从，而亲炙教益至为深切的，应该说，还是在他任党组书记主持作协工作的一段日子里。

1984 年胡老任党组书记，决定创办《批评家》，要把我从《山西文学》评论组抽出叨忝其事。兴趣所在，我自然乐于从命。至于任何职事，随缘就分，并不十分在意。且人事安排，历来由组织决定，依例而行，宣布一下也就了事。是无须征询下级人员意见的。然而，突然有一天，胡老把我叫到家里，竟开门见山，对我说：你看你们俩谁当主编合适。不知怎的，这话让我顿时有一种莫名的感动。近乎膺受一种优渥礼遇，我越发觉得在这个问题上无须让这位长者费神。我不乏自知之明，当即表示，让年事既高，且资历、品学都好于我的一位同事出任主编。胡老见我情词恳切，颔首微笑，便不再说什么。事后我想，大约因为我到作协较早，且做编辑还算认真，怕我作副手心生怨艾吧。不管怎么说，这件事于我不啻人格上的莫大尊崇，让我一直心存感戴。胡老对下级尊重与爱护，绝不弄权作术，视属下为玩偶，随意摆布。这是大家之所以觉得在胡老手下工作心情舒畅而努力的原因所在。

二

《批评家》创刊之初，只有主编董大中和我两个人。后来山西大学中文系应届毕业生赵勇前来实习，说是实习，实际对编辑工作颇多助益。经过一段实践与交往，我俩觉得赵勇谨悫笃实，文字功底亦好，在他毕业时我们决定把他正式调入编辑部，并就此请示胡老，胡老当即慨允，表示只要我们看上他绝无异议。于是我们很快与校方有关人士接洽并谈妥。在我们看来，此事顺理成章，至此已完事大吉。赵勇也觉得到《批评家》可算得其所哉，甚是欣喜。然而，事有蹊跷，毕业分配时，突然有一天，一位山大与赵勇同届毕业的女生不期而至，说是被分配到《批评家》工作。这让老董和我备感错愕。我俩瞠目相觑，真不知其胡为乎来哉！或许这位同学品学无可挑剔，但素无一面之雅，哪里晓得能否适合这里的工作。在编辑部只有两个“光杆司令”、需才孔急之时，却平添如此乖情悖理、令人哭笑不得之事，我们自然不能接受。随后我们向胡老作了汇报。胡老觉得此事滑稽，慨乎言之：“乱弹琴”，表示支持我们的意见和做法。后来我们隐约听说，其实，学校如此行事，亦假力于人，是有些来头的。然而，作协始终维持原议，不改初衷。致使校方（或曰上方）迄未如愿。此事，对我们这些小人物来说，虽说有所违忤，上面也无可如何。对于党组书记的胡老，承受的压力之大就难以想象了。虽然，胡老一力担承，并不曾向我们吐露什么。另一方面，对赵勇的离去深表惋惜，直到最后还想挽留，可惜，已回天乏力。这事让我们很受感动。胡老凡事都为下属着想，为回护属下，维护正义，不惜开罪于上方。绝不会罔顾是非曲直，一味“承逢上意”。

胡老主政作协，素以关爱、信任、放手激励大家的工作热情，从不妄事吹求。宽松的工作环境、气氛，使《批评家》办得有声有色，在国内影响日隆。可惜，未几胡老离休，几年后，他一手培植起来的刊物也无端告吹了。不过，就我个人而言，在此期间，被吸收入党并获山西省优秀编辑称号，这不值一提，我想说的是，我的工作是得到胡老的嘉许，自己也是得到胡老关照的。

我资禀驽钝，夙性散淡，不擅也不喜交际。尤其对一些耆老名宿“多外慕而中畏之”，难得有情感上的亲和与声气上的相契。然而，对胡老却是我感到格外亲切的例外之一。这种感情久蓄于心，从未表白。如今，胡老神归大化，更是无从致意。俗云：书生情谊一片纸。看来只能以此聊致歉忱，期以闻之于泉下了。

胡正先生教我们搞创作

何成丁

在天津上中学的时候，承蒙语文老师关照，我听过几位大作家如方纪、孙犁、老舍等先生的文学讲座。有时在中国大戏院，有时在天津青年宫。每次讲座，听众都是数以千计，场内座无虚席。那气派就不用说了，作家在台上一亮相，华灯四射，光芒万丈。听众肃然起立，掌声雷动，经久不息。至于所讲内容，当然非常生动，然而给我留下的印象却没有多少。一是因为自己年少无知，作家的演讲对我无异于“对牛弹琴”。二是作家们高坐台上，我们数千人在台下远距离聆听，两三个小时的讲座一结束，人们还来不及消化便各奔东西了。

听胡正先生的讲课就不是这样了。

那时我刚从天津调回灵石，年龄三十出头，也试着写过一些诗歌、小说、戏剧之类的东西，也就勉强被当做业余作者了。县文化馆每年都要组织文艺骨干进行培训，文学方面由温暖先生负责。胡正先生是我们灵石人，可能因为“近水楼台先得月”，文化馆竟不止一次请来这位大作家为我们这些小作者讲课。说真的，我们这些人都有点受宠若惊。

参加培训的不是数以千计，也不是数以百计，而只不过十几个人。地点也不是在什么大剧院、大礼堂，而是在原旧城招待所。那时的招待所可不像如今的灵石宾馆，除了一个兼做餐厅的会议室外，就是像咱普通百姓住的小平房小窑洞了。

胡先生就住在一间平房里，这也是我们听课的地方。开始我们还有些紧张，但因为胡先生平易近人，没有一点大作家的架子，一两天以后，我们也就无拘无束了。听课时，或蹲坐在小板凳上，或盘腿坐在胡先生床上，先生和我们亲亲热热，像一家人一样。

参加培训的人，当然都是一些文艺爱好者。有的是带着作品来的，有的是只有了构思或写作提纲而没有定稿，我带的是小戏初稿《育红滩》。参加培训的人年龄都不大，如今大部分都很有作为了。例如赵进阳同志，先搞写作，后来投笔从政，当了县长、县委书记。梁佳华后来当了《晋中日报》《山西日报》的编辑。至于温暖老师，后来当了晋中文联副主席，早已是知名作家了。

胡先生给我们讲课不是两三个小时就结束，而是来一趟就讲好几天。讲课方式也不是照搬文学理论讲大道理，而是结合我们的实际情况有什么问题就解决什么问题。为此他常常是晚上给我们看稿，白天给我们讲课，然后教给我们如何修改。他的讲课深入浅出，给了我们很大启发。

我带的小戏《育红滩》是说一个农村小学组织学生下地劳动，这块地当年是大地主的。这一天，老师把一位苦大仇深的贫农老大爷请到现场为学生忆苦思甜。从此这块土地就被命名为《育红滩》，就像现在的某某教育基地吧。

现在看来，这个所谓的“小戏”，既没有性格鲜明的人物，也谈不上戏剧冲突，它只能是一场有说有唱的政治报告。然而就是这样一件微不足道的作品，胡先生也没有嫌弃，并以此为例，

给我们讲了一上午课。这一课的主要内容是“文学作品的人物塑造”。虽然事隔多年，回想起来，仍然记忆犹新。概括起来有以下几点：

（一）文学作品，特别是小说、戏剧，首先要考虑如何塑造人物形象，突出人物性格。文学作品表现主题思想不是作报告、讲道理、发议论，而是要通过真实的生动的人物形象以情动人。这就必须写出既有共性又有特性的个性人物。所谓鲜明的个性就是这个人独一无二的与众不同的性格。千人一面就必然会形成概念化、公式化。为什么《育红滩》中贫农老大爷讲家史平淡无味，而《红灯记》李奶奶讲家史，观众没有不落泪的？就是因为前者没有写出人物性格，而后者是靠李奶奶、李铁梅这些动人的形象感染了观众。《红楼梦》写了四百多人，性格没有一个雷同的。这就必须熟悉生活，要做到“目中有人”、“心中有人”，平时要多观察、多积累。胡先生的讲话切中了我的要害，我从小生活在城市，地主和贫苦农民只在电影里见过，这怎么能写出真实生动的人物形象呢？

（二）现实生活是错综复杂的，所以文学作品必须写出人物之间错综复杂的关系，这样才能表现生活的矛盾冲突。人物之间的相互作用和冲突就构成了作品的内容和主题。什么是戏剧？戏剧实际上就是人物性格的矛盾冲突。《红灯记》中三个不同姓氏的三代人组成了一个革命的家庭，三代人在对敌斗争中表现了他们鲜明的个性，这就形成了戏剧。听了胡先生讲课我才发现了，我们初学写作的时候，往往是根据主题需要编造故事情节，然后捏造几个人物当做传话筒替作者在台上说教，这样的作品怎么能不失败呢？胡先生举了很多例子说明刻画人物并写出人物之间相互关系的重要性。他说没有诸葛亮的足智多谋，没有周瑜的心胸狭窄，就不可能有诸葛亮三气周瑜而致死的故事。三气周瑜的故事不是作者随便编造的，而是人物性格冲突决定的。你《育红滩》中的几个人物有什么样的联系呢？人物性格没有矛盾冲突，人物之间没有关系，还有什么戏剧可谈？

（三）一定的性格是在一定的环境中形成并随着环境的变化而发展变化的。所以环境是人物性格的根源。只有深刻地描写了人物所处的具体环境并在特定的环境下形成特定的性格，人物才能是活生生的。故事情节实际上就是人物性格和环境相互作用而又合乎逻辑的发展。作家必须从人物所处的典型环境中反映时代特点和社会风貌。所谓典型环境是指人物所处的具体环境和时代环境的辩证统一。例如《沙家浜》，离开了抗日斗争中的江南水乡，也就不会有阿庆嫂、郭建光、胡司令、刁德一这些人物形象，没有了这些人物也就不可能有《沙家浜》这个戏。

胡先生给我们讲了一上午课，最后总结说："今天实际上就是给大家讲了恩格斯说过的一句话'真实地再现典型环境中的典型性格。'"

通过胡先生深入浅出的讲解，我明白了不少有关文学创作的道理。如果说后来我写的几个小戏还勉强能被观众认可的话，与胡先生的指导是分不开的。

乡音未改情更浓

李仁海

上世纪 60 年代初，我到灵石县委会当通讯员不久，副秘书老孟把我叫到收发室说：“胡书记回来了，安排住在后院，增订了几份报纸和杂志，包括他的来往信件，一定按时送到，不可丢失。”胡书记是谁？收发员杨瑞清拿起桌上放着的一封来信让我看，胡正，这个名字我知道。从此，我一直称呼他为胡书记，觉得这是上级的指示，要绝对服从，时间一长，习惯竟成了自然。我的分工是搞外勤，每天给领导送文件之类的东西有固定时间，所以一个礼拜左右的时间里只闻其名而未见其人。

那时候的县委机关，驻在灵石旧城马号北端一处古老的大宅院，大门外只挂着“中共灵石县委员会”一块牌子。据说这地方日本人占领时扎过红部（红部是语音，用字没弄清楚），直到我来时，前院日本小鬼子临时搭建关押中国人的狗窝还留有残迹。最大的变化就是在大门到二门之间，用狗窝倒塌的碎砖铺砌了一条既宽且直的人行通道，略带坡度，里高外低，有进进出出的人在大门口的门房中就能看得一清二楚。记得一天午后，天气酷热，小报社编辑吴瑞田坐在门房等人。突然从二门口出来一个人，中等身材，脸面白白净净，头发乌黑发亮，上身穿着白衬衣，下身穿着黑裤子，整个人看得黑白分明。他手里拿着一把纸扇，边走边摇，风度翩翩。吴瑞田一下子站起来悄声对我说："胡正回来了？"经他这么一说，总算和胡书记见面了，确切地说，是我认得人家，人家却不认得我。这也无妨，并不影响我对胡书记的崇拜，因为从他的口里，我也有了符号，叫"小鬼"。

在我的印象中，县委大院并没有多少干部，但是学习的热度非常高。每天早饭之前有一个小时的学习时间，不分领导、干事，就连我们这些公务勤杂人员都能坐在一起，学政治，学时事，学文化。除此之外，宣传部每周五的下午组织县级机关干部上一次理论课，分别由部长和理论教员辅导，有时也请县委的领导讲授，地址就在中院的南抱厅。大约就在胡书记创作的小说《汾水长流》刚刚出版不久，周五的理论学习请胡书记演讲。恽婉仪部长用标准的上海口音主持发言后，胡书记开了腔，满口地道的灵石话。那次演讲，也许胡书记不记得了，但随着日后《汾水长流》小说及改编的电影风靡于世，加之电影插曲中那句饱含乡土气息的"狼尾巴"，让灵石人一旦写到"物华天宝、人杰地灵"时，觉得若有所指。

有幸聆听了胡书记的那次演讲，多年之后，《汾水长流》中如郭春海、杜红莲等主角几乎淡忘，唯有那个小角色赵玉昌，清晰地印在我的脑海中。胡书记说过："小说中那个酒铺的掌柜赵玉昌，怎么写才能把他的形象塑造得更加生动呢？我在北街上转悠，看到一位老者手中经常把玩着两颗空心铁蛋，把这两个空心铁蛋变成耍核桃放在赵玉昌的手中，通过这个小道具，赵玉昌的商人特色不就展现在世人面前了吗！"就这一点，深入的观察、准确的描述、生活的积累，这些写作最起码的常识一概其中，让我受益良多。我没有受过高等教育，不知道教科书上有没有这些内容。

1997年8月18日，是灵石县有史以来第一个文化旅游节日，胡书记应邀回到家乡参加了庆典活动。回来的还有中国科学院院士何泽慧、中国版画家郝力群，他们尽管没有坐在第一排，但是台下的群众还是擦过前两排座位上的人头，对他们引领翘望。灵石本土的几大文化版块书写赞美家乡的“历史悠久、人文荟萃”时，无不以这些科技界、文化界的灵石籍名人而倍感自豪。

2004年，胡书记又一次回到家乡参加“8·18”文化旅游节。第二天，按照日程安排游览石膏山。从龙门峪过天河桥上山，胡书记一路赞赏：“好，好，山好、水好、树好、空气好、景色好!”总归一个好字了得。走了大约二百多个台阶，在离龙门石壁还有一段距离的地方，我看到他气喘吁吁，劝他小憩。他干脆说：“不走了。”也许是在家乡人面前不愿扫兴，缓了口气又说：“我也走了不少地方，石膏山还真是不一般。”

石膏山还真是不一般！这个断语触动了我的神经。我有一个毛病，大凡遇见名家，总想请教一些自己难于委决的事情，特别是从事地方文史工作以后，这简直成了一种思维定势。我说：“石膏山是美，可是很多人都觉得这个山名不美，一是显得土里土气，像灵空山，一听山名就神飞逸动；二是外地人常误认为此山盛产石膏，大煞风景。依你的名望，重新改一个名字好吗?”

“嘿！这么古老的大山，我可改不动。”这句话让我深有感触，正所谓“听君一席话，胜读十年书”。他发表的文章比我读过的课本都多，他辗转于塞北江南，过的桥比我走的路也多，我提出这样的问题，显得有些浅薄无知。孤陋寡闻、自以为是是为文者的大忌，动辄得咎古人，不是存疑，就是笔误，相形之下，胡书记治学的严谨态度，实在值得我辈学习。也就是他这次回家乡过年，写下了情深意厚的时评《灵石文化气氛浓》，发表在当年《山西日报》8月31日黄河文化周刊上。他身体力行，对灵石的文化界是个很大的鼓舞，有多少年轻人更加奋笔耕耘。文化是一种熏陶，说实话，灵石最近十数年的文化工作，堪称黄金时期，不管大大小小的老板，还是来去匆匆的过客，不乏有人对文化的魅力刮目相看。如果说这是一个进步，它和胡书记等老一辈革命文艺家的感召是分不开的。

《灵石文化气氛浓》收录在今年出版的《胡正散文选》中，乡音不改的胡书记，不打官腔，用实实在在的灵石话，说出来的是比乡音更浓的乡情。仔细品味，既是赞扬，又是鞭策。他为什么要那样写？家乡的人该怎么着？文化名县的路子又如何走？这一系列的问题，三言两语恐怕难以说清。不过，我认为说不清的本身就是一种推动。

胡书记是革命老前辈，有关他的革命业绩知之甚少。2004年的农历十月，我和原晋中地区文联副主席温述光、县政协副主席闫耀忠、原县人大副主任李能永、县政协秘书长李双荣等人，受灵石县政协和县文史研究会的委托，到胡书记在太原南华门东四条的寓所为他八十大寿祝贺时，他亲自署名送给我们每人一套《胡正文集》。当我看到具体叙写家乡的两篇文章时，不禁心潮起伏，浮想联翩。

这是他在灵石体验生活、挂职期间的作品。一篇是有关工业题材的《钢铁火花满天红》，一篇是有关农村题材的《梧桐河岸的春夜》，这两篇文章都是写在那个现时人嗤之以鼻的大背景下。我没有资格来评价作品的优劣，可有感于他把这一时期的作品收集于文集当中。真正的共产党人和有良心的文人，看问题、办事情、写文章，心目中装着人民大众，把他们火热的生活场景以及追求美好、投身炼狱的奋斗精神反映出来，形成一股正气。只要是灵石人看到这些字句，就会想起那个年代，没有经过那个年代的后人也应当知道，那是一个头脑发热而目标向前的年代，而绝对不是一个唯利是图、尔虞我诈的年代。文集中存录这些文章，让我们看到毛主席《在延安文艺座谈会上的讲话》没有过时。文如其人，有时一个人的穿装打扮，代表他的生活情趣或性格，正如他四十年前给我的第一印象：黑白分明。

悼别胡正先生

梁志宏

正值小寒大寒之间的隆冬时节，太阳也被冻得脸色苍白。德高艺隆的人民作家胡正突然病逝，又为这个少雪的严冬平添了几分寒意。

我得知这一噩耗后，匆匆赶到胡正先生家中。灵堂肃穆，作家们吊唁的高潮已过，各界人士仍不绝如缕。点燃心香一炷，向敬重的胡老的遗像深深鞠了三躬，想到我尊崇爱戴的胡老从此撒手人寰了，不觉凄然，缕缕悲情袭上心头。

悲情也弥漫在胡老小楼前的“迟园”，几株小树站在门侧萧瑟无语，似乎也在哀悼平日里爱惜和侍弄它们的主人。院子四周花圈重叠，这小小院落怎能盛下四面八方汹涌而来的哀情与敬意。我的目光扫过挽带上中国作协主席铁凝、党组书记李冰和省里领导的名字，为中国现当代文学史上“山药蛋派”最后一员主将离去而叹惋。又想到去年末著名作家史铁生离世掀起的悼念波澜，这个寒冬对文学界真是有点儿残酷了。

我与胡正先生初识于 1966 年“文革”风暴骤起的那个夏天，只是相逢而谈不上相识。中共中央“五一六通知”发布后，省委宣传部从山西大学抽了中文系十个学生、一个教师，进驻省文联搞大批判，我是其中一员，于5月底住进了南华门东四条文联大院。随后任务明确了，秘密撰写批判“山药蛋派”作家赵树理和李束为的两篇大块文章。入住两个多月，未见批判对象，却认识了马烽、郑笃、孙谦、胡正、公刘等著名作家诗人。当然只是在院子里碰上，说几句空泛的题外话。胡正给我的印象随和、洒脱，他因长篇小说及同名电影《汾水长流》获得名声，尤其是主题歌《汾河流水哗啦啦》几乎家喻户晓，引起入住文联同学们的格外关注。有了这一段“邂逅”，十余年后我去南华门东四条见到劫后余生的“西李马胡孙”便算重逢了。说起当年大批判，我表示心有愧意时，马烽、胡正总是说：“大学生也是奉命而为，咱们都是受害者……”说这类话时马烽明亮诚挚的眼神、胡正仰身爽朗的笑声，还有孙谦拉家常般的平和神态，至今都历历在目记忆犹新。

这以后每逢春节登门拜年、文学界开会时见面，我与包括胡老在内的“五战友”接触多了，对他们的印象也就更深了。胡老有着火热的情怀，他为人豁达、大度，而且仗义，主持作协工作时往往删繁就简、举重若轻。重要的是在胡老身上有一种特殊的亲和力，可以称之为人格魅力吧。由于太原市文联1956年初创时与省文联合署办公，实际上是一套班子、两块牌子，因而身为省文联秘书长的胡正先生一度也是太原市文联秘书长。有了这段特殊履历，胡老对太原市文联和太原作家群更多了几分关爱。我在职期间，胡老多次应邀参加城市文学社和太原市文联、作协举办的活动，讲话时对太原作家和青年作者总是给予肯定与鼓励。

上世纪90年代末的秋天，有一天我去省作协办事，在绿阴葱郁的院子里碰见胡老，还有周宗奇、张不代、曹平安等，大家围拢在胡老身边聊天。我说起宗奇曾在一篇文章中提出：这几年南华门的风水转到南肖墙了，意思是太原作家群出作品出人才势头很好。诗人张不代“噢、噢”两声，说看过宗奇那篇文章，表情复杂未置可否。胡老爽朗地笑道：“宗奇这话有一定道理，太原作家这些年是出了不少好作品呀！蒋韵、哲夫、孙涛，诗人梁志宏，还有剧作家梁枫……”曹平安正好带着相机，“咔嚓、咔嚓”给我们拍了几张照片。感谢平安兄，让我与胡老有了一张弥足珍贵的合影，画面上的胡老面带微笑，显得那样慈祥、平和与从容，我则如浴阳光，如沐春风。大约十年之后，在2008年召开的梁枫戏剧创作五十周年座谈会上，我有幸与胡老坐在一起，友人又为我们拍下了合影。胡老虽然显得老暮，可脸色还好，发言很有底气，我祝愿老人多多保重。如今胡老已去，照片仍在，只能让晚辈寄托心中的念想。

马烽老师2004年早春逝世后，我为自己多次拜访却未开口求一幅墨宝而遗憾。于是想到“五战友”硕果仅存的胡老，在这年秋日的一天，忘了在一个什么场合，我向胡老表达了求字的愿望，随便写什么内容都行。胡老慨然允诺。没过几天便打来电话，说字已写好。我急忙赶到胡老府上，胡老和夫人郁波热情接待，竟然写了两幅，当即展开，其中一幅录自李白诗《庐山遥寄卢侍御虚舟》：“登高壮观天地间，大江茫茫去不还”，寄托了胡老对我这个晚辈诗人登高前行的期冀。如今展卷品读这笔力苍劲、通润的行书，遥想驾鹤西去的胡老，让我睹物思人悲从中来。

胡老为社会和后人留下了一笔丰厚的精神遗产。2002年出版的四卷本《胡正文集》，2009年出版的《胡正散文选》《胡正作品评论集》以及《郁波作品选》，胡老都郑重地亲笔签名赠我。我注意到封面分别选了深黄色和浅黄色，那是黄土地的颜色，黄河的颜色，想来也是胡老所钟情的炎黄子孙的本色。遗憾的是我在浏览过后，并未写过一篇读后感，如今再次翻阅大著，深感抱

愧，只能在这篇迟到的文字里倾诉心怀，愿胡老在天之灵能够听到晚辈迟到的声音。

2011 年 1 月 21 日，永安殡仪馆悲情笼罩，省城作家艺术家和各界人士前来向胡老告别。

我们痛惜地悼别胡老，告别“山药蛋”文学流派的最后一个元老，也是告别一段定格的历史、一个定格的时代。

我们不仅是悼别。那段定格的历史、那个定格的时代并未被掩埋，“五战友”那一代老作家贴近大众、贴近土地的文学精神和人文情怀将与世永存。

爽朗的笑声

——怀念胡正老师

陈玉川

无雪的冬季，正值大寒节气，身穿臃肿的羽绒服，在室外还是干冷干冷的感觉。正在京城小住，太原传来噩耗，文学老前辈胡正老师走了。

三十多年前走进南华门东四条小院，耳畔总有胡老先生那爽朗的笑声。是豪爽、是坦荡、是文学大家的气质，是独有的对人生达观态度，或兼而有之，才让山西文学艺术界无不佩服他的才干和风度。

人们都知道胡老先生是文学界著名的"山药蛋派"五老之一，并且是其中最年轻的一位。在人们风趣调侃的戏称"西、李、马、胡、孙"排列中，胡正并没有排在最后，是因为应和着"稀里马虎"的谐音。胡正老先生在文学创作成就之外，他"文革"前就身兼文联秘书长职务，年轻的时候就是一位风流倜傥、才干超群的管家人。当年山西作协是山西文学艺术界的一个下属单位，文联与作协合署办公，圈内人对单位的主管领导称为"当家的"，实际上不论文学艺术各行专业事务和行政事务全由秘书长主办，所以说他是位管家人当之无愧。

"文革"后百业待兴，文学艺术界组成"文艺工作室"，在南

华门东四条小院重新开始办公。冰冻三尺非一日之寒，化解冰冻也非一日之暖。在这伙文学前辈的召唤下文人开始在这里集结，办公、住宿条件却是一片空白。十年动乱中受尽磨难，年过半百正值文学创作盛年的胡正老先生，放弃创作的大好时光，肩负起文艺工作室的行政、基建、会议、联络等繁琐的杂务。论年龄、经历和在社会上的影响与威望，不是责无旁贷，而是非他莫属。

那是 1978 年，东四条曾家院内的小南房东西两间分别是机关财务和办公室，伙房、饭厅、阅览室合用一间平房，另一间十来平方米的旧平房是胡正老师直接管理的行政基建办公室，我们六个人挤在一起，他却没有一张办公桌。老作家们都在自己家办公、写作。胡正老师一家，当年还住在院外建工局地下室一样的一个澡堂内，条件艰苦，但爽朗的笑声依旧。

文联办公院两座小楼和编辑部院平房内，全部住着“文革”期间进驻来的军转干部家属，逐户动迁，修葺难于重建，重新起步何等艰难。有胡老的笑声相伴，人们的情绪深受感染，作家、编辑和行政人员多是一帮年轻人，好像听到他的笑声就看到未来和希望。人们重复着当年苏联电影中的一句台词，别急，“面包会有的……”哈哈哈。在他的直接领导下办公，不管事情多么艰难，心情总是那么舒畅。“文革”前就已是“高干”级别的胡老先生，年过半百了还要和我们这伙年轻人奔波操劳机关琐事。为解决新调来的一批年轻作家和编辑们的住房，还没有正式名分的机关，“文艺工作室”时期就积极地筹建宿舍楼的建设。“文革”十年使国民经济接近崩溃的边缘，当年建筑材料紧缺，为宿舍楼基建急需的钢筋，他亲自带领着我们几个到太钢求助于文学同仁唐达成先生帮忙。当年的唐达成也是从中国作协下放来山西“锻炼”的作家，在太钢负责企业报纸的编辑工作，都是天涯沦落人，处境可想而知。唐达成在一间木板房里接待了我们。老朋友求上门来，没有回绝和推诿的余地，凭着他著名作家的声望和在太钢的为人，满口应承，并竭尽全力为十几吨不合规格的冷轧钢筋头多方运作。事情办妥，老朋友不言谢，当年更谈不上请客送礼了。唐达成招待客人的茶水是自备的茶叶；得到的惠赠也仅是胡老先生爽朗的笑声："哈哈——，就这样了，有机会到我那里坐。"

文联正式恢复办公,急需收回并维修办公楼，再就是新建几座职工宿舍楼；随后即是省作协与省文联分署办公，为山西作家群创造了一个温馨宽松的办公创作环境，这一切无处不浸透胡正老师的心血和笑声。

为了山西的文学事业，也促进了山西艺术事业的发展，胡老和几位老作家共同致力于省作协和省文联的分署办公。能够分署办公对于从事文学艺术工作的人来说，是发展的机遇，也是改善办公环境和生活条件以及提高个人工资待遇的契机；对于国家机关的行政编制就是要增加一个新的厅局单位了，谈何容易。胡老凭着多年管理行政的智慧和人际关系，据理力争，上下游说，左右协调。大到财政拨款，机构编制定位；细致到每个人的合理安置，业务分工，人员配备，事无巨细事必躬亲。

作协的老作家们以关心爱护后辈享誉文学艺术界。分署办公最直接的就是人的分家。多年的同事、朋友，新调来的业务骨干和亲手培育起来的文学后辈，用一句通俗的话讲：手心手背都是肉，除了难以割舍的情感，还有一个人员合理配备问题，分人确实不是一件容易的事情。

分开办公犹如弟兄们分家，多年相处和睦，一旦谈到分家，没有族长和行政官员的介入，就是一个小家庭分家也难以说是分配的公平并被所有人所接受。像文联、作协这样的分家方式开创先河，只有省委宣传部一位副部长来机关宣布了一项任命，其余事项就靠文联和作协领导的大智慧了。

宣布任命后，胡正老师被任命为作协党组书记，管家人转换成“当家”的了，一切疑难问题的处理没有回旋的余地。双方领导协商：为做到分家办公尽量做到人人满意，选择到哪一方工作完全尊重个人意愿。愿到文联工作的人，只要本人提出申请，双方领导签字既可；没有提出申请的视为愿意留在作协工作，双方均不允许拒绝接受和安置每一个职工。

省文联要新建办公楼、宿舍楼，日后的生活和办公条件较为宽松优越；作协南华门东四条小院办公和住宿条件虽陈旧，但文学氛围更加浓厚，对于爱好文学事业的人来说也是一种巨大的诱惑。各有利弊，每个人都有充分选择的余地。当时我在办公室工作，在没有彻底分开办公之前，双方的文件和公章由我一人管理。双方签过字的文件、个人申请和单位印鉴，分别放在左右两个抽屉里，过渡时期，身处“一仆二主”角色。因工作的关系，我是最后一个交出申请找领导签字的。工作位置的选择，关系到个人前途和未来的处境，每个人都会权衡再三，一般事先还要同好友商议、找领导讨个口风。本人是意外地闯进文学殿堂的，尽管对文学爱好已久，但对自身的潜力并不自信。已过而立之年，也想选择一个较轻松稳妥的位置，到没有错综复杂人际关系压抑的崭新领域中去开拓属于自己的工作和生活环境。限定个人选择时间的最后一天晚上，我找到胡老师。

胡老师当场婉言劝阻。他老人家也表示理解个人的选择，又热情鼓励一番：既爱好文学就该大胆去尝试，初入文学道路的人都会有这样的顾虑和不自信，留在作协也会安排好你的工作……

我陷入激烈的思考中，犹豫不决。胡老说：不要着急，再思考一下，明天再说。

第二天上午刚上班，身为党组书记的胡正老师立即召集党组开会，一个小时后，作协主席过办公室来谈话，同时宣布本人为办公室副主任的任命和最后确定留在作协工作的人员名单。胡老和几位文学前辈古道热肠的挽留，使自己增强了信心，在文学道路上一直走到今天。

任何受人崇拜的老专家、明星、大腕儿和高层领导，一旦你长时间的生活在他身边，在你眼中就会失去神秘的光环，变成真实的受人尊敬的长辈。胡正老师也是一样，乡土文学“山药蛋派”的主将，堪称文坛巨臂；一生兼顾编辑业务和行政事务，运筹帷幄，挥洒自如，永不失大家风范。当你工作在他的麾下，就会有一种亲近感和安全感。这种安全感不仅是政治氛围，而是无处不在的庇护感。一个人的生存条件相对安定之后，个性的追求就让位于人性化的生活环境。人与人之间同舟共济，犹如同乘一辆列车上的感觉，没有后顾之忧，个人的才智和个性才能得到最大限度的发挥。人生中的坎坷谁也难免，一旦遇到困难，领导就变成了长者，胡老就成了同仁、朋友和知己。为帮助普通职工或家属的就医，他这已是年过花甲的老人，深夜亲自求助儿女亲家帮忙，这不是哪位大家、高级领导都可以做到的事情。

人生短暂，能有这样一位老人生活在你身边是一种造化。可老先生带着他的笑声走了。留下的是永久的思念；送给他的唯有一声祝愿：胡老先生一路走好！

胡老的故乡情结

张国华

胡正，原名胡振邦，1924年11月21日（夏历甲子年十月二十五日）出生在灵石旧城南街，少年时在县城小学、第一高小读书，1938年9月，在汾西县勍香镇参加晋西南牺盟会吕梁剧社，从此走上革命道路。

胡老是享誉国内外的“山药蛋”文学流派的骨干作家。1992年5月中共山西省委、山西省人民政府授予“人民作家”称号，同年10月享受国务院颁发的政府特殊津贴，最终为中国作家协会全委会名誉委员、山西省作家协会名誉主席、山西省“关工委”老文艺家委员会主任、山西省老文艺家协会常务副主席。

胡老热爱家乡、关心家乡，其故乡情结深笃，仅据我所知，琐记如次。

1958年，为了下察民情，体验生活，胡老选择了故乡，挂职灵石县委副书记，任期二年。其间创作了《钢铁火花满天红》和《梧桐河岸的春天》两篇报告文学。

1962年5月下旬，胡老出差路经灵石，时逢毛主席《在延安文艺座谈会上的讲话》发表二十周年，胡老应邀在县委礼堂作了报告。

1963年夏，胡老前往县城北街三乐巷9号院，看望梁子言副县长的遗孀，并亲切地对她说：“梁县长是我的老师，老师不能忘；你是师母，师母也不能忘!”

1970年，胡老同夫人一起由省城下放到家乡，住在北庄村的楼院内。胡老以积极的态度帮助、指导生产大队工作，并经常参加集体劳动，直至1972年4月中旬。其间，同力老（力群）一起，帮助家乡人创办了《灵石文艺》刊物；并在县招待所讲授文学创作课，听课的有温暖、赵晋阳、何成丁等十多人。

1983年12月22日，胡老同力老应邀到灵石一中指导工作，胡老做了《积极参加社会活动、培养志趣爱好、树立理想目标》为题的讲话，并为学校题了“求知”二字。

1987年夏，胡老随同副省长赵军回家乡视察指导工作，在几天的时间内，几乎走遍了全县的学校和文化单位，对家乡的文化教育工作给予了认真的指导。

1997年8月18日，胡老应邀出席灵石县第一届8·18文化旅游节；2003年7月参加灵石县文史研究会年会，被聘为灵石县文史研究会特聘顾问；2004年8月，胡老再次回到家乡参加文化旅游节，并兴致勃勃地游览了石膏山，回并后撰写了《灵石文化气氛浓》的文章，发表在2004年8月31日《山西日报·黄河周刊》上；2005年9月28日，应邀参加“王家大院崇宁堡竣工暨力群美术馆落成典礼”，并欣然题词：“崇宁古堡再生辉，力群美术馆落成”，以示祝贺；2008年12月8日，应邀参加“灵石县文化作品展暨牛文版画选集首发式”；2009年8月，为《力群画传》作序。

此外，胡老还有求必应、从不拒绝地为家乡的许多报刊、著述、建筑物等题词，如《南风》（南关中心校校刊）、《存山报》（灵石存山实业公司报）、《灵石专刊》（县委宣传部主办）、

《历代咏灵诗词诠释》（张国华著）、《穿越历史时空的记忆——笔述赵家声》（张耀民著）、“天星地火放光芒，经济文化相辉映，祝贺灵石县文联天星报”（1993年10月为《天星》报题），“灵石文化艺术中心”、“刻苦以求”（1983年为张耀民题）、“高山流水”（1994年为张国华题）、“露从今夜白，月是故乡明”（1997年为姚明亮题）、“汾河水长流，灵石文气盛”（2008年4月，为《灵石人文六十年》题）、“砥砺人生”（2008年为王俊才题）、“如日中天”（2008年为王天中题）等。

胡老对家乡的各项工作都十分关心，尤其是对文化工作。多年来但有机会，总要在县领导和有关领导面前呼吁这项工作，说服人们真正认识到文化工作的必要性与重要性。胡老生前的心愿是：“家乡人在奔向小康富裕生活的同时，拥有文化小康的美好生活！”

胡老的噩耗传来，悲痛不已，聊以上文怀念胡老，且作小诗寄托哀情：

惊悉胡老辞人世，
普天惜陨文曲星。
吕梁山上砺壮志，
延河水边冶豪情。
虚怀若谷存正气，
大作等身留赫名。
家乡父老送骄子，
故土草木同哀鸣！

灵前，我不由得跪下

韩石山

元月18日上午10时许，得知胡正先生于前一天晚上辞世，当即与老妻下楼前往胡府吊唁。路上遇见胡经伦先生，说一起去，他有物件要送回家，稍等片刻出来，同去巷后胡府。老远见有人进进出出，小院门前已堆满花圈矣。

胡府二层独楼，门口有人接待。进得客厅，沙发已收起，布置成灵堂。正墙前的灵桌上，香炉里青烟袅袅，墙上的遗照上，胡老仍那么平和地笑着，只是上部披着黑纱，让人看了心中一阵酸楚。

胡老的两位公子肃立一侧。趋前握手，低声说节哀。有人递过线香，我夫妇与经伦先生，一人一支。双手捧起，作揖，上香。上过香，要在往常，鞠躬而已。然而，悲从中来，竟不由得跪下，磕了三个头。见我跪下，老妻跟着跪下，经伦先生也跟着跪下。经伦先生腿脚不便，起时很是吃力，忙转身搀扶。三鞠躬而退。

出得门来，哽咽不已，一面不无歉意地对经伦先生说，不知为什么，由不得就跪下了。经伦先生很是理解，叹息说，胡老，好人啊。

那一刻想到了什么了吗？没有，肯定没有，就是那么一种气氛里，那么一种感情的冲动，想也没想，就那么跪下了。当然也可以解释为，非如此不足以表达我的敬重之情，感恩之情。同时也多少有点惊异，这些年，也有比胡老年纪大的，且交情不浅的老者去世前往吊唁，也没有这么不由得就跪下啊。

再一想，也就明白了大半：我是在哀悼胡老，又何尝不是在哀悼我自己呢。

胡老活了八十七岁，若人生按青少年、中年、晚年三下平分的话，晚年将近三十年。我与胡老相识，始于上世纪 80 年代初，1984 年正式调到作协，无论从相识算起，还是从调入作协算起，差不多也是这么多年。几乎可以说，我的文学活动，与胡老的晚年是相始终的。

调入作协，是我命运的大转折。在这上头，胡老是出了大力的。

真是命途多舛，正当要调入作协的时候，“清除精神污染”运动发生了。这样的运动，哪会与我有什么干系，然而，神仙也有算不到的时候，不知上面是怎么动作的，一来二去，我竟成了这一运动的“靶子”。今天宣传部叫，明天报社叫，还在晋祠开的一个全省的什么会上作了检查，有人还在《山西日报》上发了消息。眼看调入作协的事要泡汤，几个老作家商议，还是快点调回来吧。逆风而进，能不能调成，尚在两可之间。一次在巷里，胡老见了我，说：石山，不要怕，今年调不来，明年一定会调来。我知道这话是什么意思。当时作协与文联正在分家，已内定他为作协的党组书记。万幸，在几位老作家的共同努力下，当年就调来了。

和我一起调入的，还有两位作家，其时正在酝酿创办大型文学期刊《黄河》，我们都参与了。按他省的成例，还有山西以往的惯例，这样的刊物，该由胡老兼任主编才是。我们是这么想的，好多人也是这么想的，然而，临到出刊前，胡老说，我不当这个主编了。同时劝有想法的人，也别当了，还是让年轻人当吧。我们有些惊讶，说，还是胡老挂帅吧。胡老说，哈哈，这算个什么，我比你们现在还小的年龄，早就当过主编了。就这样，我们三个，一个当了主编，两个当了副主编。据我所知，当年这样的安排，在别的省是没有的。

接下来就是办“黄河笔会”了。那是胡老任内的大手笔。沿黄河八省区的作家协会，一省一个代表团，来了将近一百人。我们跑前跑后，胡老坐镇指挥。陕西作协代表团来的人最多，胡采、杜鹏程、王汶石、魏钢焰等，全来了，都是胡老的老朋友、老战友。胡老要亲自去火车站迎接。我是负责宣传的，事前已跟太原电视台联系好，届时派摄像记者前往车站。偏偏事到临头，我出了个小差子。

7点多火车到，我算好时间，有半个小时怎么也到了车站。结果是，胡老来了，记者也来了，眼看火车就要进站了，而站台上没有电线接口，聚光灯打不开。多亏带的电缆线长，在站上人员的帮助下，临时从一间办公室的窗上伸进去才救了急。过后我以为胡老肯定会批评我的，料不到的是，胡老见了我，笑着说，石山呀，你还是没有经验，这种事，一定要事先亲自到现场看看。

胡老身上，最可贵的品质，也可说是最大的特点，是他的人情味。

他当书记那三四年，是没有办公室的，小事儿，随见随处理，大事儿，就在机关的小会议室谈。说完你的事你走，与谁有关谁再来。可能有人说他不太正规吧，他说，这么个文化机关，有什么正规不正规的，事儿办了就行了。要说名堂，就叫党政联

席会吧。那时我的正式身份是专业作家，按现在的规矩，不过是机关的普通职员，就常参加这样的联席会。有时我也会觉得不自然，觉得不该参加这样的会议，胡老说，作家嘛，作协的事，就要作家参与。

这是工作，平日见了，有说有笑，间或还会开个玩笑。作协的几个老人中，不知别人的感受如何，我的感觉是，只有跟胡老是可以开玩笑的。不是你没大没小，敢跟他开玩笑，而是他没大没小，要跟你开玩笑。时间一长，见了胡老，由不得就想开个玩笑，逗他老人家高兴高兴。有的老人，这样的事可以开玩笑，那样的事就不敢了。在胡老面前，没有这些禁忌。什么时候见了，说上两句逗乐的话，只会让他高兴，绝不会惹他丝毫的不爽。

年纪越大，人情味越重。

有一件小事，是最近才听说的。说是前几年吧，胡老听说《山西文学》调来两个女孩子当编辑，人样儿还不错。他是常来院里转转的，又不好叫人家下来看看，竟爬上二楼，到了编辑部，跟两个女孩子说了说话，这才满意地离开。这事儿有点玄，这两个女孩子，都是我管《山西文学》时调来的。那两年，胡老倒是来过编辑部，多半是要给谁寄刊物了，让编辑部代办一下。偶尔也来我那边坐坐，是不是先去编辑部看了女孩子再过来的，就不知道了。但我觉得，胡老是能做出这样的事的。这也许是他享此高寿的一个原因吧。

在山西文坛，“西李马胡孙”，不是一串姓氏，是一个文学时代的标志。胡老是五老中最后一个走的，他走了，这个文学时代就彻底结束了。我不是他们的亦步亦趋的好学生，又确实是受他们的赏识与提携，才有了今天的真正的学生。这一结束，结束的不光是他们的文学时代，也是我的文学时代。此话绝非虚言，乃是我这些天来，最为强烈的一种感觉。

他走了，他的能干，潇洒，随和，连同他的朗朗笑声，也一并走了。对我而言，往后南华门东四条长长的巷子里，再不会有一个老人，见了你老远就传来笑声；山西文坛上，也再不会有一个老人，你可以与他百无禁忌地谈天说地，敞怀大笑。

有这样植入生命的情缘，有这样天上人间的诀别，怎能不让我不由得跪下，不由得哽咽不已。

含泪忆胡正

孙　涛

1月18日上午11时许，接到青年作家关海山电话，告我，昨晚胡正老师走了……信号突然中断，我怀疑自个儿的耳朵，脑海里霎时一片空白。急忙重新接通电话，连连追问，待确定了这个噩耗时，我的泪花儿已经喷涌而出了。就在一个来月前，刘江老人设宴，请文学界一些朋友们相聚，席间，我还听到胡正老师那爽朗的笑声，这才过多久，你怎么就走了呢？

胡正老师，我永远不会忘记，我们是在“文革”那个动乱年代中一个特殊的日子里相识的。1971年4月的一天，我陪着岳母，将岳父的遗体从忻县运回太原火化。岳父的职务早被“文革”剥夺得干干净净，更严重的，他还是被江青点过名的“坏人”。岳母不让我们去通知任何人，国家和民族正在遭殃，所谓的阶级斗争无处不在，岳母是不想让一个冤屈的灵魂，给活着的朋友们再带来不必要的麻烦。然而，远在灵石偏远农村插队下放的你赶来了。你的头上还戴着“文艺黑线黑作家”的帽子，如果为了划清界限或自我保护等等政治上的原因，你完全可以不赶来。有的人就那样做了，我们很理解。而你闻讯后却匆匆赶来了，于是，我在岳父的遗体旁认识了我敬仰的作家胡正。那一刻，我看到你写满悲痛的脸上，止不住的浊泪流淌着。也就在那一刻，我从你的身上，体会到了一种侠肝义胆的风骨。

其实，你是一位最爱爽朗大笑的豪迈达观之人。在“山药蛋派”的文坛五战友中，你的豁达乐观最为人称道。在认识你以后近四十年的交往中，我经常能听到你那爽朗的笑声。你那种侠肝义胆的风骨，也让我体会愈深了。1986年，我担任主编的《城市文学》月刊上，刊发了一篇雁北地区作家李秀峰的小说《生活啊生活》。作品中写到一名后进人物，在作品的特定场景某机关办公室里，说了一些牢骚话。于是，这篇小说被个别人当成把柄说事，写信告状，挑拨是非，将一顶资产阶级自由化的帽子，扣到了我与责编及小说作者的头上。当时你正任省作协党组书记，我去找你诉说冤屈，尚未话毕，你那让我听惯了的爽朗笑声便冲开了我心底的郁闷。你对我说：“人这一辈子，总得经受点你不想经受的事嘛！”随后，才严肃地进入正题：“资产阶级自由化的核心是反对四项基本原则，取消党的领导，你们发的那篇小说，不是这个问题嘛！小说里写的那个人物，尽说牢骚话，格调不高，以后要提倡作者多写正面人物。但要说这就是资产阶级自由化，以后谁还敢在小说里写落后人物？”之后，在省城的好几次会上，你都从剖析这件事引题，发出在批判资产阶级自由化时，谨防极“左”风气回潮的呐喊。你那种对朋友、对下属、对晚辈，一以贯之的肝胆相照、急公好义的品格，也是你们文坛五战友们一致的品格。如此的良知、如此的风骨，不仅体现在你们的作品中，更体现在你们的人格上。而今，随着你那爽朗笑声的戛然而止，山西文坛上一个文学时代画上了句号，但你们的人格力量、你们的精神风范，必将在山西的文学长河中永存，也在这条文学长河的后来者心中永驻。

抹掉泪花儿，我从书架上抽出你赠我的文集和其他作品，默

默地对着它们说：“胡正老师，您一路走好！”我相信，你那爽朗的笑声，绝不会戛然而止，它会从天国传来，一定还会在我和其他朋友们的心中常常响起。我坚信，在我为文、做人的路上，遇到彷徨处，心中有了郁闷和闭塞，只要想到你的音容笑貌、听到你那爽朗的笑声，就会以你为榜样，让我豁然开朗的。

人也永诀　德焉长存

——悲悼胡正恩师

张石山

恩师胡正突然病逝，噩耗惊悚。不禁悲由心生，夜不能眠。

上个世纪 50 年代，在中国文坛山西作家群，形成了独具特色的山药蛋派。胡正老师是其中最年轻有为的主将，代表作长篇小说《汾水长流》直令洛阳纸贵。拍成同名电影之后，一曲《汾河流水哗啦啦》顿时响彻中华大地。

不幸而有“文革”祸乱。山药蛋派的旗手赵树理先生，被迫害致死。中国痛失最具民间立场的文学巨匠之一，山西文坛痛失元勋。

好在声名卓著的作家五战友“西李马胡孙”熬过劫难，重执山西文坛斗柄。几位老作家不惟奋力写作，而且兴办刊物、培植青春，疮痍满目的文苑竟又是蓊郁葱茏。《山西文学》与《黄河》，在省级刊物中卓然特立；有晋军崛起，雄视中国文坛如太行之于华北。

其中，胡正恩师为大有力者。在他担任山西省作协党组书记职务期间，启用有为青年，提拔多属破格；用人不疑，胸怀一向阔大；容存各种文学追求，一视而能同仁；扫荡衙门化作风，几近无为而治；开会多发朗声大笑，议事不啻快刀力斩乱麻。胡氏

风格，一扫凡庸。

胡正老师主政期间，山西文坛欣欣向荣。后学诸生形成创作梯队，军容严整；全国文学评奖连连折桂，万马军中夺标凯歌还。

平居日常，胡老言语每出幽默，谈话多涉诙谐；能游泳、善滑冰，聚餐宴可豪饮数斗，交谊舞则翩翩胜少年。

十四岁参加抗战，艰难竭蹶不曾泯灭乡下少年之童心；历次经受处分，愈挫愈奋葆育生来个性之峥嵘。

胡老做事做人，在山西文坛、在省作协、在著名的南华门，堪称行为世范。风度焉，人格焉，在公论、在口碑；为巨大存在，是宝贵财富，乃不言之教也！

马烽等老一辈作家不幸先后年迈弃世，不期然间，在我们身边、在我们省作协、在南华门巷子里，胡正恩师成了仅存硕果。我们的心情，弟子们的祈盼，大家的愿望，多么想让老师长寿再长寿啊！

胡老师耳不聋、眼不花，牙齿一颗未掉，行走无须执杖。应答儿童施礼，慈祥微笑；偶见靓丽女作者，目光炯炯。胡老有信心，大家也判断：老人家真个能活到一百岁！

年前例行体检，胡老一切指数都正常。迫近年底，胡老还欣然参加了《山西文学》创刊六十周年的大型纪念活动。主席台上，尚是正襟危坐；弟子敬酒，依然应对如流。老人家不会有事，不该有事啊！

几天前，突然得知：胡老住院，病情危急。已去探视过的作协领导杨占平在电话上语音沉重，说胡老近于昏迷。突如其来，这是从哪里说起。

周宗奇、王东满、陈为人，我们几个当即赶奔医院病房。打着吊针的胡老病卧床褥，疲惫昏睡。陪侍者执手晃动，大声报告我等几人姓名；胡老强行睁开眼睛，却也只是一瞬。老人家他看到我们了吗？但他确实是听清了。我们的恩师，竟然还努力微笑着，玩了也许是他平生最后一把幽默——他说道：哦，是几个老家伙啊！

你的学生，你的弟子，也都退休了。是啊，我们也成了老家伙了。然而，在你面前，我们是你永远的后辈晚生哪。

看胡老的样子，以当今的医疗条件，胡老应该能够康复。至少，他能陪我们度过这个一如往常的寒冬。春花烂漫，所当不远。

然而，然而胡老竟是撒手人寰了。

昨晚（元月 17 日）临近夜半，噩耗传来。

固然生死乃是大道，固然达观者明晓生寄死归的道理，然而死神总是施出霹雳手段，总是让人无比惊悚！

悲恸弥漫而来，分明又发自五内。一时心乱如麻。

也许，我们到底还是不得不面对现实。

我的恩师飘然而去。

胡老走了。

——受作协机关委托，当即匆匆拟就几副挽联资用。

急就章，无暇推敲。录出其中一二如下。此刻，它们或能多少表达大家的一点心声，或也能多少表达出学生对恩师的些许心情吧。

告别厅显示屏用一副：

胡飘逝匆匆难留驻
正芳华灼灼有余馨

告别厅悬挂用一副：

太行永在　追慕前贤　弥高弥远须仰望
汾水长流　泽润后学　曰文曰雅足珍藏

一瓶茅台酒

张　发

南华门东四条“五老”中最后一位老人胡正老师走了。

胡老师是被救护车接走的，机关老干部处的同志说，什么病医院还没给出明确结论，只是几天了没吃过什么食物。第二天我因事要离开太原，没有去医院看看他。想着刚刚入院，各种检查极尽繁复，不宜去打扰他老人家。人到了外地，心里一直很纠结，几次给机关的同志打电话了解病情，得到的答复却是一次比一次不乐观。

胡老师走时是 1 月 17 日 20 时 45 分。三小时前，我匆匆赶往医院，机关参与护理的同志见我止步于病房门上“谢绝探视”四个大字前，解释说，护士长说了，谁想进去就进去，多看老人一眼吧，人都到这个份上了，还管什么谢绝不谢绝的。胡老师入院的第三天便深度昏迷，增压器和面部插满的管子在维持着老人家生命的最后时光。

病房里静悄悄的，前来探视的人相互间没有询问，也没有眼神的交流，空气仿佛凝固了一般，沉重，压抑。病榻旁显示生命体征的监视仪灯光闪烁，各种数据在不停地变换。除了在增压器的作用下，胡老师的头部间隔会向侧面微动一下外，他整个儿的人再无别的反应，衰弱，无助。陪伴胡老师走过一生的郁波老师抓着他的手，探前身子似乎有许多的话要说。儿子，女儿，儿媳，看着被病魔折磨的亲人在默默垂泪，我的眼眶也不由地湿润起来。

昔日那个笑声朗朗，举重若轻的胡老师，真的就要离开我们了吗？

1984 年，胡老师任山西省作家协会党组书记期间，我和秦溱由山西师大调来参与筹办大型文学期刊《黄河》。1986 年下半年，原任主编成一、副主编韩石山、郑义做了专业作家，党组任命珊泉为《黄河》主编，我和秦溱分别为副主编和编辑部主任。珊泉此前在晋中文化局编过些小戏，后来上了鲁迅文学院。我和秦溱各发表过几篇小说，此前做的是语文报刊的编辑工作，三个人都没什么过硬的资历。但同样在年轻时候就担任过省文联秘书长的胡老师自有其识人用人之道。他敢于给年轻人压担子，舍得把权力交给年轻人。工作之外对我们新调进的同志也关怀备至。机关院里赶工期盖起了四间东房，让人口较多的成一家和我家住了进去。胡老师工作有思路，有点子，能调动各种积极因素。得知我和秦溱调出的单位有钱，便以解决我俩的住房困难和为山西师大解决办事处用房为名义，想出了一个借语文报社的钱盖一栋单元楼的奇招。他亲自在迎泽宾馆外餐厅设宴招待山西师大的党委书记和语文报社的负责同志，把钱顺利地借到了手，一栋可住十户的“黄河楼”第二年便告竣工，让我和秦溱、珊泉等住房困难户住了进去。

上世纪末，我开始主持《黄河》的工作，胡老师多次问起办刊经费的情况。他认为，像《山西文学》《黄河》这样的由作家协会主办的纯文学期刊，与生俱来就担负着发现和扶持文学新人的任务。作为一项给读者以优秀精神食粮的文化事业，政府就应该给予必要的办刊经费，保证其正常运转，将文学期刊一下子推向市场是错误的。二十多年来，省财政对《黄河》的办刊补助，反反复复，补了停，停了补。年前传来消息，上海市政府一下拨出数百万元给《收获》和《上海文学》增加稿酬。一本武汉市的《芳草》，每年从财政拿到的补贴也有二百万元之多。事实证明，胡老师的观点至少在当下没有错。胡老师还对《黄河》大力扶持本土作家的办刊方略给予充分肯定。在一次作品研讨会的发言中，对以葛水平为代表的我省新一代作家群的成长深表欣慰和赞美。奖掖新人，激励来者，是南华门老一辈作家的风范。

胡老师平易近人，心胸宽阔，对机关的同志，一视同仁，从无门户之见。论及作家、作者，也只有入道早的，入道迟的，年纪大的，年纪小的，写得好的，写得比较好的。“谁谁是某某的人”这样的话，要他说出来，会口羞。

2001年，胡老师将他刚刚完成的长篇新作《明日清明》送来我们《黄河》编辑部，时年，他已是七十七岁的高龄，我惊异于老人对战争岁月“整风”运动的深刻反思与批判。他笔下的人物为之流血奋斗的共和国就要诞生了，故事主人公的命运却让我们痛彻，让我们发冷。《明日清明》留给读者的是深深的思索和追问。胡老师宝刀不老！

小说发表出来，胡老师托此前看过他小说的评论家杨占平送了我一瓶茅台酒。占平说，胡老师说了，咱俩看稿辛苦了，他送咱俩每人一瓶茅台酒，作为感谢。

胡老师送我茅台酒？若不是酒就捧在手中，我还真有点不敢相信。

胡老师的小说写得那么好，发表在《黄河》上是给我们刊物增光添彩。读他的作品，是一次涤荡心灵的精神洗礼，是一次独特的阅读享受。“看稿辛苦”，一年六期刊物二百多万字，从成堆的来稿中挑选出来，这是我们的工作，辛苦是应该的。胡老师，他是一位长者，他是一位作家，他担任过作家协会多年的领导，他懂得编辑工作的性质。当铺路石，为他人作嫁。他尊重这个职业，尊重这份劳动。一瓶茅台酒，礼重情更重啊！

生活、工作在南华门东四条，常有下面的作者慕名而来，托我向胡老师索取墨宝，或题写书名交给出版社，或装裱后挂于厅堂，尽管年事已高，可胡老师从来都是一口应承。若是用作书名，他一般要横竖各写一幅，备人家选用，“服务”非常到位。前年吕梁记协主席刘向栋同志找到我，想请胡老师为他编选的《梦笔》一书题个词。来前，他已拟好了几条内容供胡老师选用。胡老师看了全书的清样，题写了自己重新拟定的“丽诗美文吕梁赋”七个大字，文辞优美，内容贴切，笔锋遒劲，刘先生拿到手后非常满意。

胡老师走了。

从柜子里取出他送我的茅台酒，久久凝视着，往事历历在目，他的音容笑貌，他的豪爽干练，他的豁达大度……胡老师把自己没舍得喝的茅台酒送我了，我就更不会舍得喝，我会久久地珍藏。

胡老师，您老人家一路走好！

怀念胡正

陈为人

一

在怀念胡正的诸多文章中，许多“晋军”崛起中的重要作家，都深情回忆了在自己人生的关键时刻，胡正所起的决定性作用。

周宗奇为我讲述过贯穿他一生始终的“作家梦”。

周宗奇说：“我的写作才能，从小学到中学到大学，都是全校出名的。大跃进时放卫星，叫我这中学生放的卫星就是写一部长篇小说。但是，大学毕业分到霍县矿务局辛置煤矿，我对第一次下煤窑印象可深了。一开始是分在南下庄矿，是个斜井，不坐罐笼，六百六十级台阶，一级一级往下走。鼓风机劲可大了，呼呼的声音，吹得你啥响声也听不见。我从小要当一个作家，这一下跌落到黑窟窿里，觉得这一辈子全完了。”六百六十级台阶，周宗奇记忆犹新。他就这样一步一个台阶，走进人生低谷，在那样的境况下，周宗奇甚至都想到了“自杀”。

周宗奇在悼念胡正的文章中写道：

> 也就在这时，马烽、西戎、胡正三位先生出现了。他们不知为什么事来到临汾，问文联主席郑怀礼有没有发现“好苗子”。胖乎乎的可爱的郑老头后来告诉我，他说霍矿有个娃写得不错。他第一个就推荐了我。于是乎，一个电话把我叫到了三位先生面前，算面试吧。北返时我们同车。胡正先生问我：“想去太原工作吗？”我的心狂跳不已，我说想去，其实我想说的是，这不是做梦吧！车到辛置站，我不得不下来，望着北去太原的火车，我禁不住热泪长流……

郑义给我讲过胡正调他时的情形：

“我是从晋中师专毕业分配到晋中文联的。在《晋中文艺》当一个普通的编辑。是胡正去晋中把我调出来的。那时候，几次调我，晋中宣传部就是不放，一是他们有人使唤，就不愿意放，把你当个劳力使；再一个宣传部对我也不好，他们对于改革的一套恨之入骨。对那时的分地、责任制那意见大了去了。他们敏感到改革会剥夺他们的权力。我那时候的思想，和他们完全不是一个道岔，我的那些作品，《枫》呀什么，他们都很反感，很不喜欢，所以他们处处卡我。胡正仗着他是老革命，面子大，到榆次去和他们喝酒，在酒桌上再三订正，才和他们谈定的。所以我是很感激胡正的再造之恩的。我被晋中宣传部这帮官僚卡着，我就没活了。没准早把我批斗了。胡正好，人性好。我至今记得，胡正那次去喝酒，差点没把我喝死。现在回忆起来挺危险的。胡正去了很明确就是要把我调出去，这次来了就要把我带走。晋中宣传部，还有地委什么领导，陪胡正一起喝。胡正在酒席上谈得很细，连具体办手续的问题也谈妥了。他们看我是必走无疑了，也阻挡不住了，就灌我酒。我心里高兴，我也挺感动的，胡正能为一个年轻人费这么大心思，下这么大工夫。所以那天谁给我酒也喝，来者不拒，就喝多了。喝得大醉。难受的不得了，胡正在宾馆有一套房子，中午在那儿休息。我难受得不行，就跑那儿吐去，吐了还不行，坐立不安，拼命喘气，那种深度中毒的感觉。就躺在他那澡盆里，一会儿颠过来，一会儿颠过去，在澡盆里辗转反侧，你说它要能睡过去也行，又睡不过去。你还怕人笑话，要维持一个体面，就在里面插了门。胡正回来了要上厕所，就敲门，我想我这人不人鬼不鬼的，怎么能开门。老胡敲半天敲不开，奇怪，这里面没人这门怎么锁上了？过一两钟头，我清醒点看，那澡盆里划了无数黑道，我穿双黑皮鞋么。可见那一场折腾。所以后来我对胡正是毕恭毕敬的。胡正这人，不仅对我有知遇之恩，而且思想上也极度开通。”

胡正讲了他调郑义的缘由：“调郑义的时候，那时看了他写‘文革’的作品，《枫》呀几篇，我说这个人有才气，有灵气。主要是考虑有没有后劲，有没有潜力。是对创作队伍的培养。不考虑关系，也不考虑什么家庭呀其他的。也不考虑与我关系是不是走得近呀，是不是对我巴结。不考虑这些。唯才是举。”

我在胡正写于 1985 年 5 月 13 日《黄河浪滔滔——一九八五年春我省小说创作述评》一文中，看到这样的文字：

> 郑义的中篇小说《远村》，先是获得福建省《中篇小说选刊》的优秀作品奖，又荣获中国作家协会第三届（1983—1984 年）全国优秀中篇小说奖。郑义的《远村》写了太行山里一对情人热烈而又辛酸的爱情，他的

《老井》也是写一对情人的炽热的爱情，而最后又是那样无可奈何花落去，似水流年如何回！通过一对恋人的爱情生活的起伏波浪，反映当时的社会生活风情，这是郑义小说的特色。如他的处女作《枫》，以及《仇恋》，这是两篇否定“文化大革命”的佳作，而《远村》和《老井》则是粉碎“四人帮”前后的优美的诗篇。郑义小说中的感情是那样激烈地震撼心魄，使人有撕心裂肺之感。

文章中透露出胡正的一片惜才爱才之心。

我1985年大学即将毕业，那时，胡正已任分家后的作协党组书记，主持作协的工作。胡正热情相邀，希望我毕业后来作协工作，任作协副秘书长或者《山西文学》副主编。我担心自己资历浅水平低，胡正向我表达了他的用人理念：“在用人上，我对论资排辈啦，过去的条条框框啦，少一点。要干一番事业，就要不拘一格，敢于提拔年轻人。关于年轻不年轻，我自己就有体会，我三十二岁就担任了文联秘书长。再年轻一些，二十来岁，我在《晋绥日报》当副刊编辑，又是记者，还对外联络，什么事也干。你要给年轻人压担子。我们不是说，在干中学，在战争中学习战争。年轻人精力旺盛，正是干的时候。年龄大了，对未来的事情就想得少了，难免会保守，要把事业搞得活跃、兴旺，就要用年轻人。”

胡正在与我谈话时说：“现在刚分了家，万事待兴，办公室很需要人。作协写家不少，可适合做行政工作的人不多。你在南文化宫也搞过行政，有一定的工作经验，现在，办公室就樊丕德秘书长，准备提王子硕副秘书长，你也是副秘书长，一起帮我照理行政这一摊子。”说着，胡正大概是觉得我也是搞写作的，是

不是会不愿意搞行政，又善解人意地说：“当然，编辑部也向我提出需要人，议论过你，你要想去编辑部也可以。”

后来，因为我们这批学生当年是带薪学习，毕业后必须回原单位服务，所以调动遇到阻力。胡正马上给当时任太原市委书记的王茂林写了信，还托人与当时我的顶头上司王德珩交涉，虽然最后没有成功，但胡正先生对人的一片真诚热情刻骨铭心。

在我对胡正的访谈中，胡正向我谈到他的用人理念：

胡正说：“我就是要大胆启用年轻人。我对我们过去的那一套干部路线不太满意，一看干部就是说出身成分，说过去犯过错误没有。有什么问题，社会关系，不是首先看他干了干不了。简直是，我那时候就挺反感这一套。可是那时候我不当权，也做不了主。1984 年文联作协分家后，我当了党组书记，说话管用了，我就要改变这种用人风气。那时候提李锐，说他家庭怎样怎样，我不考虑家庭出身，过去有什么问题了，那时候还挺强调这些。我说，别说这些，‘文化大革命’中查三代，谁家锅底上没查出点黑？我们先说能力，说干得了干不了。当年，提张石山的时候，他正在弄离婚，机关吵得沸沸扬扬，有不同意见。我坚持，我们是提一个主编，又不是树道德楷模。家庭的问题是他的个人私生活，我们没必要干预。在提郑义当《黄河》副主编上，也有这个问题。”

胡正还说：“再一个是放手不放手。用人不疑，疑人不用。《山西文学》也好，《黄河》也好，敢于放权。不要让人当家不做主。让人家放手去干。我的意见，包括任何领导的意见，有对有错的，你不要总说自己的意见。这是‘文化革命’以后的解放。我们明白了一点什么呢？‘文化革命’以前，我们总认为领导高明，中央高明，其实不是，谁也要犯错误。毛刘周朱，谁不犯错误？谁也有对的一面，谁也有错的一面。没有一个圣人。放手让人干，各种思想，各种方法，让人发挥出来。给人设定框框就不好了。再一个是宽松，大家活跃，文艺思想上要宽松，政治思想要宽松。百花齐放百家争鸣么！固定一种方法一个流派的结果就是僵化。我自己就有这个体会，一个领导指挥得十分具体，你要这样干，他让那样干，弄得你无所适从，没有创造性了。积极性发挥不出来。实践证明年轻人干得挺好。再一个你也轻松，事半功倍。"

1984 年，山西省文联作协分家，胡正担任了山西作协的党组书记，成为真正意义上的一把手。正是在胡正当政期间，一大批新时期涌现出来的中青年作家被破格提拔到重要岗位：《黄河》主编成一、副主编郑义、韩石山，《山西文学》主编张石山、副主编李锐、燕治国，还有副秘书长王子硕等。也正是由于胡正创造的宽松的环境，在山药蛋派的这块土壤上，一时间百花争艳，形成了"晋军崛起"的大好局面。

二

胡正曾对我说："换届以后，马烽对我的意见主要是我对青年作家，我对郑义了、张石山了，这批中青年作家，他是嫌我对他们太放任、太纵容。没有严格地要求他们。主要是这么一点。我很尊重他，他也没有对我公开地不满。当然人对人的看法不可能完全一致。"

周宗奇在《胡正恩师祭》一文中，回忆到胡正，有这样一个情节：

1979 年，我发表了新作——短篇小说《新麦》。不料引出一个不大不小的麻烦。河南等省先后有几位县

> 太爷告“御状”，说《新麦》是给大好形势抹黑，应追究作者责任（有的告到中央组织部，一位姓高的大学同学在那儿工作，事后讲给我听的）。省内也有一位县太爷找上门来说事。又多亏当家的父辈们替我遮风挡雨，大事化小，小事化了。尤其胡正先生特别约我说：你该出个集子了，别忘了把《新麦》闹上。我来写序。他在序中写道：“周宗奇是一位富有热情而又勤于思索的青年作家。”“他在保持前几年创作的特色，即饱含激情描绘善良的普通人的同时，开始了较深的探索。”“《新麦》是一篇有着较大社会影响的佳作。他写了‘四害’横行时一个县委书记为了邀功而虚报产量，使得全县人民挨饿，他却高升……的故事。揭示了直到今天或者以后都值得深思的问题。”“每当他的小说发表时，就以其真挚的感情，使人感奋的力量，和他所着力塑造的一些感人的人物形象，以及发人深思的社会现象吸引着我，以至在这本小说集出版前我又重读他的作品时仍不减兴味，这就是我所以喜欢他的作品的缘故。”

在现实的黑暗与苦闷中，重写历史成了鲁迅晚年萦绕心头的一个想法，其中他特别提到了“文祸史”。1935年，鲁迅问唐弢能不能编写一部中国文网史。而半个世纪过去，这样的文网史，由于众所周知的主客观原因，至今尚无人敢涉及。周宗奇立下宏大创作计划，要完成一部几百万字的《历代文字狱》，并率先推出了八十多万字的《清代文字狱》。作家王东满写得一手好字，专门为周宗奇的《文字狱》题七言绝句一首，写成一斗方：“卧石听涛观星汉，由心率性著文章。字字珠玑溅血泪，铮铮鸣镝射天狼。”书中虽然是写的清代文字狱，但其中借古喻今指桑骂槐含沙射影之“司马昭之心”，路人皆知。这样“敏感”的一部书，为意识形态领域所“封杀”，也就不足为奇了。周宗奇在《胡正恩师祭》一文中写道：“胡正先生最为开明，见面总会关切地问：文字狱写到哪儿了？有什么困难没有？要写就写完，别半途而废；出版不了别气别急，放一放，慢慢会好的……”

郑义也向我讲述过胡正在他身上的一件“开明”之事。

郑义说：“有一次，我与刘宾雁同车南下，他向我谈起广西‘文革’中的惨剧。‘文革’时，我在广西就略有耳闻，但恍若天方夜谭，叫人难以相信。1984 年，我在北京改《老井》，一位广西作家向我讲述了他亲历的种种惨景，言之凿凿，使我不得不信。从那一刻起，我就动了写这一题材的念头。可是，想来容易做起来难，难于上青天。作协领导那里恐怕就通不过。”

马烽在创作谈中说过这样一番话：“有的作家专门去写那些偏僻荒凉、贫困落后的场景，甚至是专门挑那些愚昧无知、丑恶怪诞的细节，以一种欣赏的眼光去展览。生活中不能说没有丑恶现象，但毕竟是个别的。不知道作者为什么对这些东西特别感兴趣。这不仅丑化了中国劳苦大众，也伤害了海外华人的感情。每个人都有母亲，每个人都热爱他的母亲，但很少有人在大庭广众之前宣扬他母亲的缺点，丑陋以及见不得人的某些行为。这是个什么问题？很值得我们深思。”

郑义所要涉及到的题材，已经不是落后丑陋的问题了。简直可以说是残酷、血腥。

郑义说：“那年头你去采访一件事，如果没有作协的介绍信，人家不接待，你是寸步难行。这是没法回避的事情。我只能硬着头皮去找胡正，他是新上任的党组书记。我不能糊弄人家，把人家领导蒙在鼓里。我把事情原原本本都和胡正讲清楚了。你要知道，那还是20世纪80年代，是1986年，正是反对资产阶级自由化、反对精神污染最厉害的时候。我已经有了他拒绝的思想准备。要是碰上个不开明些的领导，那不得了，这题材太敏感，你碰上一党官，有可能反对你干这事。你猜他说什么？他就像没听见我刚才说了些什么，眼睛看着别处，带些狡黠地眨麻眨麻眼睛说：‘一次正常采访，我就支持作家深入生活了解情况掌握第一手材料。’给我的感觉，整个一装疯卖傻大智若愚。”

郑义说：“胡正说着‘哈哈’一笑，就让办公室给我开了证明。”

郑义两下广西，履险历难，密密麻麻记了三本采访笔记。

郑义说：“采访结束我回来后，把采访笔记全部让胡正看了。胡正看了以后，感慨万分，完全是站在同情和支持我的立场。这对于当年一个共产党的党组书记，非常了不起了。胡正说，这是一件非常有价值的工作。也许当前发不出来，但一个作家有责任为历史记录下这些真实资料。”

在访谈中，胡正还给我讲到在反对资产阶级自由化、反对精神污染时的一次会议。

“反对自由化的时候，省委宣传部召开了晋祠会议。这个会上，王东满、韩石山几个作家都上了黑名单，就是韩石山写的《磨盘庄》一些作品受批判那一段。他们作为被批评对象，都通知到晋祠开会。我们也去，我们是作为文艺界的领导。我在这个会上就说，和会上是唱的反调。我说这些年轻人写了这么些东西，也许有些问题，可是是不是自由化？这个纲上不上？这个问题要慎重，还需要好好分析分析。当时三刘么，刘舒侠、刘江、刘贯文（都是当年山西省文艺界的领导），他们在会上就是贯彻上面传达下来的这个。我说，我们山西不存在自由化的问题，作品写的放开一点，九个指头和一个指头的问题，谈不上自由化。当时空气很紧张咧，所以我说的这个话，在会上还起了一些作用。后来他们开玩笑说，老胡，你是不是他们自由化的总后台?”

三

1977年，山西省文艺工作室刚刚恢复，我借调在《汾水》杂志（《山西文学》刚复刊时的名字）当编辑。

那时候，西戎主持工作并主编《汾水》杂志。讲故事是山药蛋派作家的长项，西戎非常善于讲故事，讲得绘声绘色妙语如珠，在讲述中，常常会不经意地带出他们当年的一些往事。最初胡正的印象，就是从西戎嘴里勾勒出。

我记忆中西戎讲过胡正这样三件事：

1941年，西戎、胡正他们的吕梁剧社到新成立的“部队艺术学校”深造。在学校，每天早饭是小米稀粥，中午、晚上都是小米干饭。逢年过节才能吃到一顿白面。三八妇女节也只给女同学吃一顿白面蒸馍，男同学仍然是小米干饭。平时吃不到肉，菜也很少，在一大锅水煮的萝卜、山药蛋上面滴几点油花，给每人碗里打上半勺，就算浇上烩菜了。到入夏收了小麦，学校里调回白面，总算能吃面条了。但也只是“稀汤寡面”。清水里煮些萝卜菜根，不多几个面片。校方又明令不准把稀汤倒掉，每天吃完饭上过一节课，肚子里便“饥肠响如鼓”，咕噜咕噜叫起来。西戎说：大家都争着想多喝几碗、多吃几个面片。可性急喝不得热汤面，急三火四地喝，嘴里都要烧起燎泡了。顶多能吃上两碗，还想吃，大锅里没啦！不知胡正这家伙有什么特异功能，竟然能一气连吃六七碗！众人惊讶，问胡正，他狡黠地一笑说：我嘴大，吃得快嘛！当然没几个人信的，可又谁也解不开其中之谜。

直到时过境迁，胡正才传授了其中奥秘：胡正说，起初的时候，我也只是想了一个不太聪明的办法：把饭碗伸到饭桶上打饭时，让饭碗倾斜一些，使面条留在碗里，汤洒出去一些。但炊事员比你更聪明，打饭时只给你打半勺，根本不让你洒出来。后来有一次，我发现我的碗下有一条小小的裂缝，能漏下汤水来，我受了启发，干脆把裂缝弄大，打面条时用指头捂住，打出饭来再把手指松开，稀汤漏了，不就吃上干面了？大家忿忿不平，埋怨胡正有这样好办法为何不传授给大家。胡正笑笑道：法术巧妙，会玩的人多了就不灵啦！

另一件事是：

“部队艺术学校”在桥儿沟，住的是窑洞。每隔一月左右，就要到几十里以外的地方去背炭，供伙房烧用。有一次背炭，走了四十多里路，翻过一座山后，天已经黑了，背上的炭也觉得越来越沉。当时正值盛夏，身上火烧火燎，嘴里唇干舌燥，又饥又渴。正好这时路过一片西瓜地，大家恨不得进去吃个痛快，可身无分文，又顾忌“三大纪律八项注意”，让人给抓住。又是胡正给大家出“馊主意”：先让一人到瓜庵里和看瓜的人攀谈，胡正和西戎俩人在夜幕的掩护下爬进瓜地抱出两个大西瓜。然后到路边的树丛后面，在炭块上砸碎，不管西瓜是不是熟了，也顾不上西瓜上还沾着煤渣，便大吃起来。

还有一件是：

在“部队艺术学校”学习期间，大家利用空隙也会到学校外散步。外面是农民的一块萝卜地。乡下出来的小后生么，免不了会生出一种馋相，实在想拔一根来尝尝。可是不远处就有岗哨监视，大家是“有贼心无贼胆”，只能压下馋焰，空咽几口唾液罢了。然而胡正有办法！他也假装散步，指手画脚地观山看风景，脚底下却使出功夫，将萝卜从半截踢断，踢出地边来；尔后再假装系鞋带，将萝卜头子收入囊中。

胡正在《部艺生活拾趣》一文中，还回忆了这样两个“脑子活套”的细节：

> 一天晚饭后，我们几个同学在山坡上散步时，忽然发现草丛中有一颗鸡蛋。又走几步，又在草丛中发现了一颗鸡蛋。我们以为是老乡的鸡跑出来下的蛋，不好随便拿走。过了两天，我们发现鸡蛋还在草丛里，而且看来有很长时间了，鸡蛋上已蒙了一层灰黄色的尘土。我们又看见，一只公鸡赶着一只母鸡跑到我们教员住的院里去了，我们就知道了，这鸡蛋不是老乡的，是教员的。我们很久很久没吃过鸡蛋了，这是大自然的恩赐，我们总不能把鸡蛋放坏了糟蹋吧？我们帮他们收了吧。于是我们利用晚饭后的散步时间，两三天就拾回来二三十颗鸡蛋。有福大家享，我们把几个教员叫上一起改善生活。可是光鸡蛋会餐是不够的，我们几个年轻学员便在口袋里装上几团小米干饭，到村子里转游，一天下午，终于用小米干饭引来一只野狗，我们先用木棍把狗打昏，然后杀了。用狗皮把骨头和内脏包起来，刨个坑埋了。然后做了一盆凉拌狗肉，一盆热炖狗肉，一碗炒鸡蛋，一碗煮鸡蛋，还有一盆鸡蛋汤，也可谓四菜一汤了。
>
> 我们的工作是紧张的，每天上午看稿，下午编稿，晚饭前后送审，遇到晋绥分局所在地北坡村演戏，我是每次都去看的。报社所在地高家村离北坡村十几里路，看完戏回来再画版，肚子饿了，就用灯油炒小米饭吃。虽然北坡村有一家卖零食的，但我没有钱，或者只能偶

尔吃一点。那时没有工资，稿费标准也低，稿费是以小米为单位计算的。一千字批给一两斗小米，再按当时市价折合为边区钞票。编辑部的同志经常开夜车，都是用灯油炒米饭吃，小米饭是吃晚饭时带回来的。总务科的同志发现了我们多领灯油的秘密，要在麻油中掺煤油，最后在我们的反对下，只好作罢。

燕治国在《再把手杖甩起来》一文中，还对青年胡正有这样一段描绘：

离开延安，胡正到了战斗剧社。忽一日听说二十里外有剧团演出，便赶了去看红火热闹。看罢戏肚饿，就想到戏台对面的庙堂。庙里香火缭绕，果然有贡品在案。先将馍馍吃掉，理由是帮助泥胎消受。再揭走红绸一条，以做汗帕使用。临走还抱了一摞黄表，权作墙报稿纸。神仙怒与不怒，小胡实在顾不得他了。

马烽、西戎、李束为、孙谦生前都有对自己早年部队生活的回忆文章，诸如马烽的《军旅生涯》、《延安学艺》、《扎根吕梁山》；西戎的《往事记趣》、《吸烟忆趣》、《我是山里娃》；李束为的《记忆中的东平湖》、《无声的战斗》；孙谦的《一件山羊皮短大衣——忆延安“部艺”文学队》、《紫团洞，紫团洞——我入党的前前后后》等等，从中给人的印象是：这些“山药蛋派”作家，正统正派循规蹈矩亦步亦趋不敢越雷池一步。而胡正的这些“小花招”，显然使他成为“五战友”中的异类异数。

四

2011 年元月 13 日，听说胡正先生住进医院，我与周宗奇、张石山、王东满赶到山西省人民医院 302 病房看望。几天来，我脑海里总浮现出探望时的一幕：他可能觉得盖着的厚被子有些热，下意识地用那只插着输液针的手去掀，身边的司机小武急忙拉住他的手，劝说："不要抖感冒了。"

这时，就是这时，我听到了胡正先生在生命最后时刻说出："我这人一生从来不怕热，就是怕冷。"这是胡正先生人生的总结?

胡正先生一直处于一阵清醒一阵昏眩状态，但我相信，他说这句话时，头脑一定是非常清醒。就在前几分钟，当守候在病床前的女儿告诉他，我们几个来看他了，他还幽默地来了一句："几个老家伙。"胡正先生的这句话，在我听来，绝不仅仅是对冷热的感受，而是一种心灵的表白，或是胡正先生人生的象征。

胡正先生写过一篇散文：《我爱夏天》，文中这样写道：

> 有人喜欢春天，春天给人以希望。有人喜欢秋天，秋天给人以收获的喜悦。有人喜欢冬天，冬天有皑皑白雪。但冬天荒凉寂寞，是最冷的季节。
>
> 我喜欢热烈的夏天，我不喜欢冰冷的冬天。
>
> 在严寒的冬天，在冰天雪地中，人们要穿上厚重的棉衣，或者毛衣、大衣，把身体裹得密不透风。帽子紧压在头顶，帽耳捂住了耳朵，围巾缠绕在脖颈，口罩遮掩了口鼻，只能露出两只眼睛。
>
> 春天虽然暖和了，但太原的春天是短暂的。天气乍

暖乍寒、时晴时风，刚刚觉得暖和一些，脱去一件衣服，一阵寒流袭来，又得赶紧用冬衣把身子裹严。

直到五月过后，风停云散之后，炎热的夏天便突然到来了，于是人们才痛快地脱去冬春裹束在身上厚重的衣服，摘掉压在头顶上的帽子，除去阻塞新鲜空气的口罩，解下束缚脖颈的围巾，自由自在地穿起自己愿意穿的各色各样轻柔鲜亮的单衣，无拘无束地裸露出健美的四肢，显示出生命的青春旺盛的活力。

夏天是令人轻松愉快的季节，夏天是人们身心舒畅的日月。

……

夏天使枯萎的刺梅复活了，夏天使春天播种的百花生长出枝叶，开放出艳丽的花朵。

春天人们还仅仅是寄予它们希望，而夏天便看到希望正在成为美好的现实。

胡正在《我爱夏天》一文中所感叹的，难道仅仅是节气冷暖的变化吗？

杨品对胡正小说《重阳风雨》的评论，标题就是用了《对人间温情的追求》。杨品以一个评论家的敏锐眼光，看到了胡正的个性特征和精神内核。

胡正在他的回忆中，写了当他处于死亡线上挣扎时，薛滔、赵莹对他的救命之恩：

我昏昏沉沉躺在一眼窑洞的炕上。晚饭时，休养所的护士给我们端来一小盆稀汤面条，我只喝了几口，又昏睡过去。睡到半夜，只觉得浑身发烧，口干舌燥，我蹬开被子，仍感到心里又烦又闷。我坐起来，想喝几口水，但我叫了几声，也无人答应。我只好爬下炕去找水喝。乘着从破窗孔里洒进来的一点儿淡淡的月光，我摸到了锅台，但锅里没有水。我又摸到了一个水缸，伸手下去探了一下，有水。我便用水缸上挂的铁瓢，舀了一瓢冷水。“咕咚咕咚”一口气喝了下去。顿时感受到浑身一阵清凉，然后便回到炕上睡了。

第二天一早醒来，我惊奇地发现身上不那么热了，退烧了。但早饭后却感到肚子不舒服，跑了两次茅房。从此，每天都要跑几次茅房。

我们剧社送来的十几个病号中，有几个轻病号住在另外的地方，有的病好后陆续到延安去了。陕北的十一月，天气已经很冷了，休养所让我们五个重病号住在了一眼窑洞里。女同志有赵莹、薛滔，男同志有马烽、小卫和我。休养所派了一位男护士照护我们吃药，又从本村雇了一位中年妇女作为临时护理员，给我们烧水、做饭、打扫屋子。她看到我们上茅房困难，便找来一个便盆放在窑洞前面的一个角落里。

赵莹和薛滔吃了几次药后，病情稍有好转。我和小卫患的是痢疾，吃了几次药也不见好。每天拉痢的次数由四五次增加到十多次。我还能跑茅房，着急时还能下地坐便盆拉痢，而小卫已经爬不起来了。他的被子里面尽是屎尿，何所长和戴医生决定让他去隔离室，让护理员把他搀扶到隔壁一间闲空的窑洞里。又过了几天，我的痢疾加重了，拉痢的次数越来越多，每天要拉痢二十多次。有时来不及下地坐便盆，已拉到了炕上。护理员只好把便盆端到炕上，我用棉被遮住下身，一直坐在便盆上。何所长和戴医生来看了我的病情，也决定让我到隔离室去。当护理员把我搀扶到隔壁的破窑洞时，我奇怪地问她：

“怎么不见小卫呢?”

她说：“昨晚上死了，今早上抬出去埋了。”

我听说小卫死了，心里一阵发凉。她把便盆给我端到炕上，我呆呆地坐在便盆上，看看炕上只有半张破席，没有留下小卫的一点儿遗物，我又问她：

“把他埋哪里去了?”

她指了指窗外，从那破窗洞里可以看到对面的山坡。她说：“就在山坡后面。”

傍晚，护理员来在灶火里烧了一把柴火，给我端来一碗稀饭，留下两片药。我喝了几口稀汤，便睡了。

灶火洞里的那把火很快熄灭了，窑洞里没有油灯，黑洞洞的。我睡不着，隔不了一会儿就得起来拉痢。我摸索着坐在便盆上，我不知道我的病是否能好，两片白色的药片吃了好几天也不顶事，拉痢的次数越来越多，病越来越重，而今又让我住进这名为隔离室，实则是准太平房，难道我也要和小卫一样死在这寒窑里吗?

第二天天亮时，我被冻醒了。从破窗孔里吹进来一股一股的冷风。我抬起头来，从破窗孔里看到对面山坡上落了一层白雪，雪地上好像有人走动。仔细看时，是几个人抬着一副棺材。我想起护理员告诉我小卫埋到了山坡背后，那么今天又有一位同志要到山坡后面安葬了。我心里觉得很沉重，痴呆呆地从破窗孔里看着窗外飘落下来的片片雪花……我立刻低下头来，心里像压上了一块凉冷的石头。我看着对面的山坡，我想我也要去了，去到山坡后面和小卫做伴了……这时，我忽然想到我亲爱的妈妈，我六岁时生了一场大病，妈妈一直守候在我身边。妈妈，我再也见不到妈妈了！我十四岁离开妈妈，刚刚步入社会，开始生活，我才十六岁，就要离开这个世界吗？不，我不想死，我渴望生活……

胡正是重情感之人，几十年后回忆起这段“生死之交”，仍刻骨铭心犹如昨日，胡正说：“在那寂寞寒冷的破窑洞里，在那生死交界的隔离室，实则是准太平房里呆了九天。那时我刚刚十六岁，就几乎走到了人生的尽头。幸亏我们吕梁剧社的女同志赵莹和薛滔向休养所所长去讲情，给我注射了五支针药，才从死神手中救回了我临危的生命。”

胡正还向我们讲述了他与薛滔之间一段充满“战地浪漫曲”色彩的经历：

1940 年 6 月 22 日清晨，我们吕梁剧社跟随决死二纵队司令部、政治部，由晋西北临县木坎塔村出发，沿着小河沟向临县大川北面转移。突然间，从沟口传来一阵炸雷般的惊心的机枪声。刚走到沟口的通讯连和警卫连遇到了正在大川里进行夏季“扫荡”的日本侵略军。我非常惊慌，也很害怕，只是随着慌乱的人流向后急跑，把背包也扔了。跑了一阵，忽然看见前面一个女同志身子摇晃着，好像跑不动了，她的背包也没有了，她的头向后仰着，帽子也掉了，一头秀发披散下来。我跑过去看时，是我们剧社的薛滔，我便伸出手去搀扶着她，她气喘吁吁地看见是我，便长吁了一口气，顺从地依靠着我继续向小河沟后面跑去……

我俩跑到一条岔沟的沟底时，薛滔呼呼气喘，跑不动了，靠在我的胳膊上直喊口渴。这时正是中午，太阳在头顶上烤晒着，沟里没有一丝凉风。我的衣衫已被汗水湿透了，浑身燥热，口渴难忍。我看到岔沟里面的背阴处很潮湿，长着一片绿草。我俩便走进去，只见一个低洼处有几只牛蹄印，蹄印里渗出一点儿水来。我俩也顾不得水脏水臭，便趴下去，她在一个蹄印里喝了两口水，我也在一个蹄印里喝了两口水。水虽然浑浊苦涩，但觉得火烧火燎的嘴里肚里有了一丝清凉。当我俩抬起头来互相看时，都觉得有些好笑，我们的嘴唇和额头上沾了不少泥土。她从衣袋里掏出手绢来，先给我擦了嘴上和额头上的泥土，然后到一个蹄印里蘸湿了手绢，擦干净她的脸。她脸上虽然还是红扑扑的，但惊恐的愁云散开了，在险恶的战争环境中，在慌乱和孤独的情况下，我们相随相伴着安然地坐在一起，她看着我说道："我们不要分开了！"我也看着她点头说道："好！"我俩在剧社时，经常同台演戏，在我们剧社社长林杉老师编导的话剧《中华儿女》中，她扮演女儿，我扮演儿子。她虽然比我年龄小，但在剧中，她是姐姐，我是弟弟，而现在我则应该像一个大哥哥，把她带出这危险的境地……

枪声、炮声似乎远了，我爬上山坡时回头看了看，在大川南面的山上和沟里，可以看到炮弹落地扬起的烟尘。我忽然高兴地说："我们突围了！"薛滔听说我们已经突围，立刻坐到地上，她跑不动了，她不想跑了。我们刚在路边坐下，忽然听到敌机飞来的嗡嗡声。我看到路边沟畔有一个雨水冲刷下的山洞，便拉上她钻到洞里，山洞很小，只能容纳两人。洞里很潮湿，我从洞口拔了几把野草垫在下面，她刚坐下便靠着我的肩膀睡着了。她睡得那样香甜，不时发出轻微的鼾声。我第一次这么近看着她，闻到她汗湿的头发的香味，好像一阵温润的微风吹进了我的心田。她靠在我肩膀上时间长了，我的肩膀虽有些酸困，但也不愿惊醒她……天色渐渐黑暗下来，我才叫醒薛滔，从小洞里爬上来。我俩走到山坡下的小沟里，找到几家从大川的一些村里逃难上来的老乡，问了这一带的情况，向老乡要了两碗米汤，借了一张棉被，在地塄下面的一个避风处躺下来。晋西北夏天的夜晚还是很冷的，我俩只好蜷缩在一张棉被下睡了一夜。

第二天天刚亮，我们便起身朝东北方向找部队去了。一面走，一面打听我们部队的去向。遇到吃饭时，我到村里找村干部给我们派饭。村干部和群众对我们非常好，在老乡家里吃派饭时，多是黄米捞饭和杂豆面面条。有时村干部给我们找来二斤白面，我们便自己动手做饭。薛滔和面，我烧火。她不会做饭，和的面很软，只好吃揪片儿。就这样一直走了十几天，最后一天早晨，我们惊喜地听到前面村里的军号声，便急忙跑到村里找到部队，回到我们剧社。

这一段短暂而不平常的经历，使胡正与薛滔之间结下了终生友谊，成为至死不渝的好朋友，虽然天各一方，并不生活在一个城市，相聚的机会也不多，但心是相通的。薛滔解放后先在长春电影制片厂当演员，出演过《吕梁英雄传》等多部电影的重要角色，又攻读俄语，曾翻译过几部苏联电影，后来在八一电影制片厂任文学资料室组长，最后在上海第二军医大学担任俱乐部主任，在附属医院任副师级政治协理员，1988年荣获中国人民解放军独立功勋荣誉章。1990年因白血病辞世。为此，胡正深情地写道：“而今比我小三岁的薛滔已经仙逝，和我同龄的赵莹正在病中……岁月流逝而记忆犹新。在人生繁忙而坎坷的旅途中，许多往事的记忆都模糊了，甚至对那些辉煌和苦难、向往和遗憾也都淡漠了，而远去的少年时期的记忆却是这样深切而清晰……”

胡正还回忆了与吴清娥的青梅竹马，少年情深，并对吴清娥的不幸遭遇寄予了无比同情：

> 赵莹提到一位小学的同学吴清娥也在北京，不久前还去看过她。我说我也想去看看她，赵莹便陪我一起去了吴清娥家。
>
> 赵莹和吴清娥都是我灵石县城内女子小学的同学，我和吴清娥编在一个班里，同在一个教室上课，她很聪明，也很用功，她的功课很好，我的算术太差，常要求教于她。她也很乐于帮我。我俩都是从县城里逃难出来的学生，有时也谈起县城里的一些事情，谈起我们的家庭。我们都很想家，上自习时，有谁哼了一句：“我的家在东北松花江上……”我们便跟着唱起这首流亡歌曲，歌曲由低而高，一面唱一面哭，唱到后来竟趴在课桌上大哭起来。
>
> 夏天，学校给我们每人发了一套单衣，单衣是请本村的妇女赶制的，没有缝上纽扣，学校让我们自己缝纽扣。我没有针线，也不会缝纽扣，吴清娥便帮我

缝上纽扣。她的手很巧，针线活也好，让我穿上新衣后，看看哪里不合适，又给我修改了一下。我很感激她，她是那样热情，温柔，她的秀气的脸上常常漾着微笑。

七月七日，抗日民主县政府在宿龙村召开了灵石县各界人民纪念抗战一周年大会，庆余村高小派我作为代表参加大会，并在大会上发言。离开学校时，我看到吴清娥送我去开会时兴奋的眼神，我开完会回到学校时又看到她欢喜的面容。

……

赵莹领上我到了吴清娥住的屋门口叫门时，屋里没有人应声。我们问院邻时，隔壁房间里出来一位中年妇女说道：

“她以前在这里，现在不在了。”

“搬到哪里去了？”

“前几天被抓走了！”

“抓到哪去了？”

邻家妇女告诉了我们关押吴清娥的地址。赵莹遗憾地看看我，我却还想去看看她。赵莹又和我相跟着到了关押她的地方。

门房传达员问道：“找谁？”

我说：“吴清娥。前几天才进来的。”

“你们是什么关系？”

我回答：“老乡，同学。”

传达员让我们登记了所在单位、住址和电话，拿起登记簿到里边去了。我和赵莹在门房等了好一会，才见一位干部出来说道：

“今天不是探视的时间，回去吧！”

我刚回到中央文学研究所，副秘书长康濯就把我叫到他的办公室，我一进门他就说：

“今天闯祸了吧！”

我有些奇怪地说：“没有呀？”

“今天到哪里去了？”

“去看了一位同学。”

“刚才打电话来问你的情况，我们给你做了保证才让你回来。”

啊，原来是这件事。这时我才感到事情有些严重。刚才只是想见她一面，现在才想起当前正是镇压反革命运动期间。康濯同志没有再批评我，只是警告我说：

“以后不要去了！”

……以后我再没见到她。这是我年少时第一次喜慕的一位少女，并且相互产生了朦胧的爱慕之情。多少年过去了，而少年时那么一点儿短暂纯真的情谊却依然记挂在心中。

曾任山西省文委会（文联前身）主任的高沐鸿，1957 年被打成右派。胡正讲了高沐鸿被打成右派后，他去看望的情形：

“高沐鸿的右派是后打的，1958 年才又补上。1957 年的时候，他没有参与同人刊物之类事情，但是他在出版社办的内部刊物《出版通讯》上，写了一篇文章，叫《反对教条主义》。就是我们现在的僵化僵硬，对马列主义不去很好的领会体会。当时也没有什么反应，结果，1958 年的时候，这篇文章不知道怎么被中宣部一个副部长看到了，就给省委写来信，说这篇文章是右派言论。省委那就批判吧。1958 年初就开始批判。我们文联的五六个人，还有出版社的都去了。还有报社的，电台的，刘江他们都去了。批判了三次，也说不下个所以然（胡正在此有嘲讽的一笑）。后来又开党代会，会上马烽、西戎、李束为联名发言，批判这个事情，大概也是上面的压力。高沐鸿有个弱点，或者说他是有个性，他和人家上面省委书记陶鲁茄不合拍。本来他是太行老区的，抗战初期他就是盂社县县长，级别够高。他是狂飙社成员，从上海回到山西，一流的人物。解放以后，仅仅给他安排了个宣传部副部长，兼文委会主任。他就住我们这儿，不住宣传部，和他们省委的关系不很融洽。所以省委对他也没什么感情，不像对老同志。所以中宣部你说怎么办，咱就怎么办就行了。说不下个所以然，最后还是给他定了个右派。定成右派后，就让他住在文管会的小院子，有一次那英来了，全国文联副秘书长，因拍个片子路过太原，说我想看看高沐鸿，不知道可以不可以。我说当然可以，我就陪那英去那个小院，也没多说什么，就一般性安慰几句。后来平反不久就得了癌症。住了医院。在医院时我去看过他好几次。唉，平反了得了癌症了。挺好的一个人。唉。”

在“文革”后期，山西发生过一件惊天大案：“文革”前，山西省曾抓过一个剧目《三下桃园》，光听名字就明白与当年王光美“四清”时创造的桃园经验有瓜葛。1975 年，正当“反击右倾翻案风”风口浪尖的关口上，当年山西省文化界的领导贾克，不知是“阶级斗争意识”淡薄，还是特别青睐于这部戏的艺术性，竟然把《三下桃园》进行一番改头换面，包装成《三上桃峰》就送进北京参加了华北文艺调演。当年的人们阶级斗争的弦绷得有多紧？马上有敏锐的眼睛察觉了其中的“险恶用心”：这不是明目张胆地为刘少奇翻案？于是乎，一个参加华北调演的戏，演变成一个政治事件。

胡正向我说了这次政治事件中与他有关的一个细节：“《三上桃峰》时有这样一件事：让我证实贾克的‘罪状’。我当时就是坚持一条，我不说假话。当时对贾克不利的一条是什么呢？当时的导演桑夫，他在北京时候就说，我给他们讲过，这个有刘少奇的背景，他们不听。表示他的高明吧。他是说在我家里听到的。桑夫他老婆和我是延安时期的同学，他来山西后，我请他们到家里来吃饭。在座的还有北京的一个导演，名字我记不清了，还有石丁、贾克。桑夫说，我在胡正家吃饭的时候还跟贾克说过。斗争贾克的时候，找我调查。北京的另一个导演说我记不清了。后来找石丁，石丁说，是啊，说过。这不成一对一了？就又找我。问我，是在你家说的，你一定听到了。我说，我没有听到呀。调查组的生气了，人家桑夫说的，石丁也听见了，你为什么没有听见呢？认为我是在包庇贾克。我说，他们在我家里吃饭，我总要出去端菜呀什么，也许是我出去的时候说的，反正我是没有听见。打了个圆场，也等于是要了个滑头。后来这个案子定不下来。不是明知故犯，性质就不一样。后来文教委员会的副主任胡英，我们在晋绥时在一块，说话比较随便，一见我就说，老胡，又端菜去啦？”

五

山西大学教授张恒在《一道消逝的风景线——“山药蛋派”文学的回眸与审视》一文中，对“山药蛋派”的衰落做出了必然的断言。

张恒的文章发表于2002年，写作时间可能会更早一些，因为在转载此文的《山西文学》上有一则“编辑人语”，说了这样的话：“此文曾投寄本刊，长期搁置，未予采用”。那么，张恒先生有可能没有看到胡正2002年写出的新作《明天清明》。但是，《人民文学》1992年第六期上发表的胡正的《重阳风雨》是应该能看到的。而更早发于1982年《当代》的《几度元宵》更无疑能够看到。大概张恒先生忽略了“山药蛋派”营垒里的这个“小兄弟”。

固定的认识模式所形成的思维惯性是强大的，它很容易遮蔽了我们的视线和影响了我们的目力。

1992年7月13日的《太原日报》上，丁东与陈坪以对话的形式，发表了题为《谁说“山药蛋派”不再发展？——漫谈胡正新作〈重阳风雨〉》。让我们看看文章中对胡正的新作做何评价：

> A：老作家胡正发表在《人民文学》1992年第6期上的中篇小说《重阳风雨》，读后给人以耳目一新之感。作为“山药蛋派”的一员，胡正写出这样的新作，确实给我们不少启示。
>
> B：这首先影响到我们对流派作家的看法。
>
> A：过去，人们一提起“山药蛋派”，总是把它当成文学史的一个范畴，认为它发源于40年代，兴盛于50年代，结束于60年代，最多到80年代初还有一些余波。以后这个流派由谁来继承、由谁来发展，特别是在当代还能不能再发展，好像更多的是作为一个学术问题提出来。即使把它当做一个创作实践问题来提，人们也只是着眼于“山药蛋派”是不是后继有人，是不是有第二代“山药蛋派”作家，第三代“山药蛋派”作家等问题上。
>
> B：这种争论无形之中已经认定老一代“山药蛋派”作家的创作生命已经结束，这一流派本身已经作为墓志

铭镌刻在文学的碑帖上了。在这种目光的审视下，“山药蛋派”老作家的创作就不仅表现为一种时过境迁的过去时态，而且呈现出一种历史定位的静态。

A：……

B：最近胡正发表的《重阳风雨》，给了我们一个新鲜的范本，使我们对“山药蛋派”自身的艺术活力有可能予以重新认识。从这种角度看，确实是“存在先于本质”，因为人的存在本身就意味着可能性。即使是老作家，也是能够通过选择，使自己从他人概念把握的确定性中超越出来。胡正就是一个例子。

A：……我读了《重阳风雨》之后，感到这篇小说不但给胡正的创作生涯注入了新的生机，而且给整个“山药蛋派”都注入了新的美学因素。有了这篇作品，对胡正乃至整个“山药蛋派”都值得进行价值重估。

谢泳在读过胡正的中篇小说《重阳风雨》之后，说了这样一番话：“这篇小说的出现很有意义，它不仅意味着胡正本人的小说创作进入了一个新的阶段，突破了以往过于狭窄的题材范围和单一的主题，而且对于‘山药蛋派’在当代的发展也有很深的启发意义：那就是当一个流派的主要创作人员都还健在，而且从写作年龄上看并不衰老的时候，这个流派的活力从何而来，他们应该以怎样的方式去重新为‘山药蛋派’发展开辟一条新路呢？胡正这篇小说出现的当代意义就在于它不仅为我们重新评价‘山药蛋派’在新时代的发展提供了一个范本，更在于为我们重估一个流派的未来找到了新的思路。”

而从《重阳风雨》到《明天清明》，胡正又继续向前走了十年的反思历程。

我问胡正："你看过张恒的文章后是一个什么感受？"

胡正说："看了以后，我们几个没有在一块议论。是李英反应强烈。为什么反应强烈呢？因为西戎对韩石山一直不错，而这篇文章你在《山西文学》上转载了，还加了个编者按，在编者按里还是非常肯定的口气。她拿给我看，我说不错么，过去我们还算一条风景线呢！你说是不是啊？"胡正说着发出一阵爽朗的"哈哈"大笑。

胡正又说："再说，他也是一家之言，又不是文学史上的定论。另一方面，我的观点，'山药蛋派'也就是个历史现象，过去了，一个人也好，一种文学现象也好，他有辉煌的时刻，也就有衰落的时候，就是丁果仙，也不能总唱主角。我挺欣赏她的一点，她年龄大了跑龙套，有人说她，你是名家，你怎么能去跑龙套呢？丁果仙说，人还能总当主角，该跑龙套的时候就跑，比站在原地不动强。对一种历史现象有个正确的评价就够了。我没什么恼火的。作家出版社最近出了一套《山药蛋派作家丛书》，赵树理、马烽、西戎、李束为、孙谦和我六个人的。这就是个历史现象，过去就过去了。过去我们盖了个四合院，不错，现在不照样拆了四合院，盖起了高楼大厦。谁还再去盖四合院？任何事物都是历史时期的产物。"

胡正还说："我后来写的《重阳风雨》、《明天清明》，离'山药蛋派'远了一些。我自己也不是就死守着过去的一套。'山药蛋派'是适合于50年代的情况。那时候，农村农民的文化不高，所以它需要通俗化、大众化，要土得贴近他们。使他们有阅读兴趣。而现在人们的文化程度都高了，见到的东西也多了，这就要多元化。"

说着，胡正又发出一阵胡正式的哈哈大笑。

宽宏大量的长者

李　锐

我记得是三十六年前，1975 年的夏天，我刚刚从插队知青变成钢铁工人不到半年。当时在临汾地区文艺工作室工作的侯贵柱老师告诉我说：“李锐，胡正同志和西戎同志来临汾了，我把你的情况给他们汇报了，什么时间咱们一起去地委招待所见个面，你把你最近写的东西带上。”那时候，马烽、西戎、胡正这些如雷贯耳的名字就像是吕梁、太行一样，高大而又遥远。那时“文革”已经接近尾声，“文革”中被“砸烂”的省文联开始恢复工作，省文艺工作室刚刚建立，西、胡二位老师是为了筹办《汾水》杂志而来的。

就这样，和胡正老师有了第一次见面。记得那一次，我拿着自己写的一个短篇小说，胡正老师当面看过，提了几点修改意见，让我修改好以后寄到《汾水》杂志编辑部。事情很巧，修改过的稿子寄到编辑部之后，给我回信的是郁波老师，几条修改意见密密麻麻地写满信纸。同时还收到了要我去太原改稿的邀请函。尽管“文革”还没有结束，尽管我还顶着一个“可以教育好的子女”的政治帽子，可是，直觉在告诉我，命运也许就此改变。心里的兴奋可想而知。后来的事实果然印证了我的直觉，一年以后，经过了改稿和借调当编辑的试用期，在马烽老师的直接帮助下，我正式调入《汾水》编辑部。

转眼就是十年。十年之中，毛泽东的去世让“文革”结束成为可能。而“文革”浩劫的结束，让中国改变历史方向的改革开放也终于成为可能。被长期压抑的情感和能量惊天动地地释放出来的时候，中国开始了自己的改天换地。正所谓生逢其时，人逢其事。胡正老师正是在20世纪80年代中期的黄金岁月里，担任了山西作协的党组书记。正是在胡正老师主政期间，我们这一批调进作协的年轻人，先后被推上主编、副主编的职务，开始主持《山西文学》《黄河》《批评家》。不久，为了更好地推动创作，又创立了赵树理文学院，把真正搞创作的人才网罗进文学院，担任专业作家。这期间，有两件标志性的事情至今为人所乐道：一是，1985年《当代》杂志发表了山西作家专号，首倡“晋军崛起”；二是，山西作协举办了第一届黄河笔会，黄河流域八省区几近半个中国的作家汇聚一堂，百无禁忌，谈笑风生。那时候，说山西是文学重镇不是一句空话，那时候没有人敢把山西的文学看做是偏于一地的地方文学。那真的是一个风云际会、各显神通的时代。而这一切，都有赖于作为组织者和领导者的胡正老师。

文学工作说复杂很复杂，说简单又很简单，无非创作、用人两件事。记忆中胡正老师关于创作说得最多的就是：你们记住，最主要的就是写出好作品，作品打响了剩下的都好说。关于用人胡老师最经常拿自己做比喻：有什么年轻的？我当山西文联秘书长的时候才多大，比你们现在年轻多了！胡老师的思想开放、勇于提拔年轻人，胡老师的宽宏大量，在我们那一辈年轻人当中是有口皆碑的。这在论资排辈盛行的时期，在一个最容易文人相轻的行业里，就显得尤为可贵。

在那样一个百废俱兴的时代，在那样一个百废俱兴的时代，在那样一个群英汇聚的舞台上，有胡正老师这样一位目光敏锐、不断提携后辈的领导，有这样一位宽宏大量的长者，于是才有了群星璀璨的80年代，才有了享誉海内的晋军崛起。对于个人而言，这是一种机缘，也是一种永远值得记忆的怀念。

永不消逝的那一刻

任维安

时间犹如生命，生命是有限的，时间却是无限的，分分秒秒，日日月月，以至年年……还觉得自己在青春勃发时，倒成了白发尽显两鬓了。同事递给我一份校报《灵石一中》，阅读第三版头篇文章竟让我心头一震：作家胡正与读者告别，在今年1月17日夜！

这时的我，脑海里泛起了三十多年前的那一刻，西（戎）、李（束为）、马（烽）、胡（正）、孙（谦）五战友中的胡正、孙谦给我们上课的那一刻。那是1973年春的一个上午。那时，我还是学生，在山西大学主楼的大教室上写作课。应当说，这课自有系里的老师授课，但人们以为，实践出真知，还是第一线的作家最有发言权，理论讲出多少不说，实在的东西，尤其是方法，还是要作家来讲。让谁来呢？“近水楼台先得月”，好，就让他们来吧——于是我们见到了胡正、孙谦两位老师。

胡老师满口灵石话，声朗如钟，眉宇间尽显自信。他讲写作素材的发掘、取向。记得那时山大的邮政所在坞城路拐往省委党校的马路边，即今天矗立毛主席塑像的校门侧。从大教室里看得清清楚楚。胡老师抬起手臂食指一点，就以邮票发轫，放射性思

维立展：艺术品的邮票票面内涵等等都可以成为我们写作的素材。当然不能事无巨细，方方面面都去表现它。“伤其十指，不如断其一指”，要发掘的深、精，还得在点睛之处浓墨重彩，如蜜蜂筑巢般不离不弃有股韧劲。孙谦老师呢，看上去，他的年龄跟胡老师差不多，面色不及胡老师红润，脸面浮肿，双眼皮耷拉，手握口杯，指头略呈浅黄，想来孙谦习惯于在长年的创作中开夜车并饮茶。孙老师讲课吐语风趣，不像胡老师直爽，议题道来娓娓动听，如讲史，是叙事，走出太行山，赤脚奔东北。搞电影创作，编导制片，一摞子活儿都是自个儿干。给我们上课，好像是来自责：一部电影剧作失败，给国家造成不小损失。他一再强调，搞创作，深入生活十分必要。不要怕败笔，有败才有成。也许就是缘于此，才造就了孙谦老师后来沉稳、细腻、活泼的文风，才有了后来杰作的不断面世。记得清晰，那次课后，我还专门拜读了孙老师的报告文学《大寨英雄谱》，真正走进了孙老师的文学世界。读其文，语言洗练，文笔娴熟，情节逼真，似乎自己就在战天斗地的大寨人之中生活，同陈永贵、郭凤莲、贾进才等交谈。

那一刻，我也不能忘却，是在离开学校，到了工作岗位的时候。确切些说，是 1976 年吧。我当时在仁义九年制学校高中任课，兼作班主任。肤色黝黑浓眉大眼的郝宝星给我当班干部，忙活在同学们中间。当时高中是二年制，上课不多，劳动不少。一天下来，老师同学累得都像散了骨架子似的。记得清楚，每每到了星期六或星期日，一个身材颀长的瘦个老者，总要拄根木棍，手提干粮袋来校找宝星。后来，我侧面得知，找宝星的老者是大画家郝力群。他下放回到村里，当起了林业队长。除在自家院子里栽花种草外，还时常帮邻里绿化。再后来又得知，宝星是画家力群的孙儿，不是嫡孙，是侄孙。宝星全家不在郝家掌村，宝星怎能只身在老家念书？再后来，我调离仁义学校，多少年后在灵石县城见到自己的学生郝宝星方知，他的亲爷爷在“文革”中被迫害致死，力群先生担忧孙儿受累影响前程，顺便可排解自己的寂寞，便携妻子与宝星回到老家。他常常往返十多里山路怕孙儿饿着、累着。如今力群先生高寿安享晚年在北京。宝星说，他不时还去看望爷爷。

获知胡正老师离读者而去，即忆起他和孙谦老师给我们上课的那一刻。那一刻，可以说，使得我们对写作不再发蒙无知，确乎比学院式的大学教授讲得透彻鲜活。也令我领略到了作家的不凡人格（坦诚）与功力（精细）。

获知胡正老师仙逝，我也想到了力群先生。尽管自己从未与他谋面，但从一侧也感知他对世人的至亲至善。总之，或感念或体验，那一刻，在我来说确是永不消逝的一刻。我不能不以粗疏的文字记下它，这一珍贵的精神财富。

胡正，最后一位"山药蛋派"大师

珍　尔

上午接友人电话，问我知道不知道胡正老师不在了。我大吃一惊，以为听错了，怎么可能呢，就在半个多月前，冬至那天，我还坐在胡正老师家的客厅里和他谈天说地，听他爽朗的笑声，不料竟成永诀。泪水顿时迷蒙了眼睛。

说起来，我和胡正老师真是有缘，早在上世纪 60 年代初，我还是个十来岁的黄毛丫头时，就读过他的小说《汾水长流》，因为读得入迷，半夜不睡觉，还受到母亲的责骂。没想到，几十年以后，我能够有机会坐在胡正老师家的客厅里，和他谈起当年我读《汾水长流》的趣事。更巧的是我的公公杨忠信和胡正老师、力群老师当年曾同是贺龙中学和决死二纵队的老革命、老战友，又是同乡，都是山西灵石人，看来我和胡正老师还真是缘分不浅呢。

传奇人生：十四岁成为抗日小战士

胡正是以赵树理为代表的"山药蛋"流派中的重要代表作家之一。山西的"文坛五老""西、李、马、胡、孙"中的胡，指的就是胡正。说起来，他的经历充满传奇色彩。他1924年农历十月二十五出生在山西灵石县城。十四岁高小毕业便成为晋西南牺牲救国同盟会吕梁剧社中的一员，成为宣传抗日的小战士。后来又到延安鲁迅艺术学院、部队艺术学校学习。历任八路军一二〇师政治部战斗剧社编辑股干事，晋西北抗日救国联合会文化部文艺工作团干部，静乐县二区抗联文化部长，晋绥边区文联《晋绥日报》副刊编辑、《晋南日报》记者，重庆《新华日报》副刊组副组长。1950年到中央文学研究所学习，后历任《山西文艺》主编，省文联秘书长、副主席，省作协副主席、党组书记等职。直到辞世前，还一直担任我们女作家协会的顾问，非常支持我们的工作。

说起胡正老师的创作，更是硕果累累。他从1943年开始发表作品，著有短篇小说集《摘南瓜》《七月古庙会》；中短篇小说集《几度元宵》；散文报告文学集《七月的彩虹》；长篇小说《汾水长流》和《明天清明》；近年还出版了《胡正文集》（四卷）、《胡正散文选》《胡正作品评论集》等。他的作品被收入多种选本。他的小说《几度元宵》曾获山西省第一届文学艺术创作奖和山西省第一届赵树理文学奖。1992年，山西省委、省政府授予他“人民作家”的光荣称号。

有趣的是，胡正并不是他的本名，他原名叫胡振邦。只因在吕梁剧社的时候，他在一个名叫《解放》的剧中扮演了一个叫胡正的抗日小青年，他把这个角色演得太鲜活了，给观众留下了深刻的印象，以至于大家见了都叫他胡正，从此他索性就把名字改成胡正了。

别以为大作家都有高学历，胡正回忆说，他的文化其实都是在革命队伍里学的。他说，他的第一个短篇小说《碑》的素材就是根据1939年春天发生在临汾的一个抗日女干部为掩护群众撤退而跳入汾河牺牲的真实故事而写的。

胡正说他第一次在延安见到毛主席是 1940 年 2 月 1 日下午，他们在延安城北门外参加一个会。毛主席讲话时，他们因个子小，看不见，于是大家商量好，由两个人各抱住一个人的一条腿举起来轮流看，刚举起来下面的人就着急地问：“看见了没有?”当被架起来的人说：“看见了！”下面的人就急忙放下这个人，再举起另一个人看。胡正说他被架起来第一次看到毛主席穿一身灰棉军装打着手势讲话的时候，心里是多么激动啊。

后来真正近距离地和毛主席见面是 1948 年 4 月 2 日，毛主席和《晋绥日报》的编辑人员进行谈话，胡正当时在报社当副刊编辑。在兴县蔡家崖，毛泽东在贺龙司令员、陆定一部长的陪同下，和他们挨个握手，并询问每个人的姓名。当介绍到一个叫高丽生的人时，毛主席幽默地说：“你是名贵药材啊！”当介绍到一个叫水江的人时，毛主席又说：“那你不缺水啊，你的水太多了！”把大家都逗笑了。中午，毛主席还留编辑部的同志们一起吃了饭。

被称为“山西文坛五老”的马烽、西戎、束为、孙谦、胡正，他们的战斗情谊早在去延安之前就开始了。当时，马烽、束为、孙谦在黄河剧社，胡正和西戎同在吕梁剧社，他俩还同台演出过《小叛徒》。当时胡正演的是剧中的小叛徒，西戎在剧中的角色是一个政工干部。后来剧社合并，延安鲁艺成立了部队艺术干部训练班，年纪稍大点的束为到了戏剧系，马烽和胡正到了训练班。给他们上课的鲁艺教员有周立波、陈荒煤、力群等人。课程很丰富，文学、戏剧、美术、音乐样样都学。半年后，鲁艺成立了延安部队艺术学校，胡正和西戎分在戏剧班，孙谦在文学班，马烽在美术班。就是在这个时期，胡正读了不少文学名著，《安娜·卡列尼娜》《静静的顿河》《被开垦的处女地》《青年近卫军》等都是胡正在这一时期看过的。

革命的激情，名著的滋养，使年轻的胡正有了文学创作的冲动。当时条件艰苦，连笔都没有，就到外面捡了个笔尖，插在高粱秆上当笔。没有纸，就用老百姓在庙里留下的黄表纸当草稿纸。短篇小说《碑》就这样诞生了。后来被延安的《解放日报》发表。这篇发轫之作后来在1995年被中国作协、中国文联等单位联合推荐列为抗战文学名作百篇之一，收入作家出版社《中国抗日战争短篇精粹》。

1943年1月，根据《讲话》精神，晋西北党委决定把爱好文学的青年组成文艺工作团深入到基层去。胡正成了静乐县二区的抗联文化部部长，同时参加了武工队的工作。根据这段经历，胡正创作了短篇小说《民兵夏收》，发表于当时的《晋绥日报》。后又在1943年10月14日的延安《解放日报》发表，改名为《夏收时节》。这篇作品在1981年收入了人民文学出版社出版的《中国现代短篇小说选》第六卷。战争年代的传奇经历，为胡正成长为一个知名作家提供了创作的“富矿”。

新中国成立以后：从《汾水长流》到《明天清明》

新中国成立后，胡正在担任文艺界领导职务的同时，笔耕不辍，成果迭出。

1954年4月，胡正以胡令天为笔名在《山西文艺》月刊34期发表了短篇小说《摘南瓜》，后收入中国青年出版社出版的《青年文学创作选集》。

1956年11月，他的小说《七月古庙会》在《火花》发表，小说以讽刺的笔法刻画了一个工作积极、心肠好，却极端主观主义的魏副县长的形象。后来收入人民文学出版社《短篇小说选

1949—1979》和上海文艺出版社《中国新文学大系》第四辑（1949—1966）短篇小说卷。

1957年3月，短篇小说《两个巧媳妇》发表，广受好评。小说写了既是邻居，又都精明能干的两个巧媳妇杨万花和尹芝贞争强好胜、斗心眼、谁也不肯认输的故事。人物个性对比鲜明，情节引人入胜。小说后来收入了作家出版社《1957年短篇小说选》。

长篇小说《汾水长流》是胡正创作生涯中的里程碑之作，于1962年出版。这部二十多万字的长篇小说，以现实主义的创作手法、严谨的结构、鲜明的人物形象塑造，全景式地描写了上世纪50年代初晋中汾河岸边的农村风貌。通过防霜、抗旱、春荒闹粮、麦收、扩社等几件大事，将农业合作化过程中各阶层农民的思想情绪和他们繁复多变的关系，叙述得波澜起伏，风生水起。小说的结构张弛有度，语言活泼自然，显示出作者厚实的生活和艺术功底。

尽管新中国成立以后有不少描写合作化题材的作品因受当时政治意识形态的影响，都有不同程度的概念化倾向，但《汾水长流》即使在今天读起来，仍能穿越时代的局限而引人入胜，原因就在于作者是从生活出发写人物的，他的创作来自他厚实的生活根底，来自生活源泉中流淌出来的鲜活之水，所以这部小说至今仍有着很强的艺术感染力。

发表于2001年2月的小长篇《明天清明》，是胡老在七十多岁时的呕心沥血之作。小说写了一个发生在革命战争年代人为制造的爱情悲剧。显示了在任何悖逆无奈的环境中，爱情与生命的存在须臾不可分离。恰好与胡老此前写的另外两部作品《几度元宵》和《重阳风雨》都是以爱情为主线的，因此被誉为胡老的“爱情三部曲”。有评论家认为，以爱情为主线，这在传统的“山药蛋派”文学创作中是极为罕见的。这也成为胡老在改革开放后与时俱进，又焕发了创作青春的明证。

1982 年 2 月，他的中篇小说《几度元宵》在《当代》发表，这部小说是胡正多年来文化积淀的厚积薄发。小说以十年“文革”为广阔社会背景，写了农村青年薛安明和沈翠叶，为争取婚姻自由，勇于冲破极“左”路线的桎梏和恶势力的压迫不屈斗争的经过，塑造了一个对爱情坚贞不渝的女性形象。小说形象地告诉人们，封建残余意识在人们思想中是多么根深蒂固，它一旦同极“左”路线融合，就会害国害民。小说立意不俗，发人深省。后来获山西省第一届文学艺术创作奖和山西省第一届赵树理文学奖。

松柏常青：门前桃李自成蹊

1984 年年底，省文联、作协分家，胡正担任了省作协党组书记。他在老一辈作家里最年轻，思想也最活跃，工作方法很活套。他多才多艺，能滑冰，会游泳，台球、乒乓球也玩得好，尤其擅长跳舞。他言语幽默、风趣活泼，善于灵活协调各种关系，他可以在作报告中开玩笑，使会场气氛活跃，常常在开玩笑中便做了思想工作。

胡老特别关心青年人的成长，是一位可亲可敬的文坛“伯乐”。他大胆启用青年作家担责管事，被誉为他当政期间的最大亮点。胡老和马烽、西戎等几位老作家都十分爱才，在“文革”结束后的文化荒漠时代，他们每逢从来稿中发现一个文学的好苗子，就兴奋不已。对这些非亲非故的年轻人，老作家们总是无私地提携、培养，约他们来编辑部改稿，四处奔波为他们办调动手续。不需请客送礼，不讲人情关系，一批人才就这样齐聚作协。

如今驰骋山西文苑的一批有成就的中青年作家如成一、郑义、李锐、蒋韵、韩石山、张石山等，都是他们发现、培养和扶植起来的。这批中青年作家们后来果然不负众望，成就斐然，仅在1978年到1988年的十年间，就捧回了十个全国性的文学大奖，成就了山西文学事业的辉煌。

就在半个多月前，胡正老师还和我聊起深入生活一线的话题，说青年作家应该多写写农村题材。胡老写了一辈子农民，至今还关心着农民的精神文化生活，这不禁使我肃然起敬。

如今，“文坛五老”均已驾鹤去天国聚会了。这些可敬的“山药蛋派”大师们，他们关心农民、心系百姓的精神，是我们最应当学习和继承的宝贵的精神财富。

悼念胡老

哲　夫

几日前，在《山西文学》六十周年庆典大会上，我还走去与胡老以及其夫人郁波相唔几句，吃饭时在酒桌上，也特地把盏相对干了一杯白酒。胡老笑得还是那般慈蔼，海量的过去已经不复存在，只小小抿了一口，沾沾口唇，而已。光阴似乎就此顿住，往日印象中，胡老伟岸的身形，恍惚间，忽然就变得矮小了一截，那种曾经特有的虎虎生气，也内敛收藏得就不见了踪影，不免慨叹：日月强梁，天地霸蛮，纵令沉雄厚重如胡老者，也消磨如斯，直叫人徒唤奈何。谁知奈何也不过几日，竟然索性就来了噩耗，那一面竟成了永诀。

“山药蛋派”五位主将“西、李、马、胡、孙”，先后去世四位，胡正硕果仅存，也不幸于公元2011年1月17日晚8时45分病逝，享年八十七岁。悲哉痛哉，呜呼哀哉！

正好日前我在作协开会时曾翻拍得有一张照片，便发到我的博客。照片是原创联部主任曹平安所摄，照片留住了过去，很是栩栩如生，留住了当年山药蛋五位主将的音容笑貌。五老个个风采照人。马烽老师的笑容让人想起丰神俊逸的马，西戎老师的表情祥和润泽成被镶了光边的云，笼罩了不苟言笑的束为老师，感染了表情疏朗的孙谦老师，也愈益烘托出胡老的卓尔不群和风流倜傥。那时四老已饱满如四穗低垂头颅的庄稼，那时胡老的头发还是黑黪黪的，虽然硕果累累，却还英挺着一个自己，因为他是五老中年纪最小的。英挺和支棱有所不同，不仅是支撑，还有担当的意思。似乎可以这么说：英挺成就了胡老的一生。

生老病死是人类永远的痛。谁能想到，五老，个性虽然各个不同，却同样是活得值当被社会和人们爱戴和敬重的人，咋好端端的便先先后后不吭不哈扬长而去了呢？便有许多的感慨，想知：五老乍然分手于人间，如今，已重新聚齐于九泉，相见之时其悲喜若何？

追悼会在永安举行。在门口站班迎候送行者的是翁小绵、李歆、杨占平、秦溱等人。送行者在门口挤成黑压压的一片，哀思和心香氤氲并笼罩着现场，人们涌在门口，进入便成阵列队，络绎不绝，如仪走过去三鞠躬，以示惜别和崇敬，胡老却豁然起身拱手曰：不送！

参加追悼会时，我特意拍了一组照片发博客，以图代言寄托自己的哀思。不想刻意什么，似乎那也不符合胡老的个性，索性便自由落体，在图片下零零碎碎写下所思所想：

胡老躺在鲜花丛中，连鲜花也沾了他的仙气，果真是德不孤，芳有邻也。

胡老一生光明磊落，风流倜傥，心无尘垢，睡得很是安详沉雄。

山药蛋的根，原本就在泥土中，何妨洁来洁去，从地面转入地下。

高低错落各不同，是人生也是乐曲，无分巨细，非关荣辱，最终悉归黄土。

留下最后一瞥，是依恋，也是约定，生死不争，只是迟早。

姗姗负责摄影，屏气凝神，摄取精彩的不仅是镜头，还有善感的心灵。

循序上前，鱼贯而入，不请自来，从四面八方，这便是人品。

胡老在影屏上朗声大笑，指着张发说：你个小子为啥不唱小亲疙蛋啦？

连“萝卜”、“白菜”也来了，只因为他们是“山药蛋”的亲戚，同属蔬菜。

坚强莫过于郁波老师，难过莫过于郁波老师，大家都在为她助力和祈福。

每人只须献出一滴泪，便能聚起活泼泼的一潭，足以镜见胡老的一生。

石山兄痛失恩师，连人都有些木讷，不为生死伤感，只因再无笑声能震裂东四条的房瓦。

长大了的儿女，再也不能，排排坐，吃果果，你一个，我一个，只剩下记忆。

胡早也已经昂首中年，更何况姐姐胡浦，接力的是更少一辈人。

年轻时的胡老，竟然如此英挺，是酷还是帅？如今已经论定。

生前诸老皆好酒，此去天国空气好，恐怕美酒少，故而酒祭五老！

博文被首页推荐。网友纷至沓来跟帖。不分先后择要几则各自认领：

雪野：“马烽、西戎、孙谦、束为，还有胡老，都还是那样亲切，那样安详。很远似乎又很近。”

乌人：“这样的前辈走了，我们还到哪儿找去？他们影响了一代人。敬重。”

西北望：“文坛恐再难找到这样毫无私心热情扶持后学的前辈咯！沉痛哀悼胡正老！愿胡老天堂走好！”

筱然：“时常想，中国的文学是不是会随着老作家们的离开而渐渐弱去呢……这究竟是作家的文学执著起作用，还是社会氛围的奠基？我们在痛惜着先辈离开的时候，也关怀着中国文学的去向。因为，文学的核心，永远是人学。”

王俊才：“悼念胡正先生：瑞石已无语，汾水泪成冰。今日先生去，文学谁领军？”

中国名人馆：“沉痛悼念胡老！我与胡老有过多次书信往来，收到他赠送的几幅题词，名片、书信、签名照片等。祝胡老一路走好！如有可能，非常想能拥有一册胡老的讣告，生平留作永久纪念。”

赵明生：“胡老走了，让三晋大地一片的苍茫，这个冬天如何过，心中只添一丝的凉。”

眛玛然：“恩师走好，汾水为您长流，愿胡老永垂不朽——”

岳檀：“悼胡正老：平阳初识面，仰止凤凰巅。汾水流难尽，杏花开永鲜。河滹悲泪涌，太吕痛云悬。耳目音容在，斯人隔九天。上世纪70年代在山西师院读书时初识胡老。2010年夏，胡老与作协离退干部作家到定襄凤凰山植物园疗养，曾与定襄文联的同仁前去探望。《汾水长流》为胡老代表作，据其改编的电影插曲《汾河流水哗啦啦》中有“汾河流水哗啦啦，阳春三月看杏花”句。挽联：三晋恸良师汾水长流难尽泪；九州失典范重阳风雨有余哀。”

陈树义：“一个时代的文学结束了，哀悼！后赵树理或许真要开始了?”

我回复陈树义道：何必以后，承前有人，启后亦有人，大千花开，无须拘泥！

意尚未尽，又拟一个上联，求下联。很快便有许多下联对出：

哲夫上联：日月强梁，天地霸蛮，汾水长流已成昨，直叫人徒唤奈何。

刘琳下联：江河横锁，干城竖裂，晋碑高矗正凌空，更警世胡言乃尔！

赵化鲁对：文章华彩，人品高标，灵石沉吟犹念兹，愧我辈无力回天。

空里流霞：书文等身，桃李遍园，明天清明再忆今，兹期后重振晋军。

人可如水：山河表里，人物鼎盛，晋韵不绝有新篇，且待人继往开来。

周俊芳对：星辰陨落，山河同悲，吕梁英雄今犹在，且看我辈抒豪情。

往时的辉煌，如同曾经的岁月，已经不慎陨落。

而日子却还在继续……

与汾水长流

——悼念胡正先生

景　平

冬日的汾河凝固了。这条在胡正笔下汹涌浩荡欢腾奔流的汾河，一切的流动，停泊在了这个冬日。

这个冬日，2011年1月17日的夜晚，胡正逝世。

我没有想到事情会是这么严重。在此之前，我和胡早在北京开会，知道他父亲住院。当时说好回到太原要看望老人的，但没想到，就在我没来得及看望老人的时候，老人去世了。

我匆匆赶去，仰视老人时，老人已是素洁之中的满面微笑——我只看到了老人的遗像。但我仿佛听到了老人的朗朗笑语。

肃穆。敬挽。鞠躬。将深深的悼念祭上。

胡正是中国“山药蛋派”的代表作家，而“山药蛋派”作家，是植根于自然和土地的作家，置身于人民和生活的作家。

马烽、李束为、西戎、孙谦、胡正，曾被谐为山西“西李马胡孙”“文坛五战友”。

赵树理、马烽、李束为、西戎、孙谦、胡正，曾被称为中国文坛的“山药蛋派”。

马烽、李束为、西戎、孙谦、冈夫、郑笃、胡正，曾被誉为三晋大地的“人民作家”。

汾河，那曾是山西作家关注的一个情结，也是胡正创作的典型情结。我在20世纪80年代做着文学青年的时候，最早知道他的长篇小说，是《汾水长流》；最早看到他的电影故事，是《汾水长流》；最早唱的电影歌曲，也是《汾水长流》。“汾河流水哗啦啦”的歌词，成为洋溢在山西人心里、浸润好几代人心灵的歌词，也成为那个时代山西在中国的一个符号、一种象征、一种意味。

汾水作为山西的母亲河，也是山西文学的殿堂。山西许多作家都写过汾河。那时，山西著名的文学刊物就叫《汾水》，而我发表的第一篇小说，就刊登在《汾水》上。之后，在山西作家协会组织的创作会议上，我多次聆听过“山药蛋派”作家们的讲话。印象中，胡正是那种朗朗大笑、朗朗说话的人，是具有大家风范的长者。一切都坦坦荡荡，一切都浩浩汤汤，就像他的那句歌词“汾河流水哗啦啦”。这歌词，也成为他人格气度的一种写照或者写真。

后来，我进入山西环保界，编辑《山西环境报》。那个时候，我看到编辑部里一个小伙子总是风风火火为同事跑这跑那，热热情情为大家办这办那，于是我在山西环保界接触到了我的第一个“熟人”：胡早。

过后，知道了胡早就是胡正的儿子，我第一时间涌起的就是“汾河流水哗啦啦”这个句子。我特别敬重这个比我年轻的同仁，而且我在这个同仁身上感觉到了胡正先生率真大气的风度。

胡早是先我而进入《山西环境报》的。据说，他父亲送他读完了环保学校，他就一头扎进《山西环境报》做了编辑。我翻阅《山西环境报》看到，胡正先生1986年为《山西环境报》创刊号题词：治理污染，造福人民，加强宣传，保护环境；1987年为山西纪念世界环境日题词：防治污染，保护环境，加强宣传，健全法治。那个时候，山西已经污染严重，山西人看着汾河，想起

的是胡正笔下曾经的汾河，“汾河流水哗啦啦”，成为山西人对历史汾河的一种描述和记忆。

胡正是山西文坛最早具有环境意识的作家，也是山西作家最早关注环境现实的智者。早在20世纪70年代末叶，胡正就写下这样的句子：“希望生活在煤乡的人们能用上煤气，在重工业城市里减少空气污染，让‘浓雾’在太阳升起时消失”。这位多少次地写作汾河描述汾河的作家，当他再度看着汾河、回望汾河、审视汾河的时候，他心里激起的可曾还是“汾河流水哗啦啦”的回响?

那个时候，山西内外，对于汾河的危机，只有深重的忧思和紧急的呼救。麦天枢说，汾河已经死了。林宗棠说，汾河在流血流脓。而拯救汾河，汾河归来，成为始终具有居安思危意识和居危思危精神的山西作家的呼唤，也成为最先感知自然嬗变也最先激起环境忧患的胡正先生的呼吁。这个曾经“人说山西好风光”的山西，这个曾经“汾河流水哗啦啦”的山西，等待一种绿色文化的再造。

1992年5月，在中国当代文艺的纪念之日，山西老一辈文化名人被山西省委、山西省政府授予为“人民作家”和“人民艺术家”称号。我们《山西环境报》发起了请“人民作家”和“人民艺术家”为环保代言行动。我们请胡正先生主笔挥毫，马烽、孙谦、西戎、冈夫、朱焰、寒声、曹克、张万一纷纷签名，写下了“爱护环境是文学创作的永恒主题”的题词。这成为山西“人民作家”和“人民艺术家”的一次绿色宣言，也当然成为对于山西环境文化的盛大推动。那个时代，山西作家空前关注环保，山西进入一个环境文学的时代。

文化的力量是无穷的。文化的力量最终会凝聚为行动的力量。事实上，山西环境文化的力量最终是凝聚为了政治的力量和政治的行动了。山西政治家真的发起了巨大的拯救母亲河行动。胡富国提出"治理母亲河"的号召，从汾河源头到汾河河尾铺开拯救汾河的战役；张宝顺发出"建设蓝天碧水"的号令，在汾河沿线打响了治水攻坚的行动；孟学农立下"修复母亲河"的誓言，坚决要给山西再现"汾河流水哗啦啦"的秀美景色。生态汾河，成为山西人的现代追求。

而今，蓝天碧水归来了，汾河清流也归来了。汾河上游二十年首次恢复了I类水质，汾河河道二十年首次恢复了绿水长流……汾河归来，然而，"汾君"逝去。那些和汾河相濡以沫的一代文学大师们，已经离汾河而去，而且渐行渐远……或者说，这个里程碑式的著名作家群体，是以别样一种河流的形式，流进与汾河遥相呼应的广袤的时空里了——

1970年9月23日，赵树理辞世，享年六十四岁；1994年3月4日，李束为辞世，享年七十五岁；1995年8月3日，郑笃辞世，享年八十二岁；1996年3月5日，孙谦辞世，享年七十六岁；1998年4月14日，冈夫辞世，享年九十一岁；2001年1月6日，西戎辞世，享年七十九岁；2004年1月31日，马烽辞世，享年八十二岁；2011年1月17日，曾经最年轻也最活泼的胡正先生辞世，享年八十七岁。

呜呼先生，山西"文坛五战友"最后一位作家，中国"山药蛋派"最后一位代表，山西"人民作家"最后一位大师，离我们而去。

大师离去，一个时代结束了。

一个时代结束，却并不意味大师的结束。

这个冬日，汾河凝固了，但汾水依然长流。

胡正先生与汾水一起长流，与山西文学一起长流，与中国文学一起长流！

文化的光芒

孟繁信

2011年1月17日傍晚，县委宣传部王世强部长打来电话，说胡正先生病重，相约灵石县四套班子领导及县文化文联部门代表去太原省人民医院看望，我的心一紧，胡正不是很健康吗？怎么突然病重起来了呢。最近我还从有关媒体上看到他参加省作协的一些会议，和张平副省长组织的活动，老能看到胡老的身影，怎么说病就病了呢？不久王部长又打过来一个电话，说胡老已是病危了。第二天一早，我和温百宏局长搭一辆车赶往太原。路上得知，胡老已于昨晚八点半左右病故。小车外面传来一阵阵寒风凛冽的声音，我的心也袭来一阵阵凉意。

胡正，一直是家乡灵石人的骄傲，特别是灵石文化文艺界人的骄傲。前不久，我在通宇公司新招大学生员工培训的讲座上，还重点提到胡正先生。在山西省第五次作家代表会上，作为山西五大作家之一的胡老，是坐在主席台上被唯一聘任的名誉主席（当时马烽正病重）。他慈祥和蔼的脸色和浓重朴实的灵石话，让我觉得十分的温暖。会议期间，我单独拜见了胡老，他对我这个唯一来自家乡的代表很是亲切，说了不少鼓励的话，至今仍言犹在耳。以后，我的文学创作不敢有丝毫懈怠。20世纪70年代末，全国文艺工作会议在昔阳县城举行，晋中文艺工作会议也同时开在那里。我当时是一个毛头小伙子，文学的萌芽刚刚破土，对那些大作家只有崇拜和敬仰，不可能当面讨教。就是在那次，温述光老师带着我和何成丁先生第一次见到了胡正。那次他和我们谈了许多，也问了许多家乡的人和事。他对家乡的情结一直很深。也正是从那时起，我文学的创作欲望越来越强。去年，胡正生日，县上又组织了近二十人专门到太原去祝贺。胡老像个老小孩似的谈笑风生，热情洋溢。大家照相、交谈、会餐，气氛非常热烈。

胡老的作品，我很早就见到了。小的时候我和我的三哥、四哥在村里过了几年非常贫困的生活。两个哥哥都爱看书，家里粮食缺乏可书籍不缺。经常能见到流传到家的厚书，那时我就见到了胡老的《汾水长流》。之后，又看到了电影《汾水长流》，那首主题歌更是久唱不衰。到县文联工作以后，与胡老的相见也多了起来。他也多次回来参加各种文化活动，比如县上的 8·18 文化旅游节活动，政协举办的文化论坛，文史研究会举办的年会活动等等，都邀请他回来。2009 年，我得到胡老的赠书《胡正文集》，一有闲暇，便拿出来翻看。作品中那随时飘散出来的泥土气息和朴实风格，让我受益匪浅。我的创作倾向也渐渐往朴实和厚重方面发展。我觉得，只有从生活的底层中产生出来的作品才是真正的作品。

现在胡老病故了，我一下感觉有点失重。老一代作家留给了我们很多值得借鉴和学习的东西，我们应该在缅怀他们的同时再静下心来细细体会，让他们的文化光芒在历史的长廊里永恒不熄。

把纪念碑树在心里

甘茂朋

1月17日20时45分，山西省作家协会原党组书记、副主席，人民作家胡正先生，因病医治无效在太原逝世，享年八十七岁。消息传出后，各界人士，尤其是文艺界同仁欷歔、感慨，网友纷纷在网上以留言燃烛的方式祭奠怀念。

胡正是中国当代文学史上重要流派“山药蛋派”的代表作家之一，是“西（戎）、李（束为）、马（烽）、胡（正）、孙（谦）”五战友最后辞世的一位。自1943年发表第一篇小说《碑》始，他坚持六十多年笔耕不辍。2001年出版的四卷本《胡正文集》，集中展示了胡正的主要文学成就和创作轨迹。

“神龟虽寿，犹有竟时；腾蛇乘雾，终为土灰”，人吃五谷杂粮，永远不得疾病是不可能的。人既然为血肉之身，最终要去世也是注定了的，就像去世不久的史铁生所说：“死是一件不必急于求成的事，死是一个必然会降临的节日。”胡老的辞世，在文学界，代表着一个时代的结束。但是，人的肉身可以消失，其精神却值得我们继承，更值得我们去学习。

首先，我们需要学习胡老正直、健全的人格，以及乐天爽朗的性格。即使在非常的年代，胡老无论自己遇到什么样的艰难困苦，总是性情刚毅，乐观大度，达观豪爽。1940 年冬，胡老随剧社到延安，在鲁迅艺术学院附设的部队艺术干部训练班和部队艺术学校学习，阅读了大量中外文学名著，同时开始尝试文学创作。1943 年 1 月转业到晋西北抗日救国联合会文化部文艺工作团，紧张而有意义的工作与战斗生活，激发了他创作的欲望，写出了许多文艺作品。1956 年，在完成文联各项行政和业务工作的前提下，胡老潜心深入榆次张庆村等地生活，同广大农民群众和村干部打成一片，获取了丰富的创作素材，先后发表了短篇小说《摘南瓜》《嫩苗》《七月古庙会》《两个巧媳妇》，中篇小说《鸡鸣山》，长篇小说《汾水长流》等一大批作品。其中，《七月古庙会》的深刻思想和《两个巧媳妇》的艺术特色，在同时期的农村题材小说作品中，是公认的优秀之作；而长篇小说《汾水长流》，则是上世纪 60 年代中国文坛长篇小说的代表性作品之一，为中国当代文学流派“山药蛋派”的形成与发展，作出了重要贡献。

其次，我们需要学习胡老全心全意为文学事业着想的高尚境界。胡老睿智、敦厚、练达、坦荡。就在去年，已经是八十六岁老人的胡正老，即使自己身患疾病，仍然关心着山西的文学事业，亲自给山西省委书记、省长签名写信，建议筹建赵树理文学创作中心的事情不能再拖了。当然，胡正老心里也清楚，做这些事情，还不是为了山西的文学事业，还不是为了给后人铺路？

再次，我们需要学习胡正老一心扑在文学事业上，甘当人梯的奉献精神。1985 年前后，文学界所称的“晋军崛起”，是山西当代文学史上继上世纪 50 年代“山药蛋派”创作辉煌以后，形成的又一次文学高潮，由此塑造了山西作为文学大省的形象。这一切，与胡老的努力有很大关系。

胡老虽然已经离我们而去，但是，他对文学、对社会、对人生，以及对青年后辈的无私扶持和爱护，永远温暖着后继者！

汾水长流呀山药蛋儿香

——深切怀念“人民作家”胡正

刘东升

“人民作家”胡正，1924年12月生于灵石。与笔者是同乡，因着这个关系，笔者与胡老有过一些接触。我深深为他的如山药蛋一般朴实的人品所吸引，更为他的文学作品的魅力所折服。

像山药蛋一样的人品

胡正自小好学上进，不但写得一手好字，还具有过人的勇气。十四岁离开家乡，参加“吕梁抗战剧社”。在救民族危亡的战火中，成长为一名像白杨一样挺立的革命战士，用手中的笔耕耘、创作，留给后世不朽的精神食粮。

六年前，笔者曾随朋友拜访过胡老。在省作协他的家中，我们见到了久违的胡老。当天还有别的客人在场，是胡老在榆次张庆村（《汾水长流》的原景地）体验生活时结识的老队长的后人。胡老坐在沙发上操着浓浓的乡音和我们聊天，询问现在农村的生产生活情况。对家乡和生活过的地方十分感兴趣，点点滴滴细细谈及，思维清晰，饱含感情。

当时老人大病初愈，精神不大好，家人怕他话多有碍伤口愈合，一再示意他少说话。可胡老谈兴不减，离别还将《汾水长流》等书籍签名相赠。他的平易与真诚让我等晚辈感动莫名，敬佩之情油然而生。

第二次与胡老见面，是在前年年底家乡灵石政协举办文化节活动期间，胡老受邀回到故乡。活动开始前，人们在会议室交流座谈，有人提议和胡老合影时，他爽快地答应，在家人搀扶下，站在室中央，亲切地与在场的人轮番合影留念。已是耄耋老者，不辞辛劳，站了那么长时间，其耐心和亲和力都让大家感动、敬佩。

像山药蛋一样的作品

早在 1943 年，胡正十九岁时，就在《解放日报》发表了宣传农村抗日的小说《碑》，并被国统区的《新华日报》、晋西北的《抗战日报》等转载。这极大地鼓舞了胡正从事文学创作、用文学为人民服务的信心，并且坚持了一生，此后不断创作发表文学作品：如《民兵夏收》《捞饭盒》《长烟袋》《除害》《七月古庙会》《几度元宵》《重阳风雨》《七月的彩虹》……包括他在中央文学研究所学习期间，于 1951 年到抗美援朝前线参战体验生活后，创作的小说《鸡鸣山》等等。这些作品，在不同时期都引起较大的反响。

但真正使他能跻身山药蛋派代表作家之列，并在中国当代文坛占有一席之地的扛鼎之作，还应是他在上世纪 60 年代初创作的反映农村生活的长篇小说《汾水长流》。它的发表为电影、话剧和地方戏表演提供了优秀的农村素材，产生了巨大的影响。时至今日虽已过半个世纪，但作品的影响力依然存在，我们依然能从中嗅到一股醇郁的乡土气息。读他的作品仿佛你面前就堆着一筐刚刚从土里刨出的山药蛋蛋，泥香扑鼻。

珍藏胡老早期的手稿

近年来，笔者搜集到胡老早期创作的一些手稿和日记。在此抛砖引玉，供后来研究者参考。

1.《偏城之秋》长篇农村题材小说一稿、二稿、三稿。三种稿本用纸一样，均为竖排红格稿纸，无签名，总计十四万八千字，一稿为册页八份，多修改；二稿为装订四册，修改少；三稿为二册，上册五万两千字，下册九万六千字，为作者投稿用，无修改，未标明日期，但从封面用报纸《察哈尔日报》看，日期为民国三十五年（1946 年）五月二十日，与胡正发表小说《碑》相距三年左右。此时胡正在《晋绥日报》工作，此稿可能是他投稿后编辑提出修改意见后退回。但后来为何没有发表，又怎么连同以后几件手稿在旧书市场出现？或许是作者对这部作品不满意？但编辑在其手稿中和结尾却是给予了高度评价：这是一部宝贵的群众翻身记录，群众中各色人物在翻身斗争中活动的记录。作者在刻画人物的思想、性格与群众语言上是有很大成就的，几个人物都留给读者一种深刻而又生动的印象……令人思考。全稿抄写工整流利，字迹清晰优美，足见作者书法功底，通读全搞后给人感觉活生生一部晋中平川农村土地革命史。笔者分析：估计是年轻气盛的胡正对此文不满意，索性不再修改，不愿让不成熟的作品草率发表。如果说小说《碑》是胡正的处女作，那么发现的《偏城之秋》手稿就应是胡正先生从事农村题材文学创作的发轫之作，也可以说此稿是长篇小说《汾水长流》的基石。

2.《素材点滴》一册约十万字，作者在扉页题：这里记载着，我在《晋绥日报》副刊工作时（山西兴县蔡家崖村）1946—

1949 年返乡前一些农村的点滴。

此手稿以农村农民素材为主，所记事件短小精悍；所写人物或男或女、或语言或动作，寥寥几笔刻画准确传神，可见作者观察生活之细致入微。

3. 赴朝日记一本：1951 年 8 月 16 日—12 月 8 日约十五万字（首页作者签名）。这本珍贵的日记记载着胡正在北京中央文学研究所学习时，赴朝所记日记。短短四个月，在战火中随部队和战友同吃同住，所记录情节令人不禁想到上甘岭，闻到空气中的硝烟味。他和战友对祖国的赤诚，及大无畏的牺牲精神，流露在字里行间。胡正此时已有十三年军龄，在战争间歇时用笔作刀枪，把战争中的悲壮见闻记录下来，何其珍贵！这也是中篇小说《鸡鸣山》的写作背景。日记的素材是作者小说创作不可或缺的积累，也是胡老人生经历中一段宝贵的历程。

4. 题材点滴一本：1952 年期间，五万多字，以记录农村农民生活、恋爱、苦难事件为主，首页有胡正签名。

5. 1954 年日记一本：约十万字，署名胡林正，是他在榆次张庆乡农村工作、生活的记录。也是他《汾水长流》作品描写的背景地，小说中关于农业社，关于生产中防霜、抗旱、春荒、麦收、矛盾、公与私等活动，在此本日记中都有反映。更应是他那些从未发表的诸如《偏城之秋》农村题材作品长久积压的集中宣泄！日记中有些记载和《汾水长流》小说中描写惊人的一致，更充分证明这本日记极具研究价值。

灵动洒脱出天机

——胡正先生书法印象

刘计亮

第一次听到“胡正”这个名字是在上高一年级时语文张耀民老师的课堂上。那时我虽对语文乃至文学并不感什么兴趣，但看他侃侃而述，甚至有些神情激动的样子，心底以为一定是一位很了不起的大家。造化弄人，后来我上了师范，在百无聊赖之时，学起了语文，喜欢了文学，并先后拜读了胡正先生的《汾水长流》《几度元宵》等作品，从此对这位杰出的同乡有了进一步的了解。而对于先生的书法却一直未能认真拜读、揣摸。近日经同仁帮协，得十数幅，或照片，或墨迹。此拣数件品赏以窥先生书艺。

胡正，山西灵石县城内人。生于 1924 年，1938 年参加革命，现代著名作家，历任《山西文艺》主编，省文联副主席，作协副主席、党组书记，省政协四、五届委员，中国作协第四届理事等职。1992 年山西省委、省人民政府授予“人民作家”称号。一生笔耕不辍，著作等身，深受广大人民群众喜爱。书法是先生的“余事”，所见也多为题赠、贺祝之作，然总能乘兴挥洒，得率真烂漫之趣。

《赠华艳君诗轴》墨迹（见图一），是胡正先生 1988 年书贺晋剧名家、华派艺术创始人华艳君舞台生活五十年之诗作：“孔雀东南飞，翠翎羽生辉。声情动天地，月映二度梅。”下笔很快，使运爽利。“孔”“雀”“飞”“天”诸字明显见传统帖学的痕迹。笔画灵气飞动，或俯或仰，或立或颠，斜而复正，断而后连。整篇章法气韵生动，畅达协调。也因为下笔之际激情荡动，故一些笔画似显草率，如“翠”“辉”之竖，“梅”之末笔，属玉之微瑕。

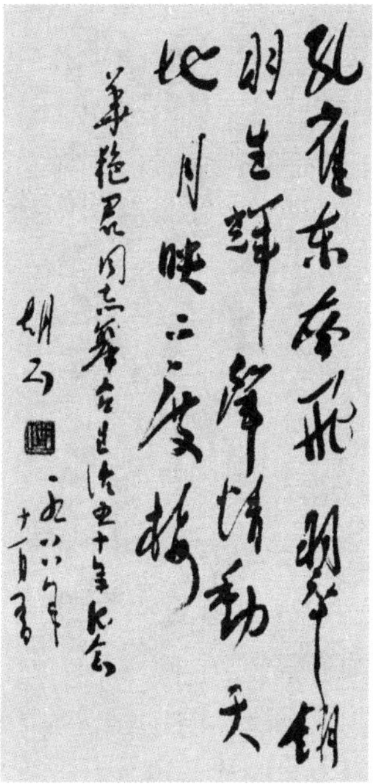

图一

《赠〈双塔〉副刊轴》墨迹(见图二)，是1992年为《太原日报》“双塔”副刊题写的。此题书法一气呵成，了无阻碍，或飘逸飞动，或肃穆稳健。行笔潇洒自如，方圆并用，看似漫不经心，住笔恣肆，实则雅健苍润，质朴自然。旋律和谐，节奏明快。结字则正欹互见，不拘成法，变化奇巧毫无矫揉造作。整篇神意飞扬，雅趣横生。

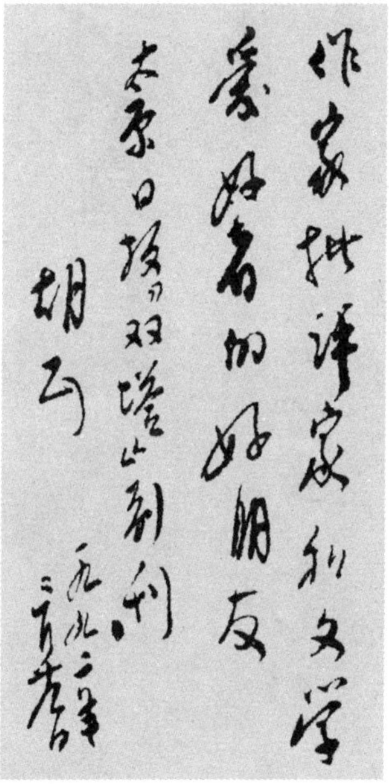

图二

《赠姚明亮乡友联语》墨迹(见图三)，为1997年夏天乡友姚明亮拜访先生时的乘兴题赠。结合所选内容“露从今夜白，月是故乡明”可知先生在故乡人来访、欢谈之际，思乡之情油然而生，借古人诗句一泄胸中情愫。此作凝重中见

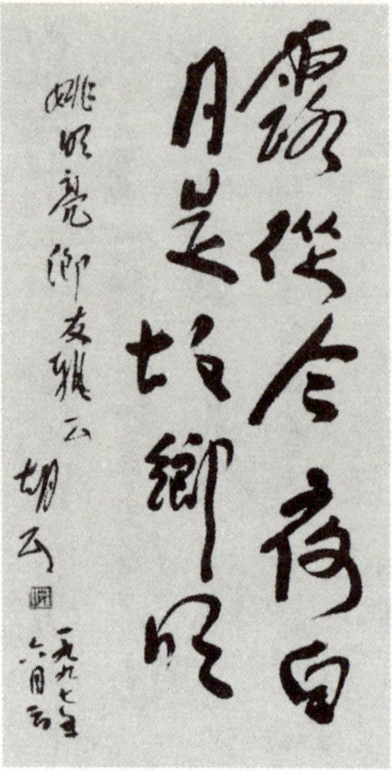

图三

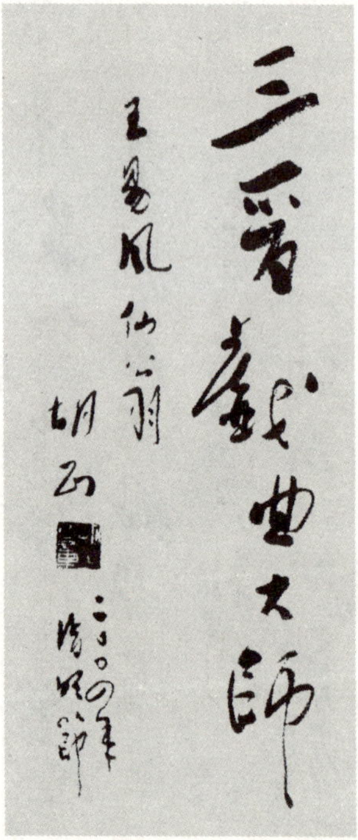

图四

洒脱，苍劲中见清秀。把浓浓的乡情倾向笔底，翻腾成起伏的翰墨波浪。意象飞举，超悟灵动，信手写来，笔走连珠，崛翻生动。曲直轻重随心所欲，神采流动。整体安排左轻右重，左密右疏，穿插变化，错落参差，最后落款细笔小字，似怀乡之情余音袅袅，感人心魄。

《赠王易风仙翁轴》墨迹（见图四），书于2004年。“三晋戏曲大师”一行大字道是让笔者想起两位前辈书家，一位是原浙江美术学院院长潘天寿，一位是原山西省书协副主席朱焰。或许是“英雄所见略同”吧，整体谋字布篇竟然惊人地相似。“三晋”二字横笔皆左低右高取斜势而重心在右，“戏”字则又向左一荡，左重右轻、左高右低。前三字整体向右倾斜，造成视觉上的极不稳定。接下来的安排并不再沿此中心轴线往下，两个小字轻松转向右行，“师”字最后回归中间位置，使整体稳了下来。恰如杂技中的顶板凳，左冲右突，不断造险、破险，充满了空间上的紧张感。整体章法开合起落，匠心独运，灵机应变，营构出一派天真烂漫，清逸旷远的艺术氛围。让人不能忘怀。

《“勿忘”“振兴”联轴》（见图五），是先生于2005年参加“山西作家书画院成立暨纪念抗日战争胜利六十周年”笔会时的一件作品，后刊于《山西日报》2005年5月12日第四版。此作藏锋而书，笔意含蓄、凝重，笔画苍劲刚健，线条饱满苍茫，浑厚朴实。结字雄浑遒劲，绝去姿媚，尤理正辞严，雷霆斧钺，凛然不可侵犯。整体气势充溢，感情饱满，一派堂堂正气。集颜鲁公之大气与北碑之古拙于笔下，写出了作者“勿忘国难、振兴中华”的豪迈，展现出极其震撼的艺术效果，堪称佳构。

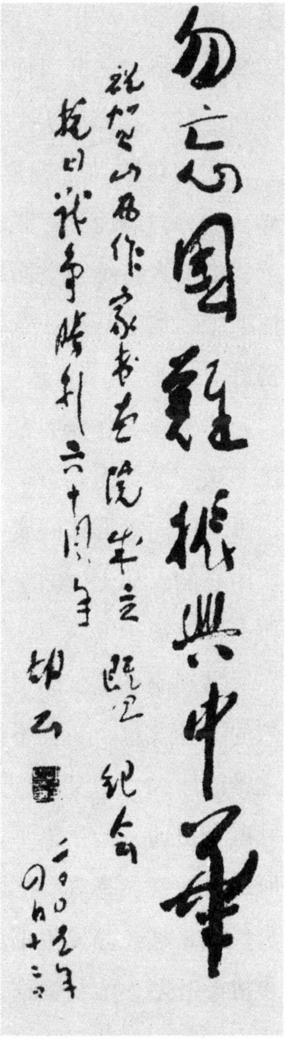

图五

《南风》（见图六），是先生应邀于2008年为我县南关中心学校主办的校刊题写的刊名。

2008年春，南关镇中心学校王三计校长筹划办一份以展示学生习作，立足教研教学的综合性校内刊物，请笔者及作协王俊才同志帮忙策划。刊名既已拟定，很想用先生手笔以达激励故乡学子的目的，抱着试试看的想法，俊才委托张国华老师给先生去了一封信，没想到很快就收到了先生的墨宝。这事让我们美

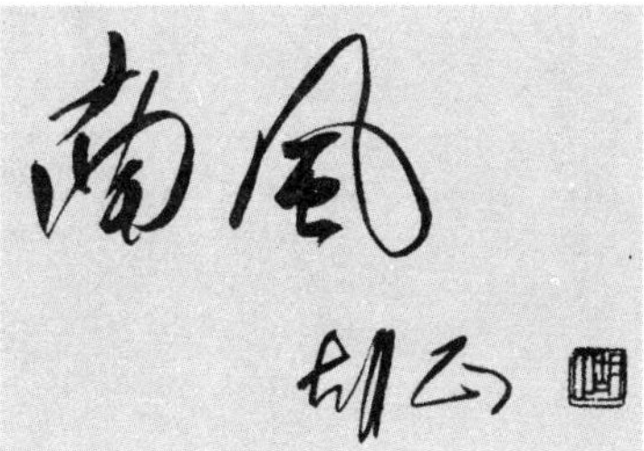

图六

美地激动了一阵子。在当下物欲横流，一些“名人”“大家”动辄润笔、酬劳，开口便哪个级别的风气下，欣然为一乡镇中心校校刊题名，其高节实在令人油然生敬。

此题含刚劲于婀娜，化端严于轻灵。圆转劲健而具飞动之势，内力弥满而又洒脱多姿。运笔轻盈，墨色轻淡，线条极具动感，如美人持练当空而舞，似新苗舒枝临风而动。缓急得当，润涩适中，信手写来，意态从容，一派天真烂漫的青春气息，催人奋进。

作为著名作家，胡正先生多着力于文学艺术的创作与研究，于书法一道似无刻意追求。然而艺术是相通的，书法作为一种与国画、戏曲等形式同属中国传统文化遗产的艺术，先生亦定应有所用心的。从先生的笔下即可窥得其承袭颜鲁公及“二王”等经典书作的影子。

纵观胡正先生的书法，超逸、冲融、遒丽、隽雅，洋溢着浓烈的书卷气息，高雅不俗。师法多取“二王”之清润爽朗及鲁公之雄浑厚劲，而又不拘于一门一派。且能将绘画、戏曲等艺术精脉融会贯通，行于笔下。先生于书法更多的则是随心所出，随情所达，故常显率真、洒脱；有时不拘成法，以情驭笔，又能得天真烂漫之趣。品先生书法，见真情、见真味，纯出天机。譬如漫步桃源阡陌，清新恬适；又似品茗幽谷竹林，潇散自然。先生书法内涵颇深，此只能撮其大要，略述印象。

胡正印象

王 廉

惊悉人民作家胡正先生辞世，深感悲痛！

胡正先生是“山药蛋派”泰斗之一，是“五战友”中最后一位离我们而去的。

在初识胡老之前，我读过他的《七月古庙会》等作品。1964年我参加了省文联举办的首届读书会。开学那天，文联领导西李马胡孙及老作家郑笃一起出面接见全体学员。那时的胡正老师还很年轻，潇洒、倜傥，给人留下了很深的印象。

读书会学习期间，除了聆听山西诸多文化名人和学者的讲课，其余时间主要是读书练笔。期间我和晋中另两位学员写的短篇小说先后发表在《火花》文学杂志上。一天，作协各位领导又一次接见全体学员，给予了热情鼓励。

从“文革”开始整整十二年，胡老没有留下一个字，这对于一位作家来说是多么的残酷！十一届三中全会后，胡老精神振奋，豪气勃发，又有了欢乐的笑声。他重新拿起笔来，接连发表了《春到吕梁山》《几度元宵》《明日清明》等作品。喜读这些作品，可以看出胡老仍然坚持现实主义的创作，艺术上又有新的拓展，提升到了一个新的境界。长篇《明日清明》创作时，胡老已是七十七岁高龄，这不得不令人由衷地敬佩这位老人对文学的热爱和执著追求以及其充沛的精力。

胡老作为省作协的领导，经常下全省各地指导工作。那年他偕同马烽的夫人段杏绵来晋中，晋中文联召集一些文学爱好者举行了个小型座谈会，请胡老讲讲文学创作方面的知识，我有幸参加了这个会。会上，胡老热情洋溢地讲授了许多文学创作方面的知识，鼓励大家坚持现实主义创作道路，深入生活，了解人民群众的所思所想，挖掘新时代人物的精神世界，探索新形势下的创作途径等等重要问题，大家受益匪浅。

十年前我要出版一部短篇小说集，想请胡老写一篇序文，对我的写作加以指导。那天，我和晋中文联原主席刘思奇先生登门拜访，多年不见，胡老依然是精神矍铄，神采奕奕。他让座沏茶，十分热情。哈哈一笑说，稀客，稀客！问我年庚，我说已步入老年行列了。他说看你身体很好，还写作么？思奇说他很勤奋，一直在写。胡老笑着说，好，好。在有生之年能为国家和人民多作些贡献是我们的心愿。接着便谈起了全省文学创作形势和发展趋势，要我们认真学习中央精神，把握时代脉搏，创作出更好的作品。胡老谈话还是那样睿智、练达、坦荡、直率，让人感到亲切可敬。当思奇说明来意，胡老笑着说，可以，可以。不过我老了，思想跟不上形势，怕写不好。我说您老太谦虚了。思奇说，您近年来发表的几部作品我们都读过了，写得有高度有深度，文字洗练，结构严谨，故事跌宕起伏，人物形象生动感人，是近年来我省文学作品中的精品。胡老说，你这是捧我啊！大家都笑了。

几天后，胡老打来电话，说序言已经写好。我便驱车前去。胡老还是那样热情。说你这本集子的作品我都看了，很不错，要继续努力。还是那句话，要坚持现实主义的创作道路，不要受外界不健康思想影响，走自己的路。我知道这是胡老对我的鼓励。后来这篇序文在《山西日报》发表，胡老加了个很好的题目：《站在现实主义的台阶上》。胡老的教诲我永远铭记在心。近年来，我写了一些东西，虽然质量不高，没有品位，但都是来自生活，绝没有闭门造车的编造。

那一年的中秋节前夕，我去看望胡老，不巧，他与作协的同志们去了清徐，未能见面。去年中秋节前，我再次去拜访，看到胡老的身体依然那样健康，谈话依然那样豪爽、幽默，只是眼睛患有老年性黄斑。我想胡老如此爽朗、开明、豁达的性格和健康的身体，定会长命百岁。

不想，胡老突然离我们而去，怎不让人悲痛！

胡老文学素养很高，政治智慧超强，是位年高德昭、慈祥可亲的长者，他的逝世，确是我省乃至全国文坛的一大损失。长者逝去，晚辈们应当步老辈人的足迹，为我们文学事业的发展作出更大贡献！

胡老师，安息吧！

接待胡老二三事

乔建荣

2008年12月9日，县政协组织召开“灵石人文六十年书画作品展暨牛文版画首发式”。组委会安排俊才和我搞接待工作，专门负责接待受邀的在外灵石人，其中包括“人民作家”胡正老先生等灵石籍的在外文学艺术家。我们俩感到很荣幸，同时也很紧张，毕竟是和名家近距离接触，生怕工作疏漏，怠慢了大家。但是，我们的担心是多余的，尤其是平易近人的胡老给我留下了深刻的印象。

不住套房住标间　我们考虑到胡老夫妇年龄大且身体不好，特意在麒麟大酒店安排了套房。胡老夫妇进房间一看，马上表示，不需要住这么豪华的，浪费，住标间就可以，执意要求我们给换一下。我们给胡老调整了房间，胡老夫妇很满意。胡老说“这多好，能住下就行了，何必多花那个钱！”

要求吃家常便饭　吃晚饭时，我们点了麒麟大酒店的特色菜，征求胡老的意见，他说：“太浪费了，吃不了那么多，吃点家常便饭就行。”我们让酒店熬了米汤，点了几样简单的夜宵，胡老夫妇很高兴，连说：“家乡的饭菜就是可口，吃的舒服，比大鱼大肉好多了，现在生活条件改善了，每天吃的像过年一样啊!”

热心勉励年轻人　在参观书画展览时，胡老连连称赞家乡文化事业的发展，感叹后继有人。当他来到青年职业书法家李成瑞书法作品前时，成瑞请胡老指点，胡老语重心长地说：“艺术的道路是漫长的，你们年轻人，要有一种执著的精神，任何事情，只要选中目标，坚持下去，总会有结果的!”胡老的话让我们在场的每个人深受启发。

我是一个文学艺术爱好者，胡老等老一辈文学艺术家是我们学习的榜样，无论他们的做人、做事、作文、作画，都是我们的楷模。

家有一宝

鲁顺民

前天，回乡途中忽然得到单位通知，得知我们的老作家、《山西文学》前身《山西文艺》的第一任主编胡正老师仙逝。办完事情，当天迅速驱车返回单位。

此前，胡老在医院已经昏迷一周时间，这位八十七岁的老人，这位中国文坛“山药蛋派”硕果仅存的老作家撒手人间，心里仍然震动不小。事实上，我几乎都相信他能够挺过来，至少会过了春节，再和大家在院子里过一个年。然而，老汉没有挺过去。

前年，胡老和夫人郁波先生将自己未编入文集的散文作品编辑成三本书，找到编辑部，让我来帮助他把文章收集、编排起来。之所以让我来编，是因为这些年总喜欢跟老人聊晋绥老根据地一些事情，从老人那里获得不少第一手生动资料，老人甚至将一些资料亲自送到办公室来，说：这些东西我没有用，你做研究，给你。这样，比之其他年轻一辈，过往相对稠密，让我参与编辑，来往方便一些。但老人说：这是要付你酬劳的。我逗老人说：那得好几万呢。老人说：几万就几万。一笑诺之，一笑应之，一笑了之。

老人的笑有感染力，底气足，笑声从喉部涌起，好像是特意经过口腔里再次放大，然后破口而出，笑声起处，阳光特别充足。

老人豁达，乐观。他的笑声在作协是非常有名的一道风景。我常常没正形跟老人家开玩笑。2003年，在鲁院高研班学习，中途回单位，他说：听说你在鲁院学习啊，咱们可成校友了！你几期啊？

我问：您是几期啊？

答：我是一期。

我说：咱们师兄师弟，我是二期！

老人一怔，说你怎么是二期？须臾明白过来，今天的鲁院已经不是当年的文讲所了。胡老是1950年之后第一期文讲所学员。笑声随之而起。

其实，老人早就将自己的文章收集好，共三集，一为胡老的散文集，一为胡老文章评论集，一为郁波夫人的散文集，我只不过做一些边边角角零敲碎打的事情，把照片扫描分色，排好。这样，也断不了到府上做一些技术性订正工作。我知道，这时候，胡老虽然还能到院子里转一转，黑色风衣，黑色尼帽，拄拐杖，手里拿一个放大镜，就那样子，大家都不曾意识到老人有什么变化，实际上，这时候胡老已经开始虚弱了。

有一次到府上取照片，他说照片在二楼，你自己上去看吧，我是上不去了——楼梯太陡。我还开玩笑说，这楼是你做党组书记时候盖的，当初怎么就没想到把楼梯放缓一些？

老人哈哈大笑起来：我当初哪里会想到今天能老成这个样子！

不是楼梯太陡，楼梯本身对老人的身体已经是一个不小的考验。这中间，老人断不了有个小毛小病，最厉害的一次，还动过

一次小手术，小手术之后，大拇指甲沟处有些发炎。老迈之躯，哪里能承得起这样哪怕是一个小手术？尽管如此，谁都不会想到，他会这么快离开我们。

就在他去世前半个多月，12 月 23 日，他和郁波夫人还去参加《山西文学》创刊六十周年纪念大会，他还能拾阶步入休息厅，还能拾阶走上主席台，稳稳坐在那里一直把一个多小时的会议开完，还能跟我们共进晚餐，推杯换盏，笑呵呵环视周围旧部与新人。老人穿着暗烟色地红色团花绸上衣，鹤发红颜，尽管走路颤颤巍巍，谁会想到他会倒下？会离开？

家有一老是个宝。这个宝让《山西文学》六十周年纪念活动有了重量，如今，我们这个宝突然丢了，重量还会在吗？正应了一句俗话，什么东西丢了，你才知道丢掉了什么。今天，看刊物刊出的纪念大会合影，一切皆茫然。

老人一直记着我帮忙为他编辑散文集的事情，就在前半年，他还说要给我酬劳。他说：哪里有劳动不拿报酬的，这不是社会主义。我说，您实在要给酬劳，那就给我写一个字吧。

他说：这也是个办法，要写什么，你给我个内容，我写。

我忙说：不急不急，等明年天气暖和了身体舒泰了再写不迟。但是，迟了。来年。春回大地。这已经是四九末梢，庚寅岁杪，春天的脚步在凛冽的寒风中已经清晰，然而胡老却走了。

三天过去了，在我，并没有一位老者故去的悲伤，好像平时一样，他仅仅是给我们留下转身离开时候一个硕壮的背影，慢慢下楼，偶尔会咳一声，一边跟人打招呼，然后慢慢走出大家的视线。

泪雨成冰忆胡老

王俊才

2011 年 1 月 18 日上午，我接到好友国兴的电话，告诉我胡老仙逝的消息。话还没有说完，我便挂断了电话。不知道为什么，我的眼泪早已扑簌簌地滚落了下来。前些日子，我好几次梦到胡老，我还纳闷，怎么会连连做这样的梦呢？说实在的，我长这么大还从来没有梦到过胡老。想不到，如今我和胡老已阴阳两隔，这辈子只能梦中相见了。

我和胡老是同乡，和胡老接触还是我 2005 年调到县文史研究会之后。胡老是我们县文史研究会的顾问，每次出书后我们都要给他寄去一份。同样，他出书后，也要给我们寄来一份。2004 年灵石县文化旅游节后，他还写了一篇名为《灵石文化气氛浓》的文章，对家乡的文化事业给予了高度评价。渐渐地，胡老这位我心目中的大家不再是遥不可及，而是那样的亲近。

2008 年 12 月 9 日，由灵石县政协主办、灵石县委宣传部协办的“灵石县文化作品展暨《牛文版画选集》首发式”隆重举行。在这次会议上，担负接待工作的我有幸见到了仰慕已久的胡老，并合影留念。在这之前，我听说好多朋友让胡老写字，都如愿以偿，便请张国华老师给胡老打了一个电话，让胡老为南关中心学校校刊《南风》题写了刊名，随后还为我写了一个条幅，内容为：砥砺人生。几日接触，胡老平易近人，牵念家乡的情怀历历在目，萦绕心头。内心的感激自是无法言表。

2007 年，我们文史研究会曾经给著名版画家、乡贤力群先生做了《灵石文史》祝寿专刊后，社会反映甚好，我便滋生了给胡老做一本祝寿专刊的念头。话未出口，县政协主席、文史研究会会长蔺计爱便与我谈到了这个意思，并要求我把这件事做好。我不敢有丝毫懈怠，马上开始了紧张的组稿。很快，一篇篇情深意浓的文章放到了我的案头。与此同时，本土书画家创作的二十余幅祝寿书画作品也都装裱好，就等着送往胡老家中。

2009 年 12 月 13 日，县政协主席蔺计爱，县委常委、宣传部长王世强，以及县政协、县委宣传部、县文联、县电视台、县文史研究会、县书画协会、崇山公司一行十二人来到住在太原市南华门的胡老家中。稍作寒暄后，我们先把《灵石文史》祝寿专刊五十册捧给胡老审阅，随后又把所有的书画作品让胡老过目。胡老看后特别高兴，并连道谢谢。在祝寿仪式上，我用浓浓的灵石话宣读了祝寿词。尽管我不善“现演”，但还是赢得了热烈的掌声。我知道，大家的掌声是献给胡老的。在大家心中，胡老就是家乡的骄傲。能见到胡老，大家特别珍惜这次机会，争相和胡老及胡老夫人郁波老师合影留念。不知不觉，时到中午，我们和胡老全家来到一个雅致的饭庄，共进了午餐。生日歌响起来了，我们端起酒杯，一一和胡老碰杯，把最美的祝福献给了胡老。

祝寿回来没过几天，我便先后收到胡老寄来的两箱《胡正文集》，每本书他都签了名。这些书是送给祝寿专刊上的作者和书画家们的。每本书内还单独夹了一封感谢信。想不到，胡老会是这样的认真。要知道，他要感谢的人不下四十人。对于一个八十多岁的老人该是多么繁重的劳动啊！此后的一个下午，我突然接到一个电话，我问他是谁，他说他姓胡，是作家协会的。我马上反应过来，是胡老，是胡老！胡老问我，书收到了吗？还差几个人的。我虽然知道还差几本，但我怎么能让胡老再受累呢？我连声说，都有了，都有了。搁下电话后，我的心中除了激动，更是感动。想不到胡老会亲自给我打电话，更想不到，胡老会把电话打到我的家中。要知道，我家的电话即使身边的朋友也很少知道，胡老竟然查到了我家中的电话。

如今，胡老赠送的著作还整齐地收藏在我的书柜里，而胡老却永远地去了。悲泣中，我草拟了一副挽联，谨此寄托我的哀思——

翠峰无言千声咽

汾水有泪百丈冰

那个可爱的老人

李骏虎

余生也晚，“山药蛋派”五老里，只见过马烽老和胡正老，然而因为曾经是省报文学副刊的编辑，又喜欢写作，有幸与两位老作家有一些交往，从做人和作文上都受到他们的影响，虽然不是常见面，然而每每得以拜见，都如沐春风，深感他们对晚辈作家的关爱之情。

得省报记者的便利条件，2000年前后，每有省领导去省作协看望老作家，基本上都是我跟随采访，认识了马老和胡老。胡老家在太原市南华门巷子尽头作家院的最后一座小楼，我曾假公济私专程拜访过胡老，向他讨一本《汾水长流》。上世纪80年代，我父亲曾是个文学青年，订阅着《山西文学》的前身《汾水》，我得以从小学时候就拜读“山药蛋派”作家的作品，是吮吸着他们的文学乳汁开始写作的。在我父亲心中，马老、胡老那就是圣贤一般的人物，因此我就想问胡老讨一本他签名的代表作，送给我的父亲。那个午后，在胡老家楼下的小客厅里，胡老和他的夫人微笑着听我说了这个缘由，胡老说：“还有两本，我到楼上去拿。”那个时候他已经年近耄耋，却身强体健，不要人搀扶，站起来慢慢地走上楼梯，慢慢地攀登着，上了二楼；良久，又慢慢地下来，手里拿着一本《汾水长流》，我赶紧站起来双手去接，看到胡老刚才在楼上已经签好字了。

2001 年的清明节前后，胡老托人捎给我一本刚出版的《黄河》杂志，头条是他的长篇小说新作《明天清明》，签着字，叫我读一读。之前听胡老的长子胡果先生讲，他父亲正在写一个抗战时期的爱情故事，是根据真实故事创作的，没想到，老人家在耄耋之年竟然完成了。捧读之下，清新别致，根本不像是一位八旬老人的文笔和心态，确如胡果先生所说："你发现没有，我父亲这篇小说已经没有'山药蛋派'的味道了。"半个世纪之后，胡老把那段岁月里灵肉交融的爱情传奇写得奇崛、瑰丽、凄美、婉转，同时又写尽了人世沧桑、世道艰难。这样的文本意识是深受许多现实主义大师的真传的，胡老不息的才情和探索，令我赞佩不已。

今年的 1 月 13 日，我从海南回来，听省作协党组书记翁小绵说胡老病重住院了，一时不敢相信，我以为胡老的身体起码可以活个九十多岁。我捧着花篮去病房看望他，老人已经认不得人了，我趴在门缝里瞧了半天，看到他喘得厉害。当时觉得情况不好，但也没有想到他走得那么快。公元 2011 年 1 月 17 日晚 8 时 45 分，"山药蛋派"最后一位主将，"西、李、马、胡、孙"五战友硕果仅存的一位，人民作家胡正老因病仙逝，享年八十七岁。胡老神情安详，形容如生，苍白的头发、黑色的礼帽和风衣，依然是那么帅、那么风度翩翩，令人起敬。

临近午夜，我们护送胡老的灵柩前往永安殡仪馆途中，我心里有个声音一直在唱："一剑飘飘，一生笑傲"——胡老的一生是真实率性的一生，用张石山老师的话说："哈哈一笑，大事办了！"一个传奇人物走了，他驾鹤而去，"山药蛋派"五战友在天上重逢了，一个时代的文学传奇画上了句号。

唯愿《汾水长流》，却待《明天清明》。

愿胡老安息！

老树新花读胡正

李骏虎

清明时节，收到老作家胡正题赠的大型文学刊物《黄河》2001年第2期，头题小说正是胡老的长篇新著《明天清明》。这部小说发表之前，我曾在《黄河》主编张发先生处读过几个章节。那天应约去《黄河》编辑部谈我的一个小长篇，张发主编告诉我第2期将发表老作家胡正的一个长篇新作时，我是“啊”了一声出来的，——并非我大惊小怪，综观国内文坛，在近八十高龄尚能为十数万字的长篇小说的作家，能有几人？我是没有听说过。高龄作家笔耕不辍的并不鲜见，然而写的都随笔、回忆录类的闲品，能坚持写对才情和精力、体力的要求相对高的小说的，可谓凤毛麟角。我们已经习惯于接受作家们中年之后便放弃小说而转向随笔、评论的写作或者学术研究领域，因此我觉得也没必要掩饰对一位耄耋之年尚出长篇小说的老作家的震惊和感奋。数年前在《小说月报》的头题读到马烽老的中篇新作，而今又读胡老的新长篇，说实在话，我为“山药蛋派”代表作家中尚健在的这两位老作家不懈的精神和不息的才情深深感动，备受鼓舞。

我用一整天的时间读完《明天清明》，确如张发主编所说，“老作家笔下的爱情故事是这样的美丽凄婉、哀怨动人；掩卷长思，小说留给我们的，又绝不仅仅只是酸楚和慨叹。”胡老讲述的这个爱情故事，有两个特殊的背景：一个是抗战时期，另一个是在革命队伍里。几乎在所有的文学或影视作品里，那些为了民族解放和新中国成立而抛头颅洒热血的人，都是一些为了伟大理想而放弃小情调的英雄，他们的爱情，也都是可歌可泣的壮丽诗篇。然而《明天清明》向我们展示的，是伟大的事业中作为人的真实性情和男女之间灵肉交融的爱情。在那样的年代里，在那样的环境里，爱情之树并没有枯死，人的感情也没有麻木，特殊的时代有特殊的情感方式，有情人之间产生好感的缘由或许打着时代的烙印，但那异性之间的吸引力和对爱情的渴望却是与过去和将来没有分别的。而且，正因为爱得真，爱得深，那故事，才有了几分传奇色彩。《明天清明》的主人公是两对革命队伍里相爱的青年男女：延安报社的编辑吴彦君和土改研究室副主任史佑天；军区文工团民歌演员郭如萍和军区政治部宣传部副部长方之恭。他们拥有同样幸福的爱情，却有不同的不幸，——在同一个时间里，那个百芳齐发的清明节，两对情侣在不同的地点开始了他们的爱情，在爱的海洋里，吴彦君和郭如萍都孕育了爱的结晶，史天佑和方之恭都向上级递交了结婚申请，就在这个关头，命运开始向他们伸出阻拦之手：史佑天的老父带着十四年前给儿子包办的媳妇找到部队；郭如萍由于家庭成分不好被左的政策“清洗”回家。最后阴差阳错，史天佑的爱人吴彦如和郭如萍的爱人方之恭经组织介绍结为夫妻，而在此之前，都是痛别爱人的吴彦如和郭如萍在流产后住在一个病房里时，因为互诉衷肠而姐妹相称惺惺相惜。失去所爱的史天佑和方之恭又在同一个清明节前先后去世，留下爱着他们的人和一段遗恨在人间。

作为小说写作者，我发现胡老的叙述手法是很现代和有独创性的，整个故事的叙述脉络可以用一个“8”来形象地表示：它由一点发出两条弧线，经过一个交叉后，又归于一点。它可以说是两对革命情侣的爱情和命运的绘图象征。——故事一开始，随

报社战前转移的吴彦如因为流产和准备流产后回家的郭如萍在一个病房里相遇了，几乎相同的遭遇使她们彼此讲述了自己的爱情故事，由此开始，故事分开两条线交叉叙述二女相遇之前各自的经历，经历讲到二女相遇的时候，故事和人物都重新回归到一个相同的时间和地点上，然后二女各奔东西，故事又再次分开，直到最后她们在各自爱人的坟前重逢，那又是一个清明节。小说的结尾所营造的氛围使人想起鲁迅的《药》里的结尾情景，不同的是，胡老慨叹的是现实的无奈和命运的无常。

偶尔与《三晋都市报》社长胡果先生谈起他父亲的这部新作，他说：“我父亲写的是个真实的故事，他早就讲过这个事。”他同时不无得意地问我：“你发现没有，我父亲这篇小说已经没有‘山药蛋派’的味道了。”这一点我在《黄河》编辑部读到开头那几个章节时就已经觉察到了。我认为，这是胡老的性情使然，——一个文学流派，或多或少打着时代的烙印，相对于作家的创作来说，它只是一个阶段的归纳，而一个作家的个性，却与他的生命同在，左右他的创作的，是他的性情而不是流派。在胡老走过的漫漫岁月里，不知经历了多少大的事件和变幻，而他把这个相对细微的真实故事铭记不忘，可见他的精神与性情。让他关注和放不下的是人本身，以及对现实存在的思考，而文学，正是一门研究人性和存在，求真求美的艺术，小说唯其如此。这部小说，在有些青年作家看来或许语言有些陈旧，但贯注语言中的灵秀之气和深厚功力，以及文本结构上的新颖，无不显示出老树新花的瑰丽奇芳。尤其在坚持现实主义的大型文学刊物《黄河》上发表，更是相得益彰。据张发主编讲，自胡老的长篇始，《黄河》紧接着要推出山西数名中青年作家的长篇新作，胡老此举，对整个山西文学来说，又狠狠把后生们拉了一把，老当益壮，带了个好头儿。

各界悼念诗词

我悼念，我寻觅

马作楫

今年，1月18日早晨
电话铃把我从梦中唤醒
说是17日，人民作家胡正同志
因病医治无效，猝然逝世
我哀痛，眼泪不停地流
我与胡老夫人郁波通过话
表达了我深挚的感情

胡老患病，我不知情
我也未曾询问
他走的那天，我也未睹遗容
我惊叹，朋友的离散
如浮萍，也太匆匆，太匆匆
没见胡老的面，我抱恨终生

近年来，我与胡老通话多
每次，他都回答生活有勇气

保健靠感情，我悔恨
却未登进门，在他的书桌前
听他滔滔不绝地讲
大千世界的嘉言懿行
只在 2006 年 12 月 15 日这天
我去祝贺他的生日
并在他楼前葡萄园合影留念

胡老走了，走远了
我悼念，我寻觅
我的幻想和愿望
又借助想象的翅膀
为胡老描述一溜儿梦境

都说胡老驾鹤西去了
他成为仙人，游乐天宫
不，他壮怀未休
他仍然口诵他喜爱的
苏轼《水调歌头》中的词句
“琼楼玉宇，高处不胜寒”
他既不可“在”，又不胜“寒”
于是他一转念，诵起
“起舞弄清影，何似在人间”
人间就是好

归来吧，胡老
山西的文艺殿堂

因为你们五位人民作家
用心血凝铸成
它才殿堂辉煌、举世敬仰

大批的诗人、作家
卓有成就，才气纵横，脱手常新
佳作有力推时代
中外文坛扬姓名
归来吧，胡老
我悼念，我寻觅

临江仙·京城闻胡正老仙逝

李旦初

庚寅腊月，余客居京城住院就医，闻著名作家胡正溘然长逝，不胜悲切。时窗外寒风凛冽，见白雪覆盖之树战栗如泣，树犹如此，人何以堪。此树古称玉树，亦喻人才貌之美，李白诗有“庭前看玉树，肠断忆连枝”句。因忆与胡老忘年之交甚笃，其大作《汾水长流》、《几度元宵》、《明天清明》、四卷本《胡正文集》、《胡正散文集》，一一署名惠赠，以充枵腹，获益匪浅。自京归来，清点胡老生前赠书，扉页签名题字墨迹未干，字体刚劲潇洒，如见其人，乃填词一阕，以寄哀思。

腊月寒风摧玉树，
凭窗难耐愁魔。
忽闻汾水起悲歌。
长流都是泪，
涌向母亲河。

回首忘年交益友，
奇书播惠多多。

丰碑几座竞嵯峨。
神游骑鹤去，
笑语感仙娥。

这颗星走了

——写于胡正老师逝世两月后

张耀民

这颗星走了，其实他还亮着；
这团火灭了，但他那暖意犹存。
这颗星就是胡正，这团火便是胡老的情！

这颗星曾放射耀眼的光芒，在文学的广袤领空闪烁。
他从吕梁山中起步，跨过黄河而到陕北。
从乔儿沟升起，在宝塔山启明；
再转回晋绥边区辉映，而后又南下山城去迎接解放的黎明。
他和无数的星汇在一起，照耀着浴血奋斗的人们，
冲破旧世界的层层黑暗，终于迎来新中国的诞生！

这颗星照耀着抗战前线的士兵，给了他们战胜凶恶敌人的勇气；
这颗星照耀着根据地的人民，激发了他们支援前线的热情；
这颗星照耀着解放区的民兵，增强了他们保卫胜利果实的责任。
这颗星照耀过无数的人，鼓舞和激励着他们用信仰用奋斗和

牺牲，用头颅和热血换来了天下穷苦人民大翻身，换来了五星红旗升起在天安门！

听过天安门城楼那一声震撼全球的强音，
这颗星又带着胜利的欢笑越过长江而飞到北京。
在吸收了党的阳光和前辈的艺术滋养后，
再走进娘子关回到汾河之滨。

这颗星最终在山西文坛定位，成为了一颗璀璨夺目的明星；
有人把他称作山药蛋派的领军！
他的光辉穿透了三晋大地，还曾把友谊播撒到日本琦玉；
他的影响妇孺皆知。
他的光曾照彻梧桐河岸的春夜，他的光曾亲吻交口山上的红霞；
他的光辉映着汾水长流，他的光朗照过几度元宵，
他的光接送过七月古庙会的人群；
他的光同千万人的心灵交相辉映，
穿越着漫长的历史时空——
无论是合作化人民公社大跃进的火红年代，
也无论是改革开放科学发展共建小康的腾飞岁月。
哪里有群众，哪里就有他的光波；
哪里有生活，哪里就有他的光源；
哪里有读者，哪里就有他的光环；
哪里有桃李，哪里就有他的光泽！

这颗星走了，不，其实他不会走。
他将一如既往播撒着光明，给山西，给中国，也给世界！

这团火灭了，不，相信他仍在燃烧。
他用他那无尽的热能，仍一刻不停地在温暖着这一代那一代
　的文学人。
暖着你，暖着我，暖着咱们大家！
谁说不是呢——
从主编创刊的《山西文艺》到担任省文联和作协领导，
对于而后的《火花》《汾水》还是时至今日的《山西文学》，
抑或是对于故乡的山水故乡的人，
哪一程哪一处不见他暖流的踪影？
哪一人哪一刊不同他的关爱相通！

这颗星走了，
不，其实他压根儿没走；
这颗星赢得的是生命的永恒！
这团火灭了，
不，其实他永远都不会灭，
因为他燃烧的是哲人的心灵！
这颗星就是胡正，这团火便是胡老的情！

表胡正（灵石道情）

张宝铸

（一）开场白

山之西，河之东，
一座古城在晋中。
汾水长流环城绕，
翠峰耸秀四面拱。
女娲补天留“灵石”，
大禹治水开石门。
此地钟灵又毓秀，
此地人杰地更灵。
众多英才暂不表，
表表作家名胡正。

（二）少年时代

说胡正，道胡正，

胡正家住灵石城。
鼓楼底下南街口，
杂货铺里有家门。
祖辈原是外地人，
二老勤俭善经营。
胡正本名胡振邦，
二四年十月廿五生。
振邦生来真淘气，
打小活泼又聪明。
胆子大，不怕生，
人人叫他“小猴精”。
上学爱唱文明戏，
校剧团长数他能。
上课偷偷写剧本，
文艺细胞天生成。
演戏越多心越野，
一心要当小明星。

（三）投身革命

话说一九三八年，
日本鬼子逞凶焰。
中华儿女齐抗战，
抗日烽火遍地燃。
振邦逃难到西山，
巧遇老师梁子言：
“牺盟会里有剧团，

吕梁剧社在勃香[1]。”
十四少年意志坚，
义无反顾考剧团。
意气风发不畏难，
投身革命把军参。
剧团团长叫林杉，
能写会演人精干。
他教振邦学文化，
他给振邦把艺传。
一次剧团演话剧，
分配振邦当演员。
扮演的角色叫“胡正”，
胡正改名由此传。

（四）军旅生涯

吕梁山高延水长，
三九年胡正到延安。
亲眼看到毛主席，
沐浴阳光浑身暖。
鲁艺学艺艺术精，
部艺[2]为文文更强。
绥德、兴县、静乐县，
黄河两岸任飞翔。
参加土改闹减租，

①勃香：汾西县勃香镇。
②部艺：延安部队艺术学校。

一心跟着共产党。
黄河浪淘沙里金，
战火铸就百炼钢。

（五）初涉文坛

小胡正，蛮机灵，
爱读书报好用功。
留心观察体民情，
人说功到自然成。
那是一九四二年，
胡正结伴去旅行。
绥德有个古庙会，
熙熙攘攘尽人群。
胡正来到古庙殿，
忽见一摞黄纸引。
他把黄纸揣在身，
思念烈士泪满盈。
想起家乡女英雄，
创作灵感如泉涌。
一个《碑》字作题目，
主人公名叫凌前英。
高粱秆秆当笔用，
黄裱纸上祭英灵。
小说寄到延安去，
《解放日报》上面登。
《新华日报》在重庆，

国统区里也轰动。
一块丰《碑》人心立，
抗战名篇万代存。
十九少年登文坛，
胡正从此出了名。

（六）转战南北

解放战争炮声隆，
胡正战地当报人。
《晋绥日报》作编辑，
还有马烽和西戎。
转战南北赴重庆，
《新华日报》又重生。
从晋北，到西南，
晋陕成渝留身影。
通讯、报道加时评，
小说、诗歌和散文。
长枪、短炮一齐上，
胡正文笔如有神。
新中国，刚诞生，
胡正奉命到北京，
中央文学研究所，
培养作家育新人。
文学殿堂拜大师，
苦读名著学理论。
朝鲜战场当课堂，

《鸡鸣山》写志愿军。

（七）扎根山西

人云“三十而立”成，
胡正三十有前程。
五三年由京返山西，
从此老家扎下根。
《山西文艺》当主编，
三十一岁正年轻。
五六年山西文代会，
文联秘书长他接承。
从此一干廿七年，
甘为文化献青春。
任劳任怨他不怕，
事无巨细他操心。
人称文联好管家，
他是大伙的知心人。
心系桑梓洒汗水，
黑发人变成白发人。
直到一九九五年，
光荣离休夕阳红。

（八）黄土情深

五十年代风气正，
“双百”方针人心顺。

山西文坛风云涌，
老将新兵气势雄。
文学大师赵树理，
“山药蛋派”领军人。
还有“西李马胡孙”，
五虎大将生力军。
现实主义再深化，
乡土文学为大众。
胡正年轻有激情，
深入生活到张庆。
灵石挂职副书记，
黄土地上扎深根。
厚积薄发如井喷，
小说、散文创作丰。
短篇小说出两集，
报告文学是《彩虹》[1]。
《两个巧媳妇》《摘南瓜》，
《七月古庙会》乡土浓。
《汾水长流》波浪滚，
长篇力作写晋中。
作家出版社选精品，
当代长篇是藏本。
北京人艺演话剧，
梅阡编剧也同名。
晋剧、郿户和曲艺，

①彩虹：胡正的报告文学集《七月的彩虹》。

胡正杰作誉京晋。
改编电影有沙蒙，
北影出品全国映。
《汾河流水哗啦啦》，
唱遍东南西北中。
乔羽作词如星曲，
一首好歌传到今。

（九）十年封笔

百花齐放正当春，
谁知突遭暴雨淋。
六四年文艺大整风，
极“左”思想似潮涌。
批判“中间人物论”，
山西文坛遭厄运。
屋漏偏遇连阴雨，
十年“文革”又接踵。
打倒文艺“黑家店”，
黑白颠倒日月昏。
老赵遭难首当冲，
五老个个难逃身。
高山无语花落尽，
流水有意人无情。
胡正一家被下放，
灵石北庄当农民。
胡正生来骨头硬，

真善丑恶分得清。
“我不给他们脸贴金”，
一语掷地似有声。
从此缄口把笔封，
十年不著一篇文。
铮铮铁骨男子汉，
郁郁葱葱泰山松。

（十）迟园晚情

春雷一声天地动，
改革开放似春风。
迟园朗朗晚晴照，
老树新花又一春。
胡正宝刀不服老，
五十三岁再上阵。
如椽巨笔写真情，
妙笔生花著美文。
突破禁区《奇婚记》，
《几度元宵》几多情。
《重阳风雨》重头戏，
《一只灰猫》抨歪风。
《明天清明》是力作，
文风一变世人惊。
七十七岁出长篇，
当今文坛有几人？
《胡正文集》百万字，

硕果累累耀眼明。
人民作家当无愧，
国家津贴伴终身。
名誉主席帅三晋，
人称文坛一巨星。

（十一）春华秋实

胡正的作品数不清，
听我给你报书名。
十二个月，十二枝花，
一枝一花表的清：
《几度元宵》《红灯笼》，
《新枝新发迎新春》。
《奇花公主》《奇婚记》，
《一夜之间》喜《遭遇》。
《两个巧媳妇》《两朵花》，
二人《纺线》《摘南瓜》。
《明天清明》祭《碑》文，
《又是古交三月风》。
《四月春风过吕梁》，
《汾水长流》《春花赞》。
《嫩苗》《五色绣球花》，
《五月端阳会》亲家。
《六月天》①《六颗熟鸡蛋》，

①六月天：报告文学《花浮盐池六月天》。

《民兵夏收》《送参军》[1]。

《七月的彩虹》《满天红》[2]，

《七月古庙会》敲《钟声》。

八月《灵石文化气氛浓》，

《莲花城外杨柳青》。

九月《重阳风雨》情，

《人寿年丰的太阳村》。

《十月的阳光》《鸡鸣山》，[3]

《除害》迎来《胜利的狂欢》。

十一月《大雪送西戎》，

《昨天的足迹》《悼苏光》。

腊月里《除夕燃旺火》，

《颂春》喜奏《黄河放歌》。

《朝晖晚霞皆灿烂》，

《春花秋实》都《报信》。

（十二）圆场词

胡正老，文曲星，

山西文坛长寿星。

他像故乡老周槐，

枝繁叶茂根又深。

他像故乡翠峰岭，

---

①送参军：诗歌《送夫参军》。

②满天红：报告文学《钢铁火花满天红》。

③十月两句：指 1976 年 10 月粉碎“四人帮”后，全国人民欣喜若狂，文学迎来第二个春天。

厚德载物性持重。
他像故乡奇瑞石，
物华天宝本自灵。
他像故乡汾河水，
日夜奔腾唱乡音。
祝愿胡老寿百岁，
文运常照后来人。
说胡正，道胡正，
一段道情一段情。
灵石口语不标准，
灵石道情尽乡音。
不管它押韵不押韵，
表的是咱一片心。
表的不好多原谅，
我向大家鞠个躬。

胡正印象

孟繁信

那宽厚的嘴唇
像被犁铧翻动的两丛厚土层
那泥土香被翻出来
那夜色中奔赴田头的身影被翻出来
那《摘南瓜》的故事被翻出来
那鲜活的《两个巧媳妇》被翻出来
那哗啦啦的《汾水长流》被翻出来

那方圆的脸庞
像被高山托出的一墩烽火台
托出来灵石南街口的小店铺
托出来烘热烤人的“山药蛋”
托出来《鸡鸣山》上的小夜曲
托出来《七月古庙会》的乡俗风情
托出来《几度元宵》和《明天清明》

因为挺立所以有高度

因为流动所以有深度
因为童心所以有纯度
因为开阔所以有广度
因为生活所以有温度
因为纯朴所以有厚度

听　汾

——谨以此诗献给人民作家胡正先生

王俊才

站在时光的堤岸
我在倾听一条河
一条叫母亲的河
一条流经瑞石身边翠峰脚下的河
我在倾听她浑浊的波浪

怀念胡正先生

姚明亮

平生情系泥土味，华章犹带山药风；
今日先生寻友去，何人他年擎大纛。

哀辞奉胡正师

赵化鲁

其　一

三晋文士悼胡公，五老遗风殷诸生。
振邦高蹈追文曲，汾水从此不流东。

其　二

为人徐徐话风景，青烟袅袅萦张平。
哽咽长跪潺湲室，朗笑石山又几声？

其　三

一剑飘飘别骏虎，海量依稀对哲夫。
清泪溅湿珍尔眼，唐晋小园绿色无。

七律·悼念人民作家胡正

陈黎云

山药烹香妙手炊，初出鲁艺树新碑。
才华笔下知多少，乡土书中嗅重微。
正待春来门首谒，忽闻雪去泪双垂。
灵石无计留魂住，汾水长流酹酒飞。

新闻速写

一个文学流派的消逝

金　星

“山药蛋派”的最后一位主将、作家胡正于1月17日在太原去世，享年八十七岁。“山药蛋派”是中国当代文学史上形成于上世纪50年代至60年代中期的一个重要的文学流派，随着胡正的离世，已在文坛上淡出许久的“山药蛋派”恐怕是真的要画上句号了。倘若由此及彼，消逝的又岂止是一个文学流派。

西风落叶之叹，看似无奈，但更多的应是一种怀恋。“山药蛋派”这一称谓，确是有着明显的地域特征，但集结在这一派下的作家都有着难能可贵的朴素而真诚的农民情结，这就超乎了一时一地，即使时至今日，也值得赞叹与推崇。他们没有发表过什么明确的创作宣言，但在写农民看得懂的书（不识字的也能听得懂）和出农民买得起的书上，却是有着惊人的一致。赵树理曾在接受记者采访时表示：“新文学只在极少数人中间转来转去，根本打不进农民中去……我不想上文坛，只想把自己的作品挤进庙会上摆满《封神榜》《施公案》《三侠五义》《笑林广记》之类和两三个铜板一本的小唱本里去，一步一步去夺取那些封建小说、小唱本的阵地……做这样一个文摊文学家，就是我的志愿。”如此清醒而自觉，这就使他们坚持民族化、大众化、通俗化的创作风格，深切关注农民命运和农村发展。自然，风流总被雨打风吹去，任何的文学流派也总有穷途末路的时候。作家的农民立场或民间意识发生了相应的变化，作品的影响力也渐趋减小。在新时期以来的文学创作中，出自山西的一些青年作家在起初也大都以农村题材见长，一度被称为“小山药蛋派”。但也许是世易时移，他们的创作虽很见功力，可作品的影响或感召已明显不如前辈作家，于是，悄然改变或貌合神离，也就成为大势所趋。久而久之，兴趣的转移，热忱的消歇，加之越来越多原本出身农民的作家不断地“洗脚上岸”，“山药蛋派”文学风光不再乃至日趋沉寂也就不难想见。与此类似的，就有以孙犁为代表的“荷花淀派”。新时期以来四川在农村题材上所取得的成就也是有目共睹，但自从领军人物周克芹英年早逝后，也是鲜有这方面的大作。艾青有一句很有名的诗，“为什么我的眼里常含泪水，是因为我对这一片土地爱得深沉”，可像他那样对脚下的土地俯首向心的诗人或作家已经不多见了。

胡正人虽已去，但言犹在耳，他曾谆谆告诫道：“写农村题材小说，自然要熟悉农村生活，熟悉农民，熟悉农村干部。同时还需了解农村政策，了解现行政策，过去的政策，并且还应当站得高一点，看得远一些，想到以后的发展。因为生活在农村的农民和干部，不能不受政策的影响，人物的命运、人与人之间的关系，都与政策有关联。写农村题材小说也就必然要考虑农村政策问题。”如此金玉良言，倘铭记在心并勉力而行，或可继往开来。

（原载 2011 年 2 月 28 日《文学报》）

山西最长的河是他的纪念碑

《山西晚报》专访山西省作家协会党组书记翁小绵

谢　燕

2011 年 1 月 18 日上午，山西省作协大院访客如潮，一拨赶着一拨，多半是省内文学、文化、新闻界的人士，大家匆匆而来，肃然而去，都是一早得着消息，闻讯前来吊唁胡老的。

省作协党组书记翁小绵的办公室里，跟着忙了起来，作为胡正治丧领导组成员，不断有人进来出去地请示工作，繁忙琐碎却井井有条。安排工作的间隙，翁小绵书记接受了本报采访。大家都觉得很突然。

山西晚报：胡老辞世的消息让很多人意外，虽然已经八十七岁高龄，但在大家印象中他身体一直都很好。

翁小绵：是，很突然，因为他去年 12 月底还出席《山西文学》创刊六十年的活动。今年年初老爷子身体有点不舒服，我 7 日接到胡老家人电话，说老爷子检查结果是肺癌晚期。

这是山药蛋派作家硕果仅存的老人了，作协的态度当然是全力救治，尽我们一切力量。

山西晚报：昨天晚上胡老的最后时刻，你也在医院吗？

翁小绵：在。这几天我也不知道往医院跑了几趟了。昨天晚上，作协全体党组成员都一直守在胡老身边，直到最后。凌晨一点多，我们把胡老送到永安殡仪馆，全体三鞠躬。

无论说胡老在山西文学的地位，还是他对山西文学的贡献，这都是我们应该做的，必须做的。他是作协历任领导中唯一没有办公室的。

山西晚报：其实就您本人来讲，和胡老交情并不长，从2008年来作协工作，满打满算也就两年多。

翁小绵：老爷子和我挺投缘的，特别支持我工作。凡我们做了点实事，他总要鼓励表扬。这可不是空说，作协建立全国创作中心的时候，我们需要胡老这个大招牌做一些工作，就跟他求三四幅字。过几天，老爷子写好了，就给我打电话让过去拿，再过两天又打电话，前后写了十几幅。要知道他当时视力很差，患老年性黄斑，写好一幅字都费很大精力。

山西晚报：你们没给胡老点润笔表心意吗？

翁小绵：还真给了，可他说成啥也不要，说我是作协的人，为作协做点事是真心的，一分钱也不能要。他们那种老派人的作风让人非常感佩，无论是做人还是做事。他当初任省作协党组书记的时候，因为办公条件紧张，他自己都没有一间办公室，他不要。这是作协历史上唯一一个没有办公室的党组书记。

山西晚报：真让人难以想象。那他怎么办公呢？

翁小绵：他非常会工作，挨着办公室转，经常说笑着就把事办了。不论是对内还是对外，有种举重若轻一切尽在掌握的领导艺术。

山西晚报：能不能用一句话来形容你眼中的胡老？

翁小绵：一位平易近人、道德修养深厚、幽默开朗的老人。

山药蛋派是中国新文学史上独一无二的流派。

山西晚报：今天有很多年轻人在网上祭奠胡老，但从留言看他们对山药蛋派并不熟悉。

翁小绵：它是中国新文学史上独一无二的流派，形成于（上世纪）50 年代至 60 年代中期。以赵树理为主帅，马烽、西戎、束为、孙谦、胡正为“五主将”。他们都是山西农村土生土长的，或者长期生活在山西的作家。所谓的山药蛋派，只是当时的一种谐谑的称呼，以此来代表他们作品里鲜明的北方农村特色和乡土气息。如果从其奠基人赵树理最早开始文学创作的时代算起，直到当下，这个流派横跨两个世纪，历时近百年，这样绵长的生命力，在文学史上也几乎是绝无仅有的。

山西晚报：随着胡老的辞世，山药蛋派会成为一种历史吗？

翁小绵：纵观山西文学七十年发展的历程，你可以清晰地看到，优势还是现实主义作品。“山药蛋派”始终是山西文学创作的灵魂，这个曾经主导中国当代文学的流派并没有消亡，而是更加多元和丰富了。

山西晚报：作家蒋韵在怀念胡老的文字里说：山西最长的河是他的纪念碑。这应该是指他的代表作《汾水长流》吧？

翁小绵：这话说得真好。但我看来，对于生于斯逝于斯的山西文学老人们来说，这块土地这条大河是他们的创作源，是他们的纪念碑，也是他们的灵魂归属地。

晚报记者忆胡老

杨凌雁

采访胡老，是在 2001 年。当时，副刊部推出纪念建党八十周年特刊，我负责对胡老进行一个人物专访。

十年前，胡老七十七岁，身体还算硬朗，就是说话时间长了会有点气喘。胡老的夫人郁波略带歉意地说：采访时间不要太长，半个小时行不行？

原以为采访会在非常紧凑的情形下完成，但是胡老非常健谈，从做水果生意的父亲谈起，当时山西民间重商轻文的风气还在沿袭，父亲希望儿子胡正也能学着做买卖，但他一点兴趣都没有。胡老从小喜欢文艺表演，后来又爱上文学创作，下乡到农村后，又深深地爱上了这一片热土，创作了不少农村题材的作品，对农民的感情极其深厚。原定半个小时的采访进行了一个半小时，坐在一旁的胡夫人不忍心打断我们的谈话，只是一再提醒胡老：歇一歇再说，别着急。胡老确实有些累了，好像还有很多话想说，但他抬起一只手摆了摆：就说这些吧，说不动了。

胡老带我上了二楼书房，拿了很详尽的资料和照片给我：你挑一挑，看哪些能用得着。胡老年轻时做过副刊编辑，他早已细心到把可能用到的东西都为我准备好了。翻开照片一看，我叹道：您年轻时好帅啊！他嘿嘿地笑了：是吗？那照片你都拿去吧。

做版时，我怎么也舍不得放弃任何一张照片，于是那块人物专访的版面上，出现了胡老五张个人照片。

胡正代表作、长篇小说《汾水长流》节选

太阳西沉了，将要落山的太阳，像一面圆圆的金盘一样，你可以清楚地看到她那柔和而媚人的面盘。中午时分，当她正在天空当中的时候，她那刺眼的光芒，竟使你不敢用正眼看她一眼。而现在，那耀眼的光芒消散了，后来就一坠一坠地沉落到山顶的背后去了。在那太阳落山的地方，在那远远的吕梁山的峰顶，一

条黑蓝色的起伏不平的山线，划开了暮霭的平川和橙黄色的西天。晚霞染红了天空的浮云，也给汾河边的杏树林和芦苇镀了一层黄金。可是，那迷人的晚霞却是多么短暂啊！一会儿，又红又黄的鲜亮的色彩，就变成昏暗的紫色，后来就只剩下天空里那些原来的灰暗的浮云了。黄昏之后的黑暗，像接连不断的一层层的纱幕，无声地落了下来。

河岸上渐渐地安静了，最后回巢的一群小鸟也从芦苇地里飞走了。那汾河流水的声音就好像越来越大地响起来了。夏天的汾水，带着从远远的山里冲刷下来的泥土，带着那折断的树枝和可怜的碎草，嚎嚎地吼叫着，滚滚地流下去了。

周有富折了一根芦苇，心烦地把芦苇一节一节地折断，又一节一节地扔到河里，那一节一节的芦苇就很快地顺水流去了，虽然它们漂浮在那汾河的波浪上有时高，有时低，有时还随着漩涡，转一个圆圈，可是它们却依然是随顺着河水，不停地向前漂流而去，再也不会回来了。

新浪微博博友留言

18 日，本报新浪微博与新浪读书文化微博相继发布胡正先生去世消息，网友纷纷跟帖留言：

掩面的萨：先生走好

懒火蚁：虽然我不是很清楚是什么，也不知道他们的重要性。但是我意识到有一种世界上十分稀有的文化正在慢慢消逝，以至于完全地消除了所有的足迹，这会是什么样的心情，相信每个人都会有小小的震撼。

李传秀_世联：一个时代远去了，棒子交给后来者吧。

小羽爱 sunshine：我们伟大的一位山西人，一路走好……

黎 Lee 诺：志哀。当年年少时山药蛋派着实让我乐呵了很久。

王者之气也：哀悼怀念我们尊敬的胡老！希望他能够一路走好！这是一位比较率性的老人，确实令人敬重！

唐晋：一个时代的彻底消失。

郝赤赤：山药蛋派一直不被主流文学重视，全国研究这个团体的人都很少，山西的傅书华教授专门研究这一文学派别。山药蛋派其实是最贴近农民老百姓、最具生活气息的文学，艺术性相当的高。

睡不醒的至尊宝：山西现当代文学史上的第一批代表作家，至此全体谢幕。哀悼！

弗莱明斯堡：唉惭愧我只看过赵树理的《小二黑结婚》我们对老家的文学关注得太少。

范根林：悼念胡老。

杨帅叔：非常喜欢他们那股具有浓郁乡土气息的作品。

木目夕子：小时候老师特别让记的派别，胡老师走好……

叶小开随峰：山药蛋派，曾经多么亲切的称呼啊。

江南杂志社：这两年，反复听到这样的消息，匆匆地送走一位又一位……

新华微波：山药凋零，遗憾。

（原载 2011 年 6 月 23 日《山西晚报》）

最怀念他的笑声

——作家们回忆胡正

张石山：我们这一茬年轻人进入省作协，亲身见识了胡老师的工作风范。无论正式当政还是辅助工作，无论正规场合还是一般聚会，言语幽默、风格活泼。作报告中可以大开玩笑而活跃气氛；开玩笑中可以做了工作而不着痕迹。

成一：胡正老师是一位真正的作家，更是山西文学界卓越的领导组织者，无论是建国初期创建山西文联，还是新时期复兴山西作协，形成“晋军崛起”态势，都受益于胡老师多多！

韩石山：西李马胡孙，不是一串姓氏，是一个文学时代的标志。胡老是五老中最后一个走的，他走了，这个文学时代就彻底结束了。胡老的可爱在于，永远乐观大度，永远风趣可爱，关心自己，也像关心自己一样关心年轻人。像这样的文学老人，在文学界是不多的，在山西更是稀有品种，愿他在天堂，仍这样乐观大度，仍这样风趣可爱。

蒋韵：二十多年前，在河南召开的黄河笔会上，我开着碰碰车载着一片童心的胡老师横冲直撞的情景犹如昨日……永远忘不了胡老师的哈哈大笑，睿智、练达、爽朗、坦荡，那是一种人生的境界。我想，胡老师是幸福的，山西最长的河是他的纪念碑，

那是胡正老师永远的汾河……再见，胡老师。

孙涛：1971年4月的一天，我陪着岳母，将岳父的遗体由忻县运回太原火化。早春的寒风吹过，只有我们几个家属和三五位岳父的朋友。而在这少得可怜的朋友中，就有胡正。他如果为了“划清界限”等政治上的原因，完全可以不赶来……我望着他，心中就多了另外一层敬意。

李锐：胡老是晋军崛起的领导者、组织者。胡老是年轻一代作家最有力的支持者。胡老不老，正气长存。

杨占平：1985年前后，文学界称“晋军崛起”，是山西当代文学史上继上世纪五六十年代“山药蛋派”创造辉煌以后，形成的又一次文学高潮，由此塑造了山西作为文学大省的形象。这一切，与胡正的努力工作，有很大关系。

李骏虎：2001年，《黄河》第二期头篇小说正是胡老的长篇《明天清明》，我是“啊”了一声出来的——并非我大惊小怪，综观国内文坛，在近八十高龄尚能为十数万字的长篇小说的作家，能有几个？我是没有听说过。

鲁顺民：胡老是一位年高德昭的作家，更是一位慈祥可亲的长者。他总是以日常的一面示人，开朗、开明、豁达，他爽朗的笑声和健硕的身影成为我们作家协会大院里不可或缺的一部分。

阎晶明：惊悉胡正老师辞世，深感悲痛。就在今天展读新年第一期《山西文学》，还看到封页上他获领荣誉证书的照片，没想到不幸的消息同时传来。我在山西作协工作十六年，常有机会向他请教、学习，胡正老师的文学素养、政治智慧以及达观的人生态度、亲和力、幽默的言谈、爽朗的笑声，至今记忆犹新。愿逝者安息！

（原载2011年1月19日《山西晚报》）

“山药蛋派”成绝唱

纵观山西文学的发展历程，可以清晰地看到，优势还是农村题材，还是现实主义作品，“山药蛋派”始终是山西文学创作的灵魂，这个曾经主导中国当代文学的流派并没有消亡，而是更加多元和丰富、更加发展壮大、更加丰富多彩。正是几代作家的接力奔跑，后浪推前浪，形成了山西文学的强大阵容。

新中国成立后，“山药蛋派”发展壮大成为中国当代文学的主流，在文学史上产生重要影响，把曾经高高在上的文学变成了人民群众喜闻乐见的艺术形式，得到了全国读者的认可和喜爱。他们把农村和农民作为关心关注的对象，同时把笔触伸向厂矿企业和基层官场，使“山药蛋派”更加成熟和丰富。

胡正是山药蛋派“五老”之一，他的创作时刻注视着社会现实的发展与变迁，不断探求各种人物，特别是农民的历史命运、思想情感和生存态度。他笔下出现的重大变革时期的时代概貌，在一定程度上记录了社会演变的历史过程。他的不少小说，比如《汾水长流》触及了现实生活中那种最令人关注且最迫切需要解决的社会问题，因而产生了积极的社会作用。胡正的小说语言不仅有“山药蛋派”其他作家那种生动、活泼、朴实、自然的特

色，而且具有一种散文诗式的音韵美；同时，人物语言的个性化，大大增强了故事的生动性，恰到好处地表现了人物的思想、性格、身份等特征。特别令人欣喜的是，在他八十华诞之时，作家出版社出版了他的长篇小说《明天清明》，作品描写了那些为了美好的明天浴血奋战的人们的爱情故事，美丽凄婉、哀怨动人，给读者留下了无尽感叹和思索。

从上世纪 70 年代末 80 年代初新时期文学发轫开始，山西的文学创作进一步在全国引起了很大反响。1978 年第一届全国优秀短篇小说评奖，山西作家成一的《顶凌下种》榜上有名；1980 年第三届评奖，又有马烽的《结婚现场会》、柯云路的《三千万》入选。在上世纪 80 年代，山西作家出现了一个创作的最佳时期，表现出一个文学群体的整体优势。因此，《当代》杂志编辑在“编者的话”里，顺理成章地提出了“晋军崛起”的口号。

“晋军”小说创作，也是分为两个路向展开的。第一个路向，以山西农民生存形态为作品本体，在这一本体上，滋长出不同的价值向度，但不论价值向度差异如何，均是以山西农民的生存形态作为自己作品的本体构成，且价值向度也相应地均是指向对传统中国或者说是对“老中国”的展示或批判，而这一价值向度与此前的文学新浪的价值向度是一致的，均是自五四时代开始的“人的文学”在中国现代化进程中的深入与展开。

文学新浪中的每一个浪潮虽然“各领风骚三二年”，但“晋军”作家以山西农民生存形态作为自己的作品的本体构成，却是一以贯之的。“山药蛋派”作家的创作也是以山西农民生存形态作为自己作品的本体构成的，虽然在这一本体上，他们的价值向度或是指向民间，或是指向农村的政治意识形态，或是指向二者的融合，但以山西农民生存形态作为自己作品的本体构成，却是与“晋军”作家一致的。由此可以看到，“晋军”作家与“山药蛋派”作家之间的某种继承关系。

第二个路向，通过对社会现实的剖析、批判，以满足时代的现实情感需求为作品本体，这一情感需求既是社会的，也是民间的。这一路向最有鲜明代表性的作家是柯云路及其代表作《新星》。柯云路的这一创作模式，与社会主义现实主义及其后的“两结合”是一脉相承的，与“山药蛋派”的创作模式是一脉相承的。

从“晋军”主力作家的上述两种创作路向上看到，“山药蛋派”作家对他们的深层次的潜移默化的影响，这是山西文学的一个传统，一个特色，一个挥之不去的存在。他们中的许多人并不是山西本土人，但他们在这块土地上生活，在老一辈作家的关心培养下开始文学创作，他们依然坚持了现实主义的创作立场和“山药蛋派”的人民风骨，在全国形成了山西文学的特色和优势。

汾水长流随君去。胡老的去世，“山药蛋派”最后一位主将离去。但纵观山西文学的发展历程，可以清晰地看到，优势还是农村题材，还是现实主义作品，“山药蛋派”始终是山西文学创作的灵魂，这个曾经主导中国当代文学的流派并没有消亡，而是更加多元和丰富、更加发展壮大、更加丰富多彩。正是几代作家的接力奔跑，后浪推前浪，形成了山西文学的强大阵容。

（原载 2011 年 1 月 22 日《发展导报》）

人民作家胡正之路 “山药蛋派”作家简史

今天看昨天的作品，自然感到它们的历史局限；而明天看今天的作品时，也可能有今天不可能预见的局限。但只要站在时代的历史的高度，深刻地艺术地表现了一定时代的真实生活，反映出人民的情绪和愿望，并给人以思想的启迪、有益的影响和艺术的美感、精神的愉悦，也就尽了作家对时代的历史的责任。

——胡　正

晋绥时期处女作《碑》

胡正，原名胡振邦，1939 年在吕梁剧社抗日宣传时，扮演过话剧《胜利》中一个名叫胡正的角色，剧社的人们都叫他胡正，他索性就改名叫胡正。他是山西省灵石县人，1924 年出生。十四岁高小即将毕业时抗日战争爆发，胡正参加了抗日组织“牺盟会”所属的“吕梁抗战剧团”，（不久改称“吕梁剧社”）在晋西南一带从事抗日宣传活动。他们演话剧，刷标语，也补习文化课。在此期间，胡正听说了一个妇女抗日干部做群众工作时被敌人包围，宁死不投降，跳河牺牲的故事，让他特别感动，产生了写成文学作品的想法，也就成了他后来的处女作《碑》的创作动机和素材。

1939 年 11 月，由于抗战形势严峻，胡正所在的吕梁剧社经王震将军介绍，转移到延安鲁艺附近休整学习。剧社大多是像胡正一样的小青年，有机会去旁听鲁艺课，去看电影，很长见识，半年后他们返回了晋西北根据地继续宣传活动。1940 年冬天，日军对晋西北实行“大扫荡”，剧社再一次奉命开赴延安集中学习。胡正先在“鲁艺”附设的部队艺术干部训练班学习，半年后转到新成立的延安部队艺术学校戏剧班，主要学习戏剧理论知识。课余时间，他对文学创作产生了浓厚兴趣，阅读了一些中外文学名著，并且经常旁听文学班的讲课，同时开始练习写作。1942 年夏天，学习结束，胡正所在的“吕梁剧社”并入八路军一二〇师所属的“战斗剧社”，他被分配到编辑股。不久，剧社离开延安到了陕北的绥德县城开展宣传演出活动。近两年的集中学习，对于提高胡正的文化素质和艺术修养，为他后来从事文学创作，起了非常大的作用，奠定了他走文学道路的基础，是他一生中最难忘的经历。

在绥德县城，胡正为剧社编辑墙报时，想起了晋西南那位妇女干部的故事，于是写成小说《碑》，抄在了墙报上。剧社的同志和绥德地区文艺界抗敌协会的作家，对《碑》给予了较高的评价，也提出了一些修改意见。他在墙报稿的基础上做了认真修改，寄给了延安的《解放日报》。1943 年 5 月 26 日的《解放日报》予以刊发。

上世纪 60 年代《汾水长流》

1948 年底，胡正随军南下，先在晋南临汾的《晋南日报》

任记者、编辑，到1949年底进入四川，分配到重庆《新华日报》继续做副刊编辑。1950年冬天，中国作协在北京开办中央文学研究所，招收有一定文学创作基础的青年入所学习。胡正如愿以偿，成了研究所的学员。在将近三年的时间里，他系统地阅读了大量中外文学名著，按照研究所的安排，还学习了哲学、历史等专业知识。更让他难忘的是听了许多名作家、名教授的讲课，极大地开阔了视野。学习后期，他与部分学员还赴抗美援朝前线实习了几个月，积累了素材，回国后写出了中篇小说《鸡鸣山》。

标志着胡正创作迈上一个新台阶、并且让他在当代文学史上获得一席地位的，是1961年面世的长篇小说《汾水长流》。1954年后半年，胡正结束了在张庆村一年多的生活，回到省文联担任秘书长职务，忙于组织行政工作。但他已经积累了丰富的素材，科学地处理好工作与创作的关系，开始构思长篇小说《汾水长流》，草拟出一些人物和故事情节。1959年至1960年，他集中精力写作并修改这部作品，1961年初完稿后，先在《火花》杂志连载，之后由作家出版社和山西人民出版社同时出版。《汾水长流》刚一出版，就“以其特有的鲜美和芳香引起了人们的普遍注意”，顺利地“走入了1961年好的长篇行列”，并且很快改编为电影、话剧和地方戏上演，在大众中产生了广泛的影响。如今四十多年过去了，在上世纪60年代众多的长篇小说中，《汾水长流》仍不失为一部有较高认识价值和审美价值的作品。

上世纪70年代《几度元宵》

十年“文革”浩劫中，胡正跟绝大多数作家一样受到冲击。后来全家都被下放回老家灵石县农村落户，过了好几年真正农民的生活。“文革”结束，他才重返文坛，又获得写作的权利，

1979 年拿出了新时期的第一个作品——短篇小说《奇婚记》。这篇小说描写一对农村青年为追求正义和爱情遭受种种迫害的曲折经历。胡正的思想深沉了，但艺术功力尚未恢复过来，情节结构和人物刻画都有斧凿之痕，只能看作是他的试笔之作。

为了尽快熟悉农村生活，胡正又到了榆次县张庆村，跟农民们住了一段时期。他感觉经过二十多年的风风雨雨，农民的思想情绪发生了很大变化；他自己也不再像上世纪 50 年代初期那样，专注于农民在合作化运动中的各种情态了。他从张庆村回家后正思考从什么角度、以什么主线、用什么形式表现他所感受的生活时，有一天看到《山西日报》上登载着一篇关于忻县大王村知识青年岳安林和李翠先在逆境中坚贞的爱情和科学养猪的通讯，启发了他。于是，他去了忻县大王村住了一个多月，丰富了素材，加深了感受，一部中篇小说也酝酿成熟了，这就是发表于 1982 年《当代》杂志第一期上，并产生过较大反响的《几度元宵》。一年后，他又发表了续篇。

1992 年 5 月，山西省委和山西省人民政府授予他“人民作家”称号。

据《新文学史料》链接：“山药蛋派”及其代表作家

“山药蛋派”是以赵树理为代表的一个当代的文学流派。主要作家还有马烽、西戎、束为、孙谦、胡正等，人称“西李马胡孙”。他们都有比较深厚的农村生活基础。上世纪 50 年代中期以后，他们有意识地以赵树理为中心，培养、形成风格相近的流派。

这一流派的作品坚持现实主义的创作方法和口语化的写作特点，追求生活的真实，反映生活的矛盾和问题。文学史上认为现

实主义是“山药蛋派”的本质特征和灵魂。

赵树理

山西沁水人。从小喜爱民间文学和地方戏曲。1944年任华北新华书店编辑。1949年后，在北京任《说说唱唱》、《曲艺》主编，并任中国文联常委。中国作家协会理事、中国曲艺工作者协会主席等职。1957年后回山西长期深入农村生活。“文化大革命”中遭迫害致死。主要作品有小说《小二黑结婚》、《李有才板话》、《李家庄的变迁》、《三里湾》等一系列有影响的作品。

马　烽

1922年生于山西省孝义县居义村。代表作有《吕梁英雄传》(与西戎合作)、《我们村里的年轻人》、《村仇》、《一架弹花机》、《三年早知道》、《我的第一个上级》等。曾任中国作家协会党组书记、副主席，中国文联执行副主席，中国大众文艺研究会会长等。上世纪90年代，马烽在北京工作多年。2004年1月31日因病在太原去世。

孙　谦

1920年生。作家。山西文水人。抗战初期参加青年抗日决死队。1940年入延安鲁艺学习。曾任一二○师战斗剧社、东北电影制片厂编剧。1949年后历任北京电影制片厂编剧、山西文联副主席、山西作家协会副主席等职。主要作品有短篇小说集《伤疤的故事》、《南山的灯》，电影文学剧本《陕北牧歌》、《葡萄熟了的时候》、《咱们的退伍兵》、《黄土坡的婆姨们》(合作)等。1996年病逝于太原。

胡　正

作家。1924年生于山西省灵石县。1938年参加革命，历任晋西南吕梁剧社社员，延安鲁艺和部队艺术学校学员，《晋绥日报》副刊编辑，山西省作协党组书记、副主席，山西省文联副主席等。1953年毕业于中央文学研究所。主要作品有长篇小说《汾水长流》，中篇小说集《几度元宵》，短篇小说集《摘南瓜》《七月古庙会》，散文报告文学集《七月的彩虹》等。

李束为

山东东平人。1942年毕业于延安鲁迅艺术文学院戏剧系。1937年参加革命工作，1943年开始发表作品。历任抗日少年先锋队队员，二纵队剧团支部书记，延安鲁迅文学艺术学院学员，《晋绥大众报》编辑，文艺处处长，山西省文联主席、党组书记、名誉主席，副省级。1992年山西省委、省政府曾授予其人民作家称号，享受政府特殊津贴。

著有《春秋图》、《第一次收获》、《老长工》、《南柳村光》等小说和报告文学。

西　戎

原名席诚正，山西蒲县人。他十六岁参加革命，两年后入新军决死二纵队吕梁剧社。1940年到延安，1944年调任《晋绥大众报》编辑。1949年西戎随军南下，先后任《川西日报》编委、川西区文联创作部部长、《川西文艺》主编和《川西说唱报》社长，1952年调北京中央文学研究所任辅导组副组长，1954年调中国作家协会从事专业创作。2001年1月6日逝世，享年七十九岁。

作品有：长篇小说《吕梁英雄传》（与马烽合写）、《喜事》《灯芯绒》、《宋老大进城》、《赖大嫂》和电影剧本《扑不灭的火焰》等。

（原载2011年1月19日《三晋都市报》）

山西作家追忆胡正

辛　华　杨尔欣

胡正走了，带着“山药蛋派”的质朴，带着湿润的泥土气。胡正是“山药蛋派”最后一位主将，“西、李、马、胡、孙”五战友，以胡正的离去而终结。离世，是结束，也是开始，亲人思念、同事回想、朋友追忆，句句真情。昨日，山西作家分别接受本报专访，集体追忆胡老的生前点滴。

他留下了重要遗产

受访人：作家张石山

“山药蛋派”的几位老作家都是我的恩师。胡正对“山药蛋派”的建立和发展，功不可没。胡正的创作成就卓著，我、韩石山、成一、周宗奇这一拨儿作家，都是胡正起用的。他工作方法与众不同，没有官僚主义，不搞衙门化。山西作家“晋军崛起”，没有胡正是不可能实现的。对文坛来说，对文学后辈来说，他留下了一份重要遗产。他的个人风范和做人品格，给学生们留下了丰厚财富。

他没有门户之见

受访人：作家周宗奇

我因为出身不好，大学毕业后，被放在霍州市辛置煤矿待了七年。后来，省里让推荐能写作的人，临汾地区推荐了我。马烽、西戎、胡正，亲自到临汾和我见面。胡老问我，你想不想回太原？就这样，我才从煤矿工人走上了文学之路。可以说，他们是我的文学父母，对我有再造之恩。“西、李、马、胡、孙”他们五个人是一个整体，他们对我们这代作家的提携和培养，我一辈子都忘不掉。因为学历、经历、教育、时代的原因，胡老与我们的创作观念、创作风格和定位不同。但他没有门户之见，不分派别，不会因为观点不同就排斥我们，他特别包容，人情味儿很浓。

他关心年轻人

受访人：作家韩石山

“西、李、马、胡、孙”不是一串姓氏，是一个文学时代的标志。胡老是五老中最后一个走的，他走了，这个文学时代就彻底结束了。胡老的可爱在于，永远乐观大度，永远风趣可爱。关心自己，也像关心自己一样关心年轻人。但愿他在天堂，仍然乐观大度，仍然风趣可爱。

他不与人争利益

受访人：马烽夫人、作家段杏绵

他去世的当天上午，我去医院看他。是隔着玻璃看的，医生不让进去，正在给他抢救。他已经出不来气，上了呼吸机，没想到他的病这么重。胡正在作协院里比较活跃，也很热心。他退下来后，担任了省老文艺家协会主席，为了开展工作，他能在早饭前赶到领导家门口等着，就为了人家出门上班的时候能说上几句话。每年5月纪念延安文艺座谈会讲话精神，省老文艺家协会都会组织老作家座谈，胡正总是第一个到，最后一个走的。

胡正是五战友中活得年纪最大的人，因为他心态好，从不与人争利益。

他与老战友重逢了

受访人：青年作家李骏虎

“山药蛋派”五老里，只见过马烽老和胡正老，从做人和作文上都受到他们的影响。

1月13日，我从海南回来，听说胡老病重住院了，一时不敢相信，我以为胡老的身体起码可以活个九十多岁。我捧着花篮去病房看望他，老人已经认不得人了，我趴在门缝里瞧了半天，看到他喘得厉害。当时觉得情况不好，也没有想到他走得那么快。1月17日晚，胡老因病仙逝。胡老神情安详，形容如生，苍白的头发，黑色的礼帽和风衣，依然是那么帅，那么风度翩翩，令人起敬。临近午夜，我们护送胡老的灵柩前往永安殡仪馆途中，我心里有个声音一直在唱：“一剑飘飘，一生笑傲。”胡老的一生是真实率性的一生。一个传奇人物走了，他驾鹤而去，“山药蛋派”五战友在天上重逢了，一个时代的文学传奇画上了句号。愿胡老安息！

他喜欢帮助别人

受访人：剧作家梁枫

一个月前，九十二岁的老作家刘江请我们吃饭，胡老也在，他和夫人郁波谈笑风生。我们说，你们两个老人都像年轻人一样，就当个百岁老人吧，他说，没问题。他突然走了，我非常难过。

胡老是“山药蛋派”文学品牌的缔造者和传播者，他是我在文学上的引路人，我的戏剧处女作就是改编自他的名作《汾水长流》。当时，我才二十多岁，写了个提纲就到他家找他去。我很忐忑，没想到他却那么热情，他说挺好，年轻人多用点力，把人物的个性写好。整整说了一下午。这个剧上演以后，大家评价很高，这都得益于胡老的指点。

1981 年，我们排了个新戏，要拿到北京去演。当时，太原的剧团从来没去过北京。我就去找胡老。胡老写了十三封信，让我到北京去找山西籍的老领导。我们拿上信就上北京了，最后在中南海怀仁堂演出，非常成功。胡老给我写过两个条幅，现在，条幅还在墙上挂着，他却已经走了。

他的笑声有感染力

受访人：作家孙涛

认识胡正老师已经快四十年了，听闻胡正老师离我们而去，与老师的交往不由得一件件闪过心头。胡正老师是一位豁达、乐观的作家。每每与他交谈，那个爽朗的笑声总能给我一种蓬勃向上的感染力。在我的眼中，他还是一位具有侠肝义胆的长辈，无

论在创作上，还是在工作上，我都曾受到胡正老师的关怀与帮助。

胡正老师走了，但他的人格魅力长存。

他的精神影响后世

受访人：省作家协会党组副书记、文学评论家杨占平

上世纪五六十年代，从晋冀鲁豫、晋绥等解放区成长起来的，以赵树理为首，包括马烽、西戎、李束为、孙谦、胡正等为代表的一批山西作家，恪守现实主义原则，努力从生活中获取素材，创作出了一大批脍炙人口的优秀作品。这些作家认定写农民、为农民而写，是自己写作的根本之路，因而始终不渝地坚持民族化、大众化、通俗化的创作风格，坚持深切关注农民命运、关注农村发展，加上跌宕起伏的故事情节和富有个性、流畅明快、幽默风趣的语言，赢得了非常广泛的读者，被文学界誉为“山药蛋”文学流派。在山西文学界，“山药蛋派”影响了一代又一代中青年作家。

胡老去世，“山药蛋派”时代终结，但他们的精神将深远地影响后世和后人。

（原载 2011 年 1 月 19 日《太原晚报》）

深情追忆胡老音容

——汾水长流，流不走心中哀痛

张海鹰

没有低回的哀乐，但长流的汾河呜咽；没有恣肆的泪滴，而人们的悲情萦怀。山西太原南华门东四条胡同的一个小院里，洁白的花圈，低垂的挽联环绕着一畦草木。著名人民作家、“山药蛋派”最后一位主将胡正于2011年1月17日晚8时45分辞世，离开了他热爱的人们。前来吊唁的人们脚步轻轻，仿佛怕打扰他在屋内专心著文。

有人说，胡老的去世，标志着一个时代的结束，也宣告了一个流派的过去。而对于与他共同生活、工作的子侄、同事、朋友来说，他们失去的不仅是一位文坛大家，更是一位慈父、恩师和益友。

长子胡果：父亲很伟大也很平凡

在子女们的眼中，胡老首先是父亲，其次才是作家。作为父亲的胡正，是最好的慈父。慈祥惜子的他对孩子们的要求，一是要做人正派，二就是要上学读书。胡正的大儿子胡果至今还记得，“文革”期间，他们全家被下放到灵石农村，在农村的两年

里，胡正经常给孩子们讲故事，教他们读书，敦促他们上学。那个时代，能够被招工是求之不得的事，但当胡果有机会被招工的时候，父亲还是坚持让他读高中。胡老对子女的要求不高，只希望他们将来能够自食其力。

书是胡老最珍惜的东西，他鼓励孩子们读书。胡果印象最深的是，“文革”开始后，父亲悄悄把家中的藏书用报纸或牛皮纸一摞一摞包成小包，让子女们转移到姑姑家等处。后来，赵树理、马烽等人的藏书都被抄没，只有他家的藏书得以保存。在那个年代，陪伴着大院里孩子们的精神食粮就是胡果不时从藏匿处“偷”出的书籍。

即便是在最艰难的岁月，胡老也保持着豁达开朗的个性，不管是对家人还是外人，他都是笑呵呵的。人们很少见他发脾气，他几乎没有责骂过子女。小时候，因淘气，胡果挨了父亲的打。为此，胡正很后悔，偷偷抹了眼泪，难过自责了好几天。

西（西戎）李（李束为）马（马烽）胡（胡正）孙（孙谦）的子女基本没有从事文学创作的。但包括胡老在内的“山药蛋派”五老却在主政山西文联、作协期间发掘提拔了大批年轻作家。哪个年轻人写了好东西，他们都非常喜爱，哪个年轻人写得好，就想办法把他调过来，把他家人调过来，分房子，安顿好，让他专心写作。现在，这些年轻人都成为山西文坛的中坚。最近十年间，西李马孙四位相继去世后，“山药蛋派”最主要的代表人物只剩下胡老一人，他寂寞了许多。

离休后的胡老常常说：“我为自己的子女感到自豪。”他自豪的不是孩子们当了多大官，挣了多少钱，他自豪的是孩子们都能自食其力，不需要他去资助，没有一个下岗的。在他眼里，孩子们当干部也好，当一般工人也罢，只要自食其力，做人正派，就是好样的。

“父亲就是给我们生命的一个人，他爱你就像爱护他自己的生命，他不会对你有什么要求。父亲很伟大，实际也很平凡。”看着父亲含笑欲语的遗像，胡果深沉地说。屋里一时间静寂无声，胡家子女和在场人们的眼中泛起了点点泪花。

张石山：他是我们永远的恩师

“胡老是我永远的恩师。”胡老离休后，张石山隔一段时间就会去看看老先生，老家带来点土特产，也会给胡老拿一点，胡老院子里的花椒树，是他从老家给胡老移植过来的。移过来有十年了，一直长得不错。

“胡老是‘山药蛋派’主将里年轻有为的一位作家。”张石山回忆道，上世纪五六十年代，胡老创作的长篇小说《汾水长流》成为“山药蛋派”的代表作品，以其同名小说改编的电影《汾水长流》红遍大江南北。那时，文联、作协在工作上属于集体领导，其主要任务就是培植新军，发展山西文学事业。1984 年，文联、作协分家，胡正任山西省作协党组书记。

“胡老在‘山药蛋派’五老当中，是性格上最有特色的一位，他所经历的无数艰难决绝，始终没有泯灭掉一个农村孩子的天性。一直保有他弥足珍贵的独特个性。”

在工作方法上，胡老个性鲜明。他大胆起用年轻人，并且用人不疑。成一、韩石山、李锐、燕治国、周景芳都被提拔为作协所属各文学刊物的副主编。按胡老的说法：“我担任山西文联秘书长的时候，不过三十二岁；你们早就该提拔起来，压上担子干啦！”

胡老胸襟开阔。对于各种文学创作流派，各种见地他都可以包容，融涵。让张石山感触很深的是，胡老从来不说“衙门话”。

他当一把手时，党组开大会，作协开小会，包括到省里开会，胡老从来不会一本正经地端架子。交待工作就是：要点一两条，是什么什么。在诙谐幽默之中，工作就做完了，完了后就说说闲话逗逗乐子，哈哈一笑。他从未把自己当做一个什么级别的官。他的一生是诙谐幽默的一生。

胡老性格活跃，爱玩。他能滑冰、会游泳，台球、乒乓球玩得都很好，尤其擅长跳舞。他的工作方法也是最活套的。他当文联秘书长的时候，一年工作里有一项很重要的任务就是争取工作经费。经费不足了，胡老的做法就是把文联里乐队什么的叫来，举办个舞会，请来领导，乐乐呵呵就把事情办了。

从创作思想上，张石山认为，新一代作家和老一辈“山药蛋派”不可同日而语，但他们共同之处是一以贯之的民间立场，内心里是对农民对老百姓的贯通。

最让张石山这些后辈作家引以为豪的是，胡老与几位老头子的言传身教，行为世范，在南华门形成了一股非常正派的风气。不能正身不能正己焉能正人？胡老他们自己的立身就特别正。凡是提工资，分房子，老头子们总是带头：“我们不参与分配，先考虑没有房子的同志。”他们的做人做事，为人风范，他们身上所保有的中华民族的堂堂正气，已经成为南华门可以传之久远的财产，是一个巨大的存在。

让张石山他们遗憾的是，胡老走得太突然。印象中，胡老的身体一直不错，两个月前的体检也没查出什么问题。2010 年 12 月 23 日，山西文学创刊六十周年大会，胡老还去参加。会后席间，张石山他们后辈作家过去敬酒，胡老还笑语盈盈。他们当时都说，胡老能活到一百岁。可没多长时间，就听说胡老住院，张石山和周宗奇、王东满他们几个去医院看望。听说他们来，打着吊针的胡老勉强睁开眼。他们叫“胡老师”，在一旁陪侍的司机把他们的名字一个个说给胡老听。老人勉为其难地笑了一下，和我们最后幽默了一把：“哦，是几个‘老家伙’啊。”其实，虽然张石山他们年龄大了，也退了，但在胡老面前，永远都是学生。“晋军崛起，胡老功勋卓著。胡老走了，从此以后，一个时代结束，一页大书翻了过去。”说完，张石山沉默了。

胡老家中，灵堂前，是张石山代拟的挽联：“垂范永在唯阖家痛悼，悲泪滂沱流不尽；精神不殒与大地长存，追思绵延邈千秋。”

山药蛋派后代：胡正叔叔，我们怀念你

谈起胡老，“山药蛋派”的后代们有说不完的话题。

马烽的儿子马小林曾听父辈们讲，“山药蛋派”五战友曾经一同在《晋绥日报》工作。1949 年他们接到任务，随大军南下到四川接管重庆《新华日报》。出发之前，马烽被派去北京参加团中央第一次青年代表大会，而孙谦被调到长春东北电影制片厂做编导。李束为留在山西组建山西文联。只有胡正和西戎两人如期赴川，胡正任重庆《新华日报》副刊组负责人，西戎任《川西日报》编委，五人就这么分开。一直到上世纪 50 年代，山西省文联组建，应李束为之邀，几人才回到山西，共同开始文化建设。

马小林他们对胡老的认识都是从父辈们讲历史趣闻中得来。五人中，胡老是公认的最有公关能力、管理经验及社会经验的。在马小林他们这辈后人眼中，胡老也是五位老人中最易亲近的一位，因为他完全没有长辈的架子，从来都是笑呵呵的，和谁

都能聊。

在赵树理儿子赵二湖的印象中，胡老在山西省作协不是个书呆子，是个作家里的社会活动家，没有只钻在文学的象牙塔里。山西文联最风光的时候正是胡老在位时，现在的青年电影院、山西红十字医院所在的位置，南肖墙与五一路交叉口西南面的二层楼……都是属于文联的。

在马小林他们眼中，胡老这个“山药蛋”有点洋。因为胡老的夫人是上海人。有几次，马小林听到胡家传出地道的京剧，而赵二湖与父亲第一次搬进作协大院时，看到胡老家里铺有地毯。那时山西还很少见有铺地毯的家庭。而“文革”期间，胡果从父亲藏书的地方偷偷拿出来的书中，有美国著名的现实主义作家杰克·伦敦、智利著名诗人聂鲁达的著作。

1974 年，赵二湖在父亲平反后回到太原，在临钢当了五年工人的赵二湖只能到新华印刷厂当搬运工，依靠每月四十元的工资维持着生计。想回到作协的赵二湖找到胡老表达了自己的愿望，“作协不能招个搬运工，你得能写才可以啊。”回到厂里，赵二湖躲在纸毛库里，用两天时间写出了篇一万多字的小说《人过兴旺峪》，一字未改发表在《山西文学》上，随后被《小说月报》选登。之后，胡正将赵二湖调进作协。其时，赵树理刚刚平反不久，没有人敢为他办理调动，当时无依无靠的赵二湖对胡老至今充满感激。

胡老爱开玩笑。他与赵二湖的岳父、著名画家力群都是山西灵石人。力群的孩子多，有兄弟姐妹八个，老大老二老三是男孩，老四老五老六是女孩，老七是男孩，老八是女孩。胡老见了力群，经常会用灵石方言调侃他生得多，说：“力群会生，咚咚咚锵锵锵咚锵！”两人的对话就像说相声一样，胡老是逗哏，力群是捧哏。双方哈哈一笑，都不会计较。1 月 18 日，远在北京九十九岁的力群闻听老友仙逝，专门让赵二湖帮其送去花圈寄托哀思。

“现代人都把自己真实的人性隐藏在壳的后面，每个人都有个壳。但胡老他们这代人从不隐晦，真实率性，所以他们才可爱！”马小林说。

当年，胡老的长篇小说《汾水长流》拍成电影后，一曲由王爱爱主唱的“汾河流水哗啦啦”唱响大江南北。供职于《农民日报》的马小林有一次沿汾河采访，走到灵石，看到由介休山沟里冲出来的黑水将汾水污染变黑、变臭，回到太原，他将见到的情况讲给胡正叔叔听，胡老回忆起他小的时候，绕灵石城而过的汾河水流很大，要过河得坐渡船。他痛心地说：“污染把汾河毁了！”

几天之前，因为有胡老在，在“山药蛋派”后辈儿孙们心中，五战友的时代还没有结束。胡老的离去，让他们很是震动。“那一代人不在了。”2006 年，在一次活动中，赵二湖和胡老专门合了一个影，让赵二湖心绪难平的是：“这是我与胡叔叔的最后一次合影。”

“胡正叔叔走得挺沉重的，一个时代远去了！”马小林他们认为，“山药蛋派”几位老将的最大贡献是，把山西的文学搞成了一个流派不说，也把整个山西文学包括美术带动了起来。

胡老遗像前有一个鲜花做成的花圈，花圈挽联上写着：胡正叔叔，我们怀念你！“山药蛋派”后代子女共挽。

作家蒋韵在怀念胡正先生的文字里说：山西最长的河是他的纪念碑。而青年作家李骏虎说：一个时代的文学传奇画上了句号。

“站在时光的堤岸/我在倾听一条河/此时/正是一月的寒冬/我听到一位老人的步履匆匆/老人一定走在回家的路上。”一名网友在博客中写道。

愿胡老一路走好！

（原载2011年1月21日《三晋都市报》）

永远的慈父

杨尔欣　辛　华

胡果是胡正的长子，现任山西日报报业集团副总编辑。在胡老四位子女中，他与父亲最为“相像”——— 都选择将生命与文字相伴。

“对我们而言，他首先是父亲，再是作家。”提及胡老，胡果未作任何思考，给出一个简明却坚定的答案。这一刻，唯有亲情。

“慈父、慈父，还是慈父。”胡果兄妹依旧沉浸在悲痛中，用断断续续的语言，勾勒着胡老一生。“父亲一生都不愿意麻烦别人。这次住院后一直处于昏迷状态，走得非常平静、安详。”

去年 12 月 23 日，胡老还参加了《山西文学》创刊六十周年的纪念大会。“当时父亲的身体，看起来已经很虚弱了，可是我们都没想到……”胡果沉默了几秒钟，“父亲晚年眼睛不好，却还是要拿着放大镜每天看看文章。即便是八十岁高龄时，仍会写些文字怀念往事，还出版了长篇小说《明天清明》。”

胡正逝世，“山药蛋派”最后一位主将，告别了文坛。“这标志着一个时代的结束吧。”胡果轻叹一声，“兄弟姐妹们正在筹划，将生活中的老照片收集整理，做个画册。一个关于父亲的画册。”

怀念，只为父亲，只为那个苍老却达观的老人。

（原载2011年1月19日《太原晚报》）

新闻报道

“山药蛋派”最后一位代表作家胡正去世

新华社太原 1 月 19 日专电（记者　李建平）“山药蛋派”代表作家胡正因病医治无效，于 2011 年 1 月 17 日 20 时 45 分在太原去世，享年八十七岁。山西各界深切缅怀这位“人民作家”。

胡正是中国当代文学史上重要流派“山药蛋派”的代表作家之一，自 1943 年发表第一篇小说《碑》开始，坚持六十多年笔耕不辍。1992 年 5 月，中共山西省委和山西省人民政府授予他“人民作家”的荣誉称号。

胡正的长篇小说《汾水长流》是“山药蛋派”的代表作。“山药蛋派”以赵树理为首，马烽、西戎、李束为、孙廉、胡正等五位主将被称为“山药蛋派”文坛五老，胡正是最后一位辞世的代表作家。

中国当代文学“山药蛋派”代表作家胡正与读者告别

中新网太原1月21日电（记者　张恩）21日上午，人们在此为文学界一位辞世的长者送行。中国当代文学界“山药蛋派”最后一位主将胡正17日夜晚在太原逝世，享年八十七岁。

胡正去世的消息在文学界引发震动。许多旧部老友深切表达缅怀哀悼之情。年轻的网友纷纷留言，祝胡老一路走好。

这位中国当代文学界“山药蛋派”代表人物告别仪式今日在太原市永安殡仪馆“永安”告别厅举行。山西省委、山西省政府的多位官员与当地及京城文学界人士及胡正家乡的亲友在此与这位长者最后诀别。在现场，许多人们不禁又回忆着胡正当年作品中的精彩章节，以及与老人往日交往的情景。

胡正原名胡振邦，1924年12月出生于山西省灵石县城。1943年5月，胡正在延安《解放日报》副刊发表第一篇小说《碑》，由此开始文学生涯。之后，他发表一批小说、剧本、通讯及大量诗歌、散文等。在之后的岁月里，胡正在担任文艺界领导职务同时，笔耕不辍，成果迭出。

胡正是中国当代文学史上重要流派“山药蛋派”的代表作家之一，是“西（戎）、李（束为）、马（烽）、胡（正）、孙（谦）”

五战友最后辞世的一位。胡正的代表作长篇小说《汾水长流》等作品为“山药蛋派”的形成与发展，作出重要贡献。

1992 年 5 月，中共山西省委和山西省政府授予胡正“人民作家”荣誉称号。这位作家后期创作的大批散文、报告文学、文艺评论，主题鲜明，思想深刻，既有历史使命感，又有现实责任感，格调明快，语言精湛，为中青年作家树立了榜样。2001 年出版的四卷本《胡正文集》，集中展示胡正的主要文学成就和创作轨迹。

中国现代小说流派山药蛋派形成于上世纪 50 年代至 60 年代中期，胡正是以赵树理为代表的“山药蛋”派中的重要代表作家之一。此流派横跨两个世纪，历时近百年，在中国文学史上几乎绝无仅有。

“垂范永在唯阖家痛悼，悲泪滂沱流不尽；精神不殒与大地长存，追思绵延邈千秋。”一幅此前悬于这位作家家中正厅的挽联表达着人们的悼念之情。

胡正生前为山西省作家协会名誉主席、山西省老文学艺术家协会名誉主席、山西省作家协会原党组书记、副主席、山西省文联原副主席。

记者从告别现场得到的一份“胡正同志生平”中说，胡正同志的人品和文品堪称楷模，受到广大文艺工作者的赞誉。他留下的作品永远活在读者心中。

胡正同志逝世

中国作协名誉委员、山西省作协名誉主席、山西省作协原党组书记、副主席胡正同志，因病于 2011 年 1 月 17 日在太原逝世，享年八十七岁。

胡正同志 1938 年参加晋西南吕梁剧社，后到延安鲁艺、部队艺术学校学习。1943 年开始发表作品。著有短篇小说集《摘南瓜》《七月古庙会》，中短篇小说集《几度元宵》，散文报告文学集《七月的彩虹》，长篇小说《汾水长流》（改编为同名电影、话剧、戏曲）、《明天清明》及《胡正文集》（四卷）。1992 年山西省委、省政府授予人民作家称号。

（原载 2011 年 1 月 26 日《文艺报》）

人民作家胡正逝世

本报讯 中国共产党优秀党员、山西省作家协会名誉主席、山西省老文学艺术家协会名誉主席，山西省作家协会原党组书记、副主席，山西省文联原副主席，著名的人民作家胡正同志，因病医治无效，于2011年1月17日20时45分在太原逝世，享年八十七岁。治丧期间，省委常委、宣传部长胡苏平，省委常委、副省长、省委秘书长高建民，副省长张平等先后看望并慰问了胡正同志的家属，向逝世的人民作家胡正寄上深切的哀思。

胡正同志原名胡振邦，1924年出生于山西省灵石县城。1938年9月参加晋西南牺盟会“吕梁剧社”，从事抗日宣传活动。1940年冬随剧社到延安，在鲁迅艺术学院附设的部队艺术干部训练班和部队艺术学校学习，系统地接受了文艺理论知识，阅读了大量中外文艺名著，同时开始尝试文学创作。1942年夏学习结业后，分配到八路军一二〇师政治部“战斗剧社”，任编辑股干事。他创作的《七月古庙会》的深刻思想和《两个巧媳妇》的艺术特色，在当时的农村题材小说作品中，是公认的优秀之作；而长篇小说《汾水长流》，则是上世纪60年代中国文坛长篇小说的代表性作品之一，在广大读者中产生过极大反响，为中

国当代文学流派“山药蛋派”的形成与发展，做出了重要贡献。2001 年出版了四卷本《胡正文集》，集中展示了他的主要文学成就和创作轨迹。

胡正同志是中国当代文学史上重要流派“山药蛋派”的代表作家之一，在近七十年的文学生涯中，他坚持毛泽东同志《在延安文艺座谈会上的讲话》精神指引的方向，深入生活，密切关注社会现实，始终同广大人民群众保持着血肉联系，选择民族化、大众化的创作道路，站在时代发展主潮的前面，以一个真诚作家的社会责任感和历史使命感，把握生活的脉搏，努力反映现实社会的本质，作品具有浓厚的生活气息和强烈的时代精神；同时，他努力追求朴素淳厚、通俗易懂又不失文化品味的艺术风格，精干准确与丰富多彩结合的语言表现方法，使得作品很有可读性，为广大人民群众所喜爱。

胡正同志不管是在艰苦的战争年代，还是在和平建设时期，都能够把党和人民的利益摆在重要位置，时刻关心国家的发展与进步事业，贴近时代特点，坚持与时俱进，情系百姓，为民众鼓与呼。他的作品，可以称之为中国农村半个世纪历史的风雨表，每个阶段农村工作的成就与问题、农民的思想与生活，都可以从他的作品中找到反映。他满腔热情地赞颂心灵高尚的普通人物，他也诚心诚意地去揭示社会前进中的问题。他的作品在当代文学史上占有重要地位，有着广泛的影响。他对文学事业的发展做出的重要贡献，对人民群众密切关注的精神，对文学创作精益求精的态度，永远是广大中青年作家学习的榜样。

据悉，1 月 21 日上午胡正同志遗体告别仪式将在并举行。

（原载 2011 年 1 月 20 日《山西日报》）

痛悼哀别送胡正

本报讯（记者　孟苗）1月21日上午，中国共产党优秀党员、省作家协会名誉主席、省老文学艺术家协会名誉主席，省作家协会原党组书记、副主席，省文联原副主席，“山药蛋派”主将，“人民作家”胡正同志遗体告别仪式在太原举行。

上午9时30分，太原市永安殡仪馆“永安”告别厅礼堂庄严肃静，哀乐低回。正厅上方悬挂着黑底白字的横幅“沉痛悼念胡正同志”，“飘逝匆匆难留驻　芳华灼灼有余馨”巨幅挽联中央悬挂着胡正同志的遗像。省委书记、省人大常委会主任袁纯清，省委副书记、省长王君，中共中央候补委员、中国作家协会主席铁凝，中国作家协会党组书记、副主席李冰，中直机关工委副书记孟学农，省政协主席薛延忠，省委常委、常务副省长李小鹏，省委常委、宣传部长胡苏平，省委常委、副省长、省委秘书长高建民，省委常委、统战部长李政文，省人大常委会副主任王雅安，副省长牛仁亮、张平、刘维佳、张建欣及胡正子女敬送的花圈摆放在吊唁厅两侧。

省委、省人大常委会、省政府、省政协和中国作家协会敬送花圈，省委办公厅、省政府办公厅、省委宣传部、省直机关工

委、省老干局、省外宣办、省文化厅、省新闻出版局、省文联、省作家协会、山西日报报业集团等单位也敬送了花圈。

（原载 2011 年 1 月 22 日《山西日报》）

附录

送花圈、挽联的单位、个人

一　送花圈的单位

中共山西省委
山西省人大常委会
山西省人民政府
山西省政协
中国作家协会
中共山西省委办公厅
山西省政府办公厅
中共山西省委宣传部
中共山西省委统战部
中共山西省直机关工委
山西省委老干局
山西省委外宣办
山西省文化厅
山西省新闻出版局

山西省作家协会

山西省文联

山西日报报业集团

山西省人大常委会研究室

山西省环境保护厅

山西省人民医院

中共晋中市委

中共吕梁市委宣传部

中共灵石县委

灵石县人大

灵石县人民政府

灵石县政协

襄汾县人民政府

山西文学院

《黄河》杂志社

《山西文学》杂志社

《开心世界》杂志社

山西作家影视公司

山西省书法家协会

山西省美术家协会

山西省舞蹈家协会

山西省摄影家协会

山西省曲艺家协会

山西省戏剧家协会

山西省杂技家协会

山西省电视家协会

山西省电影家协会

山西省音乐家协会
山西省民间文艺家协会
山西省文联艺术创作研究中心
山西省歌舞剧院
山西省群众艺术馆
中国赵树理研究会
山西省女作家协会
山西省散文学会
山西省晋绥边区历史文化研究会
北岳文艺出版社
三晋出版社
《山西日报》总编办
《山西日报》舆论监督部
《山西日报》政法部
《山西日报》理论评论部
《山西日报》财贸部
《山西日报》摄影部
《山西日报》报业集团工会
《山西日报》专副刊中心
《山西日报》实业总公司
《山西日报》广告总公司
《山西日报》报业集团物业总公司
《山西日报》报业集团发行总公司
《山西晚报》社
三晋都市报
发展导报
《山西经济日报》社

《山西农民报》社

《山西法制报》社

《生活文摘报》社

《山西新闻晚报》社

《良友周刊》社

《山西市场导报》社

山西新闻网

山西省报业协会

山西日报临汾分社

中国环境报社

太原日报报业集团

山西省环保厅生态与农村环境保护处

山西省环保厅建设项目管理处

山西省环境保护评估中心

山西省环境科学研究院

山西省环保宣教中心

山西省环境监理协会

山西省环境监测中心站

山西环境评价与咨询协会

山西省环保厅后勤中心

山西省环境监控中心

太原市环保局

临汾市环保局

太原市文联

太原市作家协会

大同市文联

大同市作家协会

朔州市文联

忻州市文联

晋中市文联

晋中市作家协会

临汾市文联

阳泉市文联

吕梁市文联

长治市文联

晋城市文联

运城市文联

晋中市中级人民法院

昔阳县检察院

灵石县文化局

灵石县文联

灵石县环保局

灵石县作协

灵石县书画家协会

鲁能晋北铝业公司

山西省城镇集体工业联合社

山西省焦炭集团益隆焦化公司

山西省焦炭集团益兴焦化公司

山西美锦焦化公司

西山煤电环保处

国电榆次热电有限公司

山西鑫四海投资集团有限公司

太原煤气化公司

太原煤气化公司环保处

太原煤气化公司东河煤矿

灵石通宇实业有限公司

山西迅速环能工程有限公司

正和公司

灵石中煤九鑫集团

二　送花圈的领导、个人

袁纯清

王　君

薛延忠

孟学农

铁　凝

李　冰

李小鹏

胡苏平

高建民

李政文

王雅安

牛仁亮

张　平

刘维佳

张建欣

翟泰丰

李立功、谢　彬

胡晓琴

力　群携子女

鲁　兮

吴　象

刘　巩

王清宪

郭慧民

李福明

杜学文

张明亮

刘向东

宋新柱

李才旺

袁升德

王建武

郭新民

梁宝印

张广勇

艾　斐

哲　夫

段杏绵

王之荷携全家

马作楫、梁　枫、张桂根、李建华

翟生祥

董其中

寒　声

尹世明

石跃峰

贾郁瑞

毛宪文

郭士星、刘佳斐

冯　池、魏梅英

卫　璜、张俊华

肖　敏

牛荷花

刘德怀、颜　颖、刘思奇

王光宇、周巧燕

王志强、李红霞

王满春

聂还贵

王祥夫

马　骏

曹　杰

曹力民

王建国

蔺计爱

任志茂、张雅丽

姚大石、常文治、郭　建、孙　伟

刘冠卿、梁桂花携子女

晓　民携子女

王卫东

何　涛

杜金拽

段金虎

陈　俭

房阿强

苏建春

吴　晔

侯百管

段娇娥、王世强

李国英

张博民、任俊兵

王世荣、罗仁佑

温述兴、张应康

郑宝生

张建新

武杰灵

赵建民

张　炜

晋原平、彭　图

武增康

刘东升

武　锐

杜曙波

陈建祖

许智雄

李　琳

王夫丁

谢　亢

王大德

石连甲

李韵生

冯敬芳

林　捷

挽联节选

（按收到先后排列）

1. 惊悉胡老追亡兄　推过饭碗放悲声

屈指半纪零六年　先生烛光照我行

汾水哗哗济旱苗　笑语朗朗启愚蒙

英魂升天语音绝　弟子九千泪倾盆

愚弟子杨茂林泣血敬

2. 胡正同志千古：

事业品德留社会　人民洒泪纪念他

好友曾庆煜敬挽

3. 胡正同志千古：

胡杨千年不倒为由汾水长流　正气百代永存只盼明天清明

刘德怀　刘思奇　彦　颖　温述光敬挽

4. 胡正尊师永垂不朽：

古月万代　照汾水长流细浪吟国步

正气百年　怡几度元宵花灯亮人心

温述光　张应康敬挽

5. 深切悼念胡正同志：

如山巍巍英名不朽　似水淙淙精神常在

山西省歌舞剧院刘改鱼敬挽

6. 胡正大家千古：

汾水泣吟诵经典　太行默哀咏风姿

董耀章撰联敬挽

8. 胡正先生千古：

骑鹤天上去　华章留人间

挚友郭安民敬挽　庚寅腊月十七日

9. 胡正先生千古：

先生教诲犹在耳胡溘然辞世

战士襟怀永传承正汾水长流

山　湖敬挽

11. 沉痛悼念胡正叔叔：

乐观大度　音容笑貌今犹在

高德亮节　作家风范世永传

刘保生　二女儿刘羽　二女婿刘同敬挽

12. 沉痛悼念胡正先生：

文坛精妙堪留青史　品德高尚永垂后人

岳　云　梁望进　周亚伦敬挽

13. 胡正老师千古：

理政当家办事条理　论文写作出手快心

原玉辰　钮肖红哀挽

14. 胡正同志千古：

生前著文歌颂人民　走后群众挥泪怀念

好友郭肖晨　冯涛敬挽

15. 痛挽胡正同志：

文赢初见　白水初识　终生谊厚

汾水长流　风采长留　叹惋不休

曲润海敬挽

16. 胡老，我想念您！

心有高文垂宇宙　名酬壮志在文坛

马作楫敬挽

17. 胡正老兄千古：

汾水长流芳百世　山药蛋永垂千秋

周巧英　王岂宇敬挽

18. 胡正大家千古：

尘世长存君风范　文坛久珍典墨香

董耀章敬挽

19. 郭春海　杜红莲初识　汾水长流

男干部　女战士重温　几度元宵

葛水平携长治文联全体敬挽

20. 人民作家胡正同志千古

和善宽厚风范　必将永立丰碑

作品艺术魅力　如同汾水长流

赵士元　侯桂柱敬挽

21. 胡正老师千古：

天性足豪放　激发晋军征战勇

华章饱才情　留取河汾水长流

钮宇大哀挽　2011年元月21日

22. 胡正同志千古：

您永远活在我们文学工作者和广大读者的心中

王樟生　张承信　胡经伦　郭奎兰　樊丕德敬挽

23. 沉痛悼念胡正先生：

将身心献人民　风骨如吕梁永驻

以正气歌天地　文章似汾水长流

赵望进敬挽

24. 人民作家胡正千古：

汾水长流称一代革命盈红山药蛋

雄国永奠铸千秋文化卓绝铁城关

林凡率子女丹诗　天苗　天放　天目挽

25. 胡正老先生千古：

等闲暂别犹惊梦　平生风义兼师友

北京《中国作家》杂志社王青风敬挽

26. 胡正老师千古：

杯水未相敬　沐恩幸此生

泪飞非独我　三晋共哭公

晚辈郑宝生（秦岭）敬挽

27. 悼念胡正老师：

烽火天地笔同吴钩　文山不老汾水长流

翟生祥敬挽

28. 高山巍峨，汾水长流。文星陨落，泪飞如雨。

殚精竭虑，培育新秀。后继有人，永垂不朽！

省文联张晓宇敬挽

图书在版编目(CIP)数据

胡正纪念文集 / 张平,张明旺主编.—太原:山西人民出版社,2012.11

ISBN 978-7-203-07953-8

Ⅰ.①胡… Ⅱ.①张… ②张… Ⅲ.①胡正(1924~2011)-纪念文集 Ⅳ.①K825.6-53

中国版本图书馆 CIP 数据核字(2012)第 261541 号

胡正纪念文集

主　　编:张　平　张明旺
责任编辑:吕绘元
特约编辑:陈　洋
装帧设计:昭惠文化

出 版 者:山西出版传媒集团·山西人民出版社
地　　址:太原市建设南路 21 号
邮　　编:030012
发行营销:0351-4922220　4955996　4956039
　　　　　0351-4922127　(传真)　4956038(邮购)
E-mail:　sxskcb@163.com　发行部
　　　　　sxskcb@126.com　总编室
网　　址:www.sxskcb.com

经 销 者:山西出版传媒集团·山西人民出版社
承 印 者:太原市天和泰印务有限公司

开　　本:787mm×1092mm　1/16
印　　张:25.5
字　　数:340 千字
印　　数:1-1500 册
版　　次:2012 年 11 月　第 1 版
印　　次:2012 年 11 月　第 1 次印刷
书　　号:ISBN　978-7-203-07953-8
定　　价:52.00 元